吾师·同学

厦门大学
会计学科
百年史

Centennial History of
Accounting Discipline at
Xiamen University

1924—2024

主编◎杜兴强

厦门大学出版社
XIAMEN UNIVERSITY PRESS

国家一级出版社
全国百佳图书出版单位

图书在版编目（CIP）数据

厦门大学会计学科百年史. 吾师·同学 / 杜兴强主
编. -- 厦门：厦门大学出版社，2024.3
　ISBN 978-7-5615-9279-3

　Ⅰ . ①厦… Ⅱ . ①杜… Ⅲ . ①厦门大学-校史 Ⅳ .
①G649.285.73

中国国家版本馆CIP数据核字(2024)第017893号

责任编辑	江珏玙　潘　瑛　施建岚　李瑞晶
美术编辑	李夏凌
封面插图	张雨秋
技术编辑	朱　楷

出版发行　厦门大学出版社

社　　址	厦门市软件园二期望海路 39 号
邮政编码	361008
总　　机	0592-2181111　0592-2181406(传真)
营销中心	0592-2184458　0592-2181365
网　　址	http://www.xmupress.com
邮　　箱	xmup@xmupress.com
印　　刷	厦门市竞成印刷有限公司

开本	787 mm×1 092 mm　1/16
印张	21.5
字数	421 千字
版次	2024 年 3 月第 1 版
印次	2024 年 3 月第 1 次印刷
定价	128.00 元

本书如有印装质量问题请直接寄承印厂调换

厦门大学出版社
微信二维码

厦门大学出版社
微博二维码

杜兴强，1974 年生，会计学博士（2001），应用经济学博士后（统计学，2003），厦门大学南强重点岗位（会计学）教授和南强卓越教学名师，博士生导师，系主任，美国哥伦比亚大学访问学者。2001 年 8 月起任教于厦门大学会计学系，2002 年 12 月破格晋升为副教授，2004 年 5 月和 8 月相继被破格聘为博导（时为副教授）和教授。

享受"国务院政府特殊津贴"专家（2020）、国家高层次人才特殊支持计划哲学社会科学领军人才（2021）、国家"百千万人才工程"（2019）入选者、教育部首届新世纪优秀人才（2004）、国家有突出贡献中青年专家（2019）、财政部会计名家培养工程（2022）入选者、中宣部文化名家暨"四个一批"人才（2022）；兼任中国会计学会副会长、教育部会计学专业教学指导委员会副主任、中国商业会计学会副会长、中国审计学会常务理事、*Journal of Business Ethics* 编委、《当代会计评论》执行主编。

国家自然科学基金重大项目课题负责人与国家社科基金重大项目首席专家；获教育部人文社会科学优秀成果奖一等奖、教育部霍英东教育基金会高等院校青年教师奖一等奖和福建省社会科学优秀成果奖一等奖；连续多次入选爱思唯尔 (Elsevier)"中国高被引学者"榜单和"全球前 2% 科学家"榜单；多篇研究报告被省部级政府部门采纳。

研究兴趣为"文化影响与会计审计行为""会计思想史与财务会计理论""非正式制度与公司社会责任"。论文发表于 *Journal of Business Ethics*、*Journal of Accounting and Public Policy*、*International Journal of Accounting*、《会计研究》、《管理科学学报》、《管理世界》、《审计研究》、《金融研究》、《中国工业经济》等中英文重要学术期刊。出版著作 *On Informal Institutions and Accounting Behavior*、《会计信息的产权问题研究》、《文化影响与会计审计行为研究》、《葛家澍教授学术思想研究》、《财务会计概念框架与会计准则问题研究》等。

获国家级教学成果奖二等奖，教育部霍英东教育基金会高等院校教育教学奖二等奖，福建省教学成果奖特等奖，被授予"厦门市优秀教师"与"宝钢优秀教师"等荣誉称号。主讲的"财务会计理论专题"入选教育部国家级一流本科课程、"资本市场会计研究"获批福建省研究生教育精品课程，主持福建省本科重大教改项目，总主编"厦门大学会计系列教材"（高等教育出版社），主编普通高等教育国家级规划教材《财务会计理论》。培养的博士生多人次入选国家高层次人才计划，指导的多位博（硕）士研究生获福建省优秀博（硕）士论文、教育部博士生学术新人奖与全国 MPAcc 学生案例大赛特等奖，并获相应的指导教师奖。

2017 年 2 月至今担任系主任，服务于厦门大学会计学系，统筹 2024 年厦门大学会计学科百年庆典活动，主编《厦门大学会计学科百年史》（三卷五册）。国内最早完成"玄奘之路戈壁挑战赛"（甘肃瓜州至新疆哈密，2017）的高校教授之一，完赛北京、厦门与武汉等全程马拉松与"善行者"慈善越野赛。多次获得市、校、院级中国象棋比赛优胜奖或冠军。

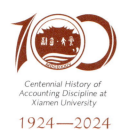

Centennial History of
Accounting Discipline at
Xiamen University

1924—2024

编委会

(按姓氏笔画排序)

曲晓辉　　庄明来　　刘　峰

杜兴强　　李建发　　汪一凡

张国清　　傅元略　　蔡　宁

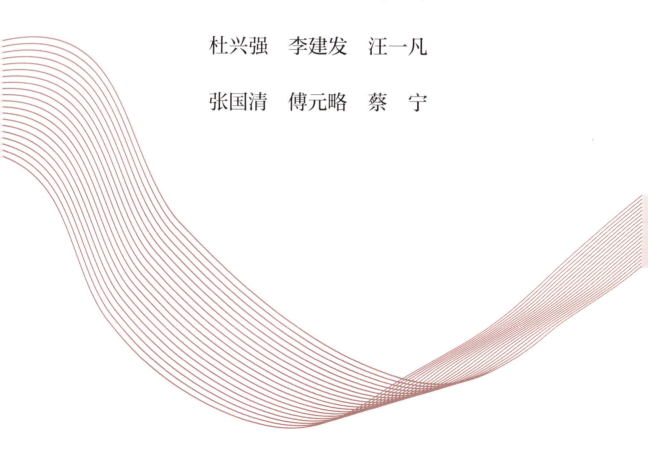

总 序

当过去不再照亮将来时，人心将在黑暗中徘徊！

——托克维尔

厦门大学会计学科[①]成立于1924年，2024年4月5日迎来自己的百岁诞辰[②]。

1923年12月19日，哈特菲尔德（Hatfield）教授在美国大学教师协会（American Association of University Instructors）召开的会议上，为会计学应在科学殿堂中拥有一席之地而大声疾呼，并作了题为"簿记的历史辩护"的演讲（后发表于1924年的 *Journal of Accountancy*[③]），指出"在大学里讲授会计学的我们，正经受着同事含蓄的蔑视，他们不欢迎会计学科，认为会计学科与学术殿堂的纯洁性不符"[④]。可见，厦门大学会计学科的肇始，并不落后于大洋彼岸的美国太多。

---

① 厦门大学会计学科的母体为厦门大学会计学系，发轫于1924年，以此为基础衍生的相关实体（中心）还包括厦门大学会计发展研究中心、厦门大学会计学系 MPAcc 中心、厦门大学财务管理与会计研究院等。会计发展研究中心成立于2000年，MPAcc 中心成立于2004年，财务管理与会计研究院成立于2005年。为了最大限度地涵盖作为母体的厦门大学会计学系和由其衍生的会计发展研究中心、MPAcc 中心、财务管理与会计研究院等，本书将统称之为"厦门大学会计学科"。

② "历史"是一个学科所有学者和实务工作者的认同基础。历史犹如一面镜子，既照亮现实，也照亮未来；历史恰如一汪清泉，既洁净自身，也感染他人；历史就是一簇火苗，既点亮古人，也照耀来者。引自杜兴强《会计思想史》（待出版）的"序言"。

③ HATFIELD H R, 1924. An historical defense of bookkeeping [J] . Journal of accountancy, 37（4）: 241-253.

④ 原文为："I am sure that all of us who teach accounting in the universities suffer from the implied contempt of our colleagues, who look upon accounting an intruder, a Saul among the prophets, a parish whose very presence detracts somewhat from the sanctity of the academic halls."

对人而言，百岁期颐，实属罕见①；对于组织而言，若拥有百年历史，则往往有"持续经营"和"基业长青"的趋势②，亦殊为不易。厦门大学会计学科自创立之日起，从未中断过办学，这点在国内会计学科中少之又少（即便不是绝无仅有）、难能可贵。百年历史，风云激荡，厦门大学会计学科始终坚持基本理论研究，以温煦的文化情怀与时代共舞，为我国会计教育事业的科学化和体系化、社会主义市场经济的发展、会计准则体系的构建，以及资本市场信息披露制度的完善做出了应有的贡献。为此，厦门大学会计学系（科）在各方支持和鼓励下，决定举行隆重的百年纪念活动。

厦门大学会计学科的百年历程，起起伏伏、分分合合，充满着复杂和曲折，富有独特色彩，谱写了自己的历史和节律，展现了自己的个性和命运。厦门大学会计学科从1924年建立到新中国成立后的一段时期，不断经历独立设系、分拆（仅保留会计专业）、独立成系、分拆……但是，不同于大部分国内高校会计学科的是，厦门大学会计学系（专业）从未被取消，甚至在1966—1976年也未中断过办学。

作为《厦门大学会计学科百年史：笃行南强》的主编，余生晚矣，断无可能回到厦门大学会计学科早期那段风云际会的历史，仅能通过恩师葛家澍先生、会计学系的老教授们，以及目前见诸互联网的文章，对她的早期历史略窥一斑。即便是会计学界十分熟悉的"葛余常"时期③，我亦不甚了解，只是有幸亲历了这段辉煌时期的后期阶段。忆及1995—2001年在厦门大学会计学系就读硕士和博士时，葛家澍教授、余绪缨教授、常勋教授等亲自为我们授课，参加我们的论文开题和答辩，大师们言语之间和学术论文中跳跃的学术思想，使我们如饮甘霖、如醉如痴。即便经历暂时的"低谷"，厦门大学会计学科温润如玉的人文气息、学

---

① 二十弱冠、三十而立、四十不惑、五十知命、六十花甲（耳顺）、七十古稀、八十杖朝、九十耄耋、百岁期颐。

② 编撰《厦门大学会计学科百年史：笃行南强》的过程中，一个问题始终萦绕在脑海：厦门大学会计学科拥有百年历史，近乎于基业长青（尽管也经历了起伏），这能够对公司治理有什么样的启示？为何大部分企业无法做到基业长青？大学治理与公司治理的哪些区别导致了上述显著差异？

③ "葛余常"时期指葛家澍教授、余绪缨教授与常勋教授奠基的厦门大学会计学科的辉煌时期和厦门大学会计学系作为我国学术重镇这一历史性阶段。特别要强调的是，葛家澍教授、余绪缨教授和常勋教授并列并简称为"葛余常"，并非本书的首创，也并非对他人不敬，而是遵循了厦门大学会计学科的"共同知识"。《厦门大学经济学科百年史》（黄鸿德、周颖刚主编，厦门大学出版社2022年版）第58~59页就将葛家澍先生、余绪缨先生和常勋先生列在"会计与企业管理"系（方向）的前三位。此外，汪一凡在《厦门大学会计系往事》（十九、二十）（参见厦门大学会计学系官方微信公众号"厦大会计"）中也指出，"进入20世纪80年代后，常勋先生回归厦门大学会计学系，标志着'葛余常时代'的开始、会计学系的发展蒸蒸日上"。再次特别强调，本书以后各章将遵循上述惯例和共识。

科底蕴、历史传承、系友情怀等，仍让吾辈深感骄傲，并愿意为之坚守一生。

随着余绪缨教授、葛家澍教授和常勋教授相继仙逝，厦门大学会计学科和其他绝大部分学科、组织一样，不可避免地经历"衰退"期甚至是"低谷"。"初创—发展—成熟—衰退—再度崛起、重新起航—发展—……"本属于自然规律，极少有案例显示某人或某个组织能够跳出这一规律。只是，这段时期让人从心理上觉得有点"漫长"，以至于相当一部分关心和爱护厦门大学会计学科的系友、教师和学生一度感到焦虑、彷徨和迷茫，忍受着各类"民间排行"中厦门大学会计学系排名"不佳"的困扰，经受着同行投来的质疑的目光，忍受着厦门大学会计学科人才断档和梯队建设失调所导致的举步维艰。①

"雪崩的时候没有一片雪花是无辜的。"②厦门大学会计学科艰难转型和矢志坚守的期间，有人沉醉在昔日的辉煌中，一颗玻璃心，容不得别人的半分质疑；有人选择"逃离"这块曾给他们带来无限辉煌的地方；有人躲进"小楼"，选择漠然或默然；有人急火攻心，但却束手无策；有人竭力榨干这个辉煌品牌的最后一丝价值，只为个人效用最大化；有人"落井下石"（我们默认你们理解我们的意思）③；有人"悲壮"地坚守，犹如与巨轮一起共存亡的船长；有人一腔孤勇挺身而出，以"还是让我去面对，尽管加上我的罪"的方式，坚信底蕴深厚的厦门大学会计学科一定能够在经历阴霾后焕发昔日青春，释放能量，再度崛起……

凡此众生相，皆属正常，人性而已。但拥有辉煌历史和深厚底蕴的厦门大学会计学科，岂能因异样的目光和刺耳的评价而停止发展？辉煌的历史不仅不会成为厦门大学会计学系（科）的负担，反而会激励她在且已在逆境中再次起航，不断发展壮大，并以先哲们创造的辉煌为目标不断努力。

---

① 从我在厦门大学会计学系近30年的学习、工作和服务经历看，会计学系的确经历了低谷，但从未脱离国内会计学科第一方阵。只是，与其辉煌时期相比，低谷期给大家带来的心理落差太大，以至于感到漫长。

② 这是根据《伏尔泰语录》改动的一句广为流传的名言，原句是："雪崩时，没有一片雪花觉得自己有责任。"

③ 可以说，厦门大学会计学科从未被国内同行所完全超越，但有时确实是被"自己人"所不尊重。

追忆厦门大学会计学科的百年史，大家自然而然地会聚焦于这里的大师、学生、典型的历史事件与底蕴深厚的研究传统。

追忆厦门大学会计学科的百年史，我们绝不能忘却奠定了厦门大学会计学科在国内会计学界地位的大师们。在厦门大学会计学科的百年办学历史中，星河璀璨、人才辈出，既有中国会计学术界耳熟能详的葛家澍教授、余绪缨教授、常勋教授，又有建系早期的郑世察教授、陈德恒教授、萧（肖）贞昌教授[①]等，还有由厦门大学会计学系培养并留系任教的优秀毕业生[②]。时至今日，我们不得不承认，会计学科百年史中的大师（尤其是葛家澍教授、余绪缨教授、常勋教授）经过后人的不断"诠释"，在某种程度上已与其本身鲜活立体的形象并不完全吻合；但是，从大历史视角进行审视，会计学科先辈们对厦门大学会计学科的历史贡献、其所呈现的人格魅力与大师风范，仍使得吾辈充满感激、发自肺腑地仰视，进而希望追寻大师们的足迹，解读和传承他们熠熠生辉的学术思想……厦门大学会计学系的会计学和审计学专业，乃至厦门大学会计发展研究中心、厦门大学会计学系MPAcc中心、厦门大学财务管理与会计研究院等，无一不凝结着葛家澍教授、余绪缨教授、常勋教授三位大师的心血，无声地记载着他们在学科建设方面的卓越贡献。

◎ 葛家澍教授

◎ 余绪缨教授

◎ 常勋教授

① 萧贞昌和肖贞昌，不同的资料皆有使用。本书以使用萧贞昌为主。
② 包括但不限于陈仁栋教授、庄瑞澄教授、吴水澎教授、陈守文教授、林志军教授、曲晓辉教授、李若山教授、魏明海教授、王光远教授、李建发教授、刘峰教授、汪一凡副教授、毛付根教授、胡玉明教授、谢德仁教授、吴联生教授、杜兴强教授等（如有疏漏敬请谅解，待修订时予以补充和完善，下同）。作为"厦门大学会计学系百年系庆"的组织者之一和《厦门大学会计学科百年史》的主笔者，考虑到学科历史的连续性、各个年代教师的代表性，最终忝列之一。

葛家澍先生、余绪缨先生和常勋先生的时期，为什么是辉煌的和令厦门大学会计学系的教师、学生和系友向往的？的确，中国会计发展历程中，葛家澍、余绪缨和常勋三位先生在会计基本理论与财务会计、管理会计、国际会计等方面形成了具有前瞻性、独特性和被广泛接受的理论和观点。但是，同样重要的是，葛家澍、余绪缨和常勋三位先生没有"强不知以为知"，他们重视会计学基本理论研究，正视我国会计理论研究与世界的差距，强调厦门大学会计学科在砥砺奋发的过程中，必须果断对内精诚合作、对外团结国内会计学科的同行，在学术交流和沟通中竭力使相互都具有"获得感"，必须将全部精力用于推进会计基本理论研究上。这是葛家澍、余绪缨和常勋三位老先生可能被忽视了的、对厦门大学会计学科"隐性"的巨大贡献，是中国古典智慧的典范①。至此，我不得不感慨："有的学科有一个大师就够了（何况厦门大学会计学系拥有同时代的几位大师），哪怕她偏于一隅。"②只是，厦门大学会计学系都在期盼着下一个大师共生的年代。

追忆厦门大学会计学科的百年史，任何人都无法忘却从这里毕业的学生。他们聚像一团火，散似满天星！他们在各行各业不同岗位上诠释厦门大学会计学科的文化，使厦门大学会计学科真正做到了薪火相传，实现了继承与发展，更回馈给厦门大学会计学系以良好的社会声誉。厦门大学会计学系的毕业生，有的继续在高等教育领域兢兢业业教书育人，传承和发展厦门大学会计学科的学术观点与理论、文化与理念；有的进入国家宏观管理和监管部门，为我国资本市场建设和经济发展尽心尽力；有的进入企业界，为推动我国市场经济发展贡献自己的力量；有的进入社会中介行业，成为资本市场的"守门员"……

毕业生既是厦门大学会计学系的"产品"，亦是其最忠实的"使用者"，厦门大学会计学系在很大程度上实现了"产品"和"使用者"合二为一的"至臻境界"。唯此，我方能深刻体会到绝大多数会计学系毕业生对母系所满怀的深沉而热烈的爱，感受到系友对母系的进步有着由衷的欣喜，能够自豪地记录系友丁政曾为兴建厦门大学嘉庚主楼捐资2000万人民币，能够亲历系友（徐华东伉俪和朱益民三位1986级本科毕业生）对会计学科一亿元人民币的大额捐赠，能够有幸成为系友王少华捐资设立的"葛家澍奖"的获奖者之一，能够"未预期"地收到对《厦门大学会计学科百年史》100万元人民币的支持（捐资者徐筱

---

① 当我们回顾葛家澍、余绪缨和常勋三位老先生缔造的、厦门大学会计学科的辉煌时期时，必须钦佩他们的远见卓识和中允公道。

② 受观看足球比赛的影响，的确感到"有的队多一个人就够了，哪怕它暂时垫底（譬如2023年8月份，美国迈阿密国际足球队引进足球顶级球员梅西带来的巨大改变）；有的队靠一个人远远不够，哪怕它是'豪门'"。

玲女士仅在厦门大学会计学系进修过两次，时间上合计只一年有余）……直到组织厦门大学会计学科百年纪念活动和撰写《厦门大学会计学科百年史》，我才明白，可爱的系友报母系以琼瑶，实因会计学系在学生就读期间对学生的爱护和关怀①。

追忆厦门大学会计学科的百年史，其发展过程中的典型历史事件历历在目。厦门大学会计学系创立于1924年，是教育部批准的首批博士与硕士学位授予单位，是我国最早招收会计学博士后研究人员的单位，是厦门大学工商管理一级学科博士学位授权点的骨干学科和工商管理博士后流动站的重要支撑学科，也是厦门大学"211工程"、"985工程"和"双一流建设"的重点建设学科之一。1987年，厦门大学会计学系成为我国第一批国家级重点学科；在2002年和2007年国家重点学科评估中，厦门大学会计学科均名列全国会计学科第一。厦门大学会计学科在其百年的发展历史中，曾创造了中国会计学界多个第一，包括但不限于培养了第一位会计学博士（林志军）、第一位管理会计学博士（孙宝厚）、第一位审计学博士（李若山）、第一位会计学女性博士（曲晓辉）、第一位会计学博士后（王光远）、第一位来自中国台湾地区的博士（涂春永）等。2000年12月，教育部根据"唯一最好"原则批准设立了普通高等学校人文社会科学重点研究基地"厦门大学会计发展研究中心"。2005年9月，经教育部批准设立国家哲学社会科学创新基地（"985工程"二期，会计学科唯一）——"财务管理与会计研究院"。自此，厦门大学会计学科形成了会计学系、会计发展研究中心、财务管理与会计研究院"三位一体"的学科群②。

追忆厦门大学会计学科的百年史，我们必须尊重其悠久的历史和独特的人文情怀。厦门大学会计学科自建立起，一直弘扬重视学术研究的优良传统。老一辈会计学家葛家澍教授、余绪缨教授、常勋教授等始终强调学术研究，将厦门大学会计学科的学术研究声誉提高到了一个前所未有的高度。20世纪50年代，葛家澍教授关于会计对象的"资金运动论"（此为著名会计学家顾准先生的概括），是那个年代极少数不同于苏联专家的、具有中国特色的会计理论的观点。1978年，葛家澍教授基于时代特点，立于时代潮头，一腔孤勇地发表《必须替借贷记账法恢复名誉——评所谓"资本主义的记账方法"》一文，被誉为"打响了会计界拨乱反正的第一炮"，对中国会计学界起到了重要的"思想破冰"的作用③。

---

① 出自《诗经·卫风·木瓜》中的"投我以木桃，报之以琼瑶"。
② 此外，厦门大学会计学系也是全国会计硕士专业学位（MPAcc）教育论证发起单位和首批试点单位。
③ "思想破冰"一词，系杜兴强教授撰写《葛家澍教授学术思想研究》（厦门大学出版社2021年版）一书、对《必须替借贷记账法恢复名誉——评所谓"资本主义的记账方法"》一文进行评价时，采纳的一个术语。

1981年，葛家澍教授高屋建瓴地发表《论会计理论的继承性》，很大程度上推动了中国会计界对西方会计理论批判性地继承和发展。20世纪80年代初，葛家澍教授与余绪缨教授等引进和拓展了"会计信息系统论"，使之成为国内关于会计本质认识的两种主流学术观点之一[①]；余绪缨教授在我国率先致力于现代管理会计的引进、创建和发展，创立了一个比较完整的管理会计理论与方法体系，成为我国管理会计的开拓者和奠基人；常勋教授对推动"国际会计"做了奠基性的工作。20世纪90年代，葛家澍教授等对财务会计概念框架与会计准则问题的研究，对我国会计准则体系的建设与完善起到了积极的推动作用。厦门大学会计学科在会计基本理论方面诸多标志性的研究成果，使得厦门大学会计学科成为我国会计学界的"学术重镇"。

厦门大学会计学系的人文情怀亦是其在百年历史中始终站在国内会计学科前列的重要原因。老一辈会计学家葛家澍教授、余绪缨教授、常勋教授等温润如玉，强调人文关怀。厦门大学会计学系的上述优良传统一直在厦门大学会计学科代代传递，这就是文化的力量。[②]

厦门大学会计学科强调通过论文发表进行学术交流，但认为论文是进行学术交流的手段，而非终极目的。厦门大学会计学科会为教师或研究生发表在重要或顶尖学术期刊上的文章鼓掌和祝贺，但厦门大学会计学科历史上从不唯论文，亦不唯期刊。实际上，厦门大学会计学科百年发展中最有影响力的论文，不是发表在英文顶级期刊上，也不是全部发表于《会计研究》《经济研究》《管理世界》等中文重要期刊上，而是由葛家澍教授、余绪缨教授、常勋教授发表于《厦门大学学报》和《中国经济问题》上的，阐述学术思想、拓宽学科疆域、解放学术思想、奠定厦门大学会计学科地位和确立厦门大学会计学系为国内学术重镇的论文。这些具有奠基性和"思想破冰"意义的论文，其蕴含的学术思想迄今仍然熠熠生辉。可见，论文和论文发表的期刊固然重要，但是更为重要的是论文中的学术思想。

厦门大学会计学科强调关注基本理论研究，而不是过度追踪热点。厦门大学会计学科今天的学术地位，源自对会计本质（信息系统论）、会计对象（资金运动论）、财务会计概念框架、会计基本假设、会计目标、会计信息质量等会计基本理论问题的研究，源自勇立潮头、在时代变革的关键历史节点上发表具有思想解放意义的学术论文，源自"独树一帜

---

① 另一关于会计本质认识的代表性观点为"管理活动论"。

② Culture refers to "a set of values, conventions, or social practices associated with a particular field, activity, or societal characteristic" or "a set of shared attitudes, values, goals and practices that characterizes an institution or organization" (the Merriam-Webster Dictionary (https://www.merriam-webster.com/dictionary/culture)。文化可以在千年的时间内保持基本稳定，并一代又一代地传递下去。

的教材体系"，源自开国内先河的会计学博士生和硕士生的培养和教育体系。

时至今日，西学东渐，受西方学术界的影响，相当一部分会计学者在学术研究的过程中，逐渐忘却了学术研究的"初心"和"初衷"，放弃了学术思想，转而追求在特定的学术期刊上发表跟随性（follow-up）类型的研究。追求在英文或中文顶刊发表论文本无错，甚至应该鼓励，但是物极必反，任何事情走向绝对化不仅无益而且有害[①]。今日，社会经济等大环境改变，一些教师面临着"非升即走"的压力，在特定期刊上发表"追踪热点式"的论文似乎仍在可以理解的范围之内（毕竟"生存"大过一切）；只是，在获取终身教职之后，就应该回归初心，潜心在某个（细分）领域内进行研究，形成独特的研究领域，开展拓宽学科知识的有意义和有品位的研究，而不应"惯性"地为发表而发表。厦门大学会计学科一代又一代的继承和发展者们都在坚守并传递着上述学术传统。

四

厦门大学会计学系（科）是当代大学教育、人才培养、学科建设与教学科研的一个缩影。厦门大学会计学科有过辉煌与荣耀，但也经历了坎坷和沉淀。近年来，厦门大学会计学系确立了"以教学为突破口，强调通过教学增加凝聚力，教学为研究提供灵感，研究反哺教学"这一基本战略，经历了落地、生根、发芽和开花结果，在教学科研等领域取得了长足的进步。

科研方面，2017年12月，杜兴强教授负责的国家自然科学基金重大项目课题"制度变革、非正式制度因素与会计审计行为研究"（71790602）获批立项，这是国内会计审计领域首个国家自然科学基金重大项目课题。2020年12月，杜兴强教授与李建发教授的课题"'一带一路'沿线国中国企业审计治理研究"（20&ZD111）与"绩效管理导向下的中国政府成本体系研究"（20&ZD115）双双获得国家社会科学基金重大项目的资助，这是厦门

---

① 详细请参考：杜兴强，2022.实证会计研究：相关抑或因果？［J］.当代会计评论（1）1-54.会计学科如此，理科亦不例外。施一公院士曾直言自己曾把应试教育的精髓用于论文选择，从而"势如破竹"。但他对此进行了反思："我如今已经在《科学》和《自然》等顶尖杂志上发表了60多篇论文，但回头看，绝大部分文章虽然在科学研究领域很重要，但意义不大，因为这些成果无法在科学史上留下重要影响。如果当时我不依照应试教育的思路选择课题，也许我可以做更重要的课题。显然，有更重要的课题存在。遗憾的是当时，我未必敢做，甚至想都不会想。"（参见：施一公的"反思"［EB/OL］.（2023-06-10）［2022-02-02］.微信公众号：学术桥 Acabridge.）

大学会计学科和工商管理学科首个（批）国家社科基金重大项目①。近年来，厦门大学会计学系教师的二十余篇高质量的英文论文陆续刊登于英文 UTD（A+）期刊和 FT50（A）期刊，近百篇论文发表于国内最优期刊（《中国社会科学》《经济研究》《管理世界》《会计研究》《管理科学学报》等），会计学系在学术论文发表方面的短板正在逐步被有效地消除。杜兴强教授连续三年（2021—2023）入选爱思唯尔（Elsevier）"中国高被引学者"（Highly Cited Chinese Researchers）榜单，并连续四年（2020—2023）入选"全球前2%科学家"（World's Top 2% Scientists）榜单。

教学领域，2023年7月，杜兴强教授牵头申报的"会计学教学模式创新与教材体系改革：AI 技术冲击、中国文化嵌入与伦理关注"获得国家级教学成果奖二等奖（该成果此前于2021年7月获得福建省第十届教学成果奖特等奖），这是厦门大学会计学系时隔18年再次获得国家级教学成果奖。2018年10月，杜兴强教授担任教育部高等学校工商管理类教学指导委员会会计学专业教学指导分委员会副主任委员。2019年12月，厦门大学会计学专业入选首批教育部国家一流专业建设名单（负责人杜兴强教授）；2022年5月，厦门大学审计学专业入选教育部国家一流专业建设名单（负责人刘峰教授）。2020年2月，厦门大学会计系的会计学项目通过 AACSB（国际商学院协会）认证（与商学独立，负责人杜兴强教授），成为我国"双一流"和"985"大学中少数几个通过 AACSB 认证的会计学科之一。此外，"财务会计理论专题"和"管理会计"入选教育部本科国家一流课程，杜兴强教授获得教育部霍英东教育基金会高等院校教育教学奖与"宝钢优秀教师"等荣誉称号。

学科建设和人才队伍建设方面，2017—2024年，会计学系相继引进了14位海外高校和国内高校的优秀博士毕业生充实教师队伍；李建发教授于2018年入选国家高层次人才特殊支持计划哲学社会科学领军人才和中宣部文化名家暨"四个一批"人才，2018年被授予"财政部会计名家"荣誉称号；刘峰教授2018年被授予"财政部会计名家"荣誉称号；杜兴强教授2019年9月入选国家"百千万人才工程"，并被授予"国家有突出贡献中青年专家"，2020年12月获批国务院政府特殊津贴，2021年12月入选中组部"国家高层次人才特殊支持计划"哲学社会科学领军人才，2022年1月入选中宣部文化名家暨"四个一批"理论界人才工程，2023年1月入选财政部"会计名家培养工程"（2022年）。值得指出的是，2009—2024年厦门大学会计学系培养的毕业生中有二十余人次入选国家高层次人才计划（教育

---

① 此后的2021年和2022年，厦门大学会计系教师还陆续获得了3项国家自然科学基金重点项目或国家社科基金重大专项，从而在获得国家级重大课题立项方面位于国内高校会计学科第一方阵的前列。

部长江学者特聘教授、中组部哲学社会科学领军人才、国家"百千万人才工程"、教育部新世纪优秀人才、财政部"会计名家培养工程"等）。

学科影响力方面，李建发教授任国务院工商管理学科评议组成员（曾任中国会计学会副会长和教育部会计学教指委副主任委员），杜兴强教授任中国会计学会副会长、教育部高等学校会计学（分）教指委副主任委员、中国商业会计学会（国家一级学会）副会长等，曲晓辉教授任教育部社科委员会委员，刘峰教授任国际财务报告准则委员会咨询委员。

五

历史并不复杂，但历史会因人而复杂！

在筹备厦门大学会计学科百年纪念活动的过程中，不少系友心中有一个疑问：为何2015年厦门大学会计学系举办了90周年庆，但2024年却是百年庆典？

首先，2024年是厦门大学会计学科的百年诞辰是确定无疑的，这一点广大系友可以详细阅读本书的阐述和论证。其次，本应于2014年举办的厦门大学会计学科90周年庆，因为遇到诸多困难，不得已只能延后，直至2015年下半年才举办。尽管如此，2015年11月，厦门大学会计学科90周年庆最终得以举办，彰显了厦门大学会计学系（科）的凝聚力和历史底蕴，也给彼时处于低谷中的厦门大学会计学科注入了前进的动力。

因此，借厦门大学会计学科百年庆典之机正本溯源，这是责任，不容回避。

百年纪念活动，可以很多，可以丰富多彩。但是，作为百年纪念活动的重要组成部分，系统反映和记载厦门大学会计学科1924—2024年这一百年来的发展历程、成就和经验教训，不仅必要，而且必须。编撰《厦门大学会计学科百年史》，一方面是为了总结厦门大学会计学科的历史和经验，彰显其应有的历史地位，推进其更好地发展；另一方面则是希望通过系统梳理和总结厦门大学会计学科历史悠久和内涵丰富的学术传统，使之得以流传，亦为未来学者研究我国会计教育史提供真实的个案记录。

《厦门大学会计学科百年史》包括三卷（五册）：《厦门大学会计学科百年史：笃行南强》（三册）、《厦门大学会计学科百年史：星河璀璨》和《厦门大学会计学科百年史：吾师·同学》。

《厦门大学会计学科百年史：笃行南强》着重记录了百年发展历程中厦门大学会计学科的建立、发展、沉淀，厦门大学会计学派和学术重镇的辉煌、艰难转型、矢志坚守、砥砺奋进等，包括但不限于厦门大学会计学科历史之滥觞（1924—1925）、中华民国时期的厦门大学会计学科（1926—1948）、新中国成立初期的厦门大学会计学科（1949—1965）、蛰伏沉淀的厦门大学会计学科（1966—1976）、厦门大学会计学派与中国会计学术重镇（1977—1999）、艰难转型的厦门大学会计学科（2000—2008）、矢志坚守的厦门大学会计学科（2009—2016）、砥砺奋进的厦门大学会计学科（2017—2024）。此外，还记录了厦门大学会计学系历任党政人员、会计学系现任教师、会计学系历任教师、厦门大学会计学科的代表性成果和完整的成果目录。最后介绍了厦门大学会计发展研究中心、厦门大学会计学系 MPAcc 中心、厦门大学财务管理与会计研究院的相关史料，包括但不限于大事记、师资队伍、科研成果、会议信息等。

《厦门大学会计学科百年史：星河璀璨》介绍了在厦门大学会计学科的百年发展历程中做出重要贡献的教师，各个年龄段具有代表性的教师，在学术界（高校与研究机构）、企业界（含国有企业、民营企业）、社会中介组织（如会计师事务所）、政府部门与监管部门等各行各业做出重要成绩，以实际行动为厦门大学会计学系增光添彩的历届代表性毕业生，以及对厦门大学会计学科建设做出重要贡献的毕业生。

《厦门大学会计学科百年史：吾师·同学》以相对轻松的语言风格，介绍了厦门大学会计学科百年发展历程中教师与同学那些令人难以忘却的事件和瞬间。

七

每一代人都有其使命，每一代厦门大学会计学科的教师与学生，可能都有其"宿命式"的拐点。对于郑世察教授、陈德恒教授、萧贞昌教授等曾在中华民国时期任教的老师而言，抗日战争是一个拐点。对于在中华民国末期进入厦门大学会计学系任教的葛家澍教授、余绪缨教授等来说，新中国的成立和"十年无书可教"是一个拐点。对于现今六七十岁的厦门大学会计学系的教授们而言，自20世纪60年代研究范式从规范会计研究转向实证会计研究是他们教学研究生涯的拐点。对现今四五十岁的厦门大学会计学系的教师们而言，未在境外知名高校接受过系统的科研训练则意味着他们教学科研生涯的拐点。对于刚进入厦门大学会计学系（科）不久的青年学者而言，如何使自己的研究有品位、有学术和实践价值、有持久的影响力，则可能是他们面临的拐点。

每一次转折，都是对厦门大学会计学科师资结构的一次考验，都会对学科建设、人才培养、教学研究等产生深远的影响。每一代厦门大学会计学科的教师和学生，都需要思考如何在学术与入世（世俗）之间寻求平衡，更好地从事教学科研，继承和发扬厦门大学会计学科的优秀传统，夯实厦门大学会计学科的底蕴。我们相信年轻一代的会计学科的教师和学生能够借鉴前辈的经验，基于自己的智慧和思考进行有益的探索，让厦门大学会计学科发展得越来越好。

成立于1924年的厦门大学会计学科，在经历了三四十年的发展之后，才逐渐在国内会计学界取得其应有的一席之地。20世纪50年代中期到60年代中期，以葛家澍先生为代表，厦门大学会计学科即使面对国内奉苏联专家、教材的观点为圭臬的氛围，仍勇于突破，敢于创新，创立了关于会计对象的"资金运动学派"。此后，葛家澍先生以主编国家统编教材为契机，使厦门大学会计学系逐渐得到认可，成为国内会计学科的重要"一极"。

1978年和1981年，葛家澍先生相继发表了两篇石破天惊、具有"思想破冰"意义、对中国会计学界的思想解放起到巨大历史推动作用的代表作——《必须替借贷记账法恢复名誉——评所谓"资本主义的记账方法"》和《论会计理论的继承性》。葛家澍先生、余绪缨先生和常勋先生在会计基本理论与财务会计、管理会计和国际会计研究方面的屡屡突破，厦门大学会计学系作为中国会计学博士与硕士教育的先行者，以及"资金运动学派"、"会计信息系统学派"、"现代管理会计理论与方法体系"和"独树一帜的教材体系"的形成，奠定了厦门大学会计学派和厦门大学会计学系作为我国会计学领域学术重镇的地位，亦造就了厦门大学会计学科自20世纪70年代后期开始长达三十年左右的辉煌。

自余绪缨先生、葛家澍先生和常勋先生相继仙逝之后，厦门大学会计学科艰难转型，矢志坚守，伴随着2017—2024年的砥砺奋进，厦门大学会计学系似仍可位于中国高校会计学科的第一方阵。基于大历史观，在目睹一个个之前处于领先地位的、非一线城市的部分高校的会计学科，基于种种原因在"后发优势"冲击下逐渐失去昔日辉煌、苦苦寻求转型的案例之后，我们不得不深思：

第一，厦门大学会计学科的下一个百年（2024—2124），40~50岁年龄段和30~40岁年龄段的学术带头人是否能够形成像葛家澍先生、余绪缨先生和常勋先生一样的"集聚效应"？厦门大学和厦门大学会计学系是否有足够的胸怀和充分的资源并匹配合适的机制，孕育和培养出各个年龄段的学术带头人？

第二，百年来，在会计学领域数次的范式转换过程中，中国会计学界都缺席了。在跟进和学习的过程中，厦门大学会计学科在部分范式转换过程中勇立潮头，但却至少在一次范式转换中略微滞后于国内会计学科。那么，是否以及何时有下一次会计研究领域内的范式转换？下一次的范式转换究竟是什么？下一次的范式转换过程中，厦门大学会计学系应该扮演什么样的角色——被动抑或主动？为应对甚至促进下一次的范式转换，厦门大学会计学系需要提前进行什么样的筹划？需要什么样的战略？

如上问题的回答，将在一定程度上决定厦门大学会计学科在下一个十年、二十年、五十年、百年是否能够继续处于我国会计学科的第一方阵（甚至领先地位），也决定着葛家澍先生、余绪缨先生和常勋先生缔造的厦门大学会计学派和我国会计学领域学术重镇的地位能否得以继续保持，甚至决定着厦门大学会计学科的未来……

八

《厦门大学会计学科百年史》的构思、资料搜集、撰写和出版，前后长达三年之久（特别是2022年4月到2023年9月的写作期间，以及2023年11月至2024年2月的校对与增补过程），由厦门大学会计学系杜兴强教授负责框架设计、根据编委会建议修改，以及统筹各册的进度，并与出版社进行沟通，直至最终出版。

《厦门大学会计学科百年史：笃行南强》（三册）由厦门大学会计学系杜兴强教授根据史料、文献、老师和系友提供的资料编撰，经编委会审定后付梓出版。《厦门大学会计学科百年史：星河璀璨》由编委会拟定名单，杜兴强教授任主编、张国清教授任副主编（协助杜兴强教授进行组稿）。《厦门大学会计学科百年史：吾师·同学》由杜兴强教授任主编，蔡宁教授任副主编（协助杜兴强教授进行组稿）。

《厦门大学会计学科百年史：笃行南强》描述和勾勒的是厦门大学会计学科百年发展历程。因为厦门大学会计学科百年史是客观存在的，所以我们所做的就是在竭力保持历史原貌的基础上进行发掘、整理和呈现。因此，《厦门大学会计学科百年史：笃行南强》必然是群策群力的结果。基于此，必须感谢所有对《厦门大学会计学科百年史：笃行南强》做出贡献的教师、学生、系友等。

第一，感谢《厦门大学会计学科百年史》编委会的成员曲晓辉教授、李建发教授、庄明来教授、傅元略教授、汪一凡副教授、刘峰教授、杜兴强教授、张国清教授、蔡宁教授等。他们对《厦门大学会计学科百年史：笃行南强》内容框架与最终版本的审定，在最大程度上确保了《厦门大学会计学科百年史：笃行南强》的质量。

第二，感谢厦门大学会计学系的汪一凡副教授。汪一凡副教授一直致力于厦门大学会计学科史料的发掘和整理，在厦门大学会计学科90周年庆的过程中撰写了一系列的公众号文章"厦门大学会计学系往事"，内容丰富、有趣。"厦门大学会计学系往事"诸多内容对撰写《厦门大学会计学科百年史：笃行南强》有所启发，且部分内容被《厦门大学会计学科百年史：笃行南强》所采纳和引用。在此对汪一凡老师表示特别的感谢。

◎《厦门大学会计学科百年史》审稿会现场（2023年9月3日）

第三，感谢厦门大学会计学系的刘峰教授、暨南大学的胡玉明教授（博士毕业于厦门大学会计学系，曾任教于厦门大学会计学系），以及王剑博士（厦门大学会计学系2001年博士毕业）、陈箭深博士（博士毕业于厦门大学会计学系，曾任教于厦门大学会计学系）、刘维博士。苏锡嘉教授和刘峰教授在主编《澍雨杏风》（厦门大学出版社2021年版）的过程中积累了有关葛家澍先生丰富的史料。杜兴强教授在写作《葛家澍教授学术思想研究》的过程中亦积累了大量的资料。胡玉明教授提供了诸多有关余绪缨先生的资料，包括但不限于《一绪长缨：余绪缨传》（广东经济出版社2022年版）中关于余绪缨先生的诸多史料；王剑博士馈赠了其购买的、有关厦门大学会计学系的诸多高清扫描的老照片，甚为宝贵；陈箭深和刘维两位博士还提供了有关常勋先生诸多珍贵历史资料和有关（原）厦门大学会计师事务所的诸多材料。

第四，感谢曲晓辉教授、李建发教授、傅元略教授、陈少华教授、刘峰教授，他们为《厦门大学会计学科百年史：笃行南强》的写作提供了有关个人和会计学系的诸多宝贵资料，很大程度上丰富了厦门大学会计学科的史料。此外，《厦门大学会计学科百年史：笃行南强》在编撰中亦部分采纳了互联网中提供的可信资料和照片，文中多数有标注出处，但不排除存在遗漏的情况，若有遗漏，请联系我们，我们将在修订时予以补充和致谢。

第五，感谢会计学系的行政秘书刘银燕全程协助杜兴强教授撰写《厦门大学会计学科百年史：笃行南强》。刘银燕的工作内容包括但不限于：（1）协助搜集和整理1924—2024年历任和现任教师的简历；（2）协助整理1924—2024年厦门大学会计学科的党政人员情况和相应的简历；（3）协助搜集和整理厦门大学会计学科百年发展过程中的部分论文、著作、教材、教学成果、科研奖励、科研项目等；（4）协助对《厦门大学会计学科百年史》的资料进行查缺补漏。

第六，感谢会计学系和管理学院的诸位秘书。石云和陈书芸协助整理了厦门大学会计学系的本科生名录，石云和潘嘉倩协助整理厦门大学会计学系的研究生名录，陈桂宝和林姝妍协助整理会计学系MPAcc中心专业学位研究生的名录，陈婧协助整理会计学系教师的相关人事信息、人才项目信息等，吴琼协助整理会计学系教师2000—2023年的成果目录。①

第七，厦门大学会计学科在其百年发展历程中，除厦门大学会计学系之外，还有三个以厦门大学会计学系为母体发展起来的重要机构——厦门大学会计发展研究中心、厦

---

① 1924—1999年的成果目录由刘银燕和章永奎副教授通过期刊网、个人简历及多种来源进行整理。

门大学会计学系 MPAcc 中心和厦门大学财务管理与会计研究院。感谢刘峰教授和秘书杨颖瑜提供了会计发展研究中心的相关资料，张国清教授与秘书陈桂宝和林姝妍提供了 MPAcc 的相关资料，胡金帅教授和秘书吴丽晶提供了财务管理与会计研究院的相关资料。

《厦门大学会计学科百年史：星河璀璨》和《厦门大学会计学科百年史：吾师·同学》的编写更是群策群力的成果。因此，必须感谢撰写相关回忆性文章的所有老师、学生和系友，他们共同使《厦门大学会计学科百年史》有血有肉、丰满立体。此外，感谢会计学系副主任张国清和蔡宁两位教授，两人承担了重要的组织协调工作：张国清教授协助杜兴强教授组织《厦门大学会计学科百年史：星河璀璨》的初稿，蔡宁教授协助杜兴强教授组织《厦门大学会计学科百年史：吾师·同学》的初稿。[①]

《厦门大学会计学科百年史》的出版，离不开厦门大学出版社[②]经管编辑室全体编辑的兢兢业业和通力合作，在此表示感谢。

九

我之所以敢承接重担主编《厦门大学会计学科百年史》，主要基于如下原因：

第一，在厦门大学会计学系就读和工作近30年的时间里[③]，我亲历了会计学科的起伏：(1)葛家澍先生、余绪缨先生、常勋先生和诸多老师们齐心凝力，缔造了"厦门大学会计学派"，造就了厦门大学会计学系作为国内会计学术重镇的重要影响力；(2)囿于时代大背景和关键节点决策的凝滞，厦门大学会计学科在研究范式的转变过程中错失了良好的机遇，经历了一段相对漫长的"修复期"；随着余绪缨先生、葛家澍先生和常勋先生相继仙逝，厦门大学会计学科经历了其历史发展中的"低谷期"；(3)厦门大学会计学系在2017—

---

① 我还需要感谢参与《厦门大学会计学科百年史：星河璀璨》和《厦门大学会计学科百年史：吾师·同学》资料搜集的志愿者们（具体名单见相应分册的前言）。

② 经过征求意见和审时度势地进行综合考虑，《厦门大学会计学科百年史》最终交由厦门大学出版社出版。而且，《厦门大学会计学科百年史》由厦门大学自己的出版社予以出版发行，合情合理，也具有契合性。

③ 我1995年从吉林大学数学系考入厦门大学经济学院会计学系攻读硕士学位，此后继续在厦门大学会计学系攻读博士学位并留校任教至今。至2024年厦门大学会计学科百年诞辰，我在厦门大学会计学系学习和工作已经接近30年了。

2024年明确战略^①、团结奋进、逐渐走出低谷，重塑影响力。

何其有幸，我成为2017—2024年厦门大学会计学系发展战略的主要拟定者之一。不得不指出的是，在厦门大学会计学系就读和工作的近30年时间里，恩师葛家澍先生和会计学系诸多前辈老师一直给予我诸多支持和爱护，且厦门大学会计学系这一非常重要的平台为我的成长提供了诸多助力^②。基于上述，倘不对厦门大学会计学科百年历程以笔墨记之，似有"辜彼苍之厚"^③。为厦门大学会计学科的百年变迁修撰"学科史"（"系史"，即《厦门大学会计学科百年史》），唯其艰巨，所以才有意义，唯其艰巨，因此更显荣光^④。

第二，此前独著《葛家澍教授学术思想研究》的经历。在葛家澍教授百年诞辰之前，先生的博士生们、刘峰教授和我一起筹划了内容丰富的纪念活动，其中包括出版《葛家澍教授学术思想研究》、《葛家澍文集》和《澍雨杏风》等著作。其中，《葛家澍教授学术思想

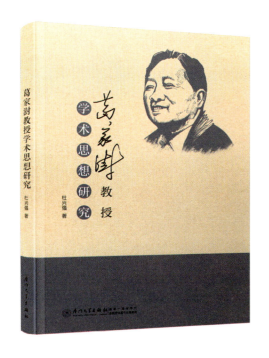

◎《葛家澍教授学术思想研究》封面与版权页

---

① 主要指"以教学为突破口，强调通过教学增加凝聚力，教学为研究提供灵感、研究反哺教学"这一基本战略。

② 我即使再无知，也能够区分和辩证地认识"平台"和能力的关系。可以肯定的是，我必须感恩厦门大学会计学系这一重要的平台为我的成长提供的助力，培养了我的能力（若有的话），让我的能力有了用武之地，而非反之。

③ 引自沈复的《浮生六记》。

④ 人，随着长大成熟，一些珍贵的东西可能正在慢慢消失（例如真实、勇敢、感恩），取而代之的往往是过度的功利、怯懦和旁观。

研究》一书需要系统地梳理和归纳先生在不同历史阶段的学术论文和著作中所蕴含的学术思想，难度最大、任务最为艰巨。这项艰巨的任务最后落到我的肩膀上。此后，我决然地暂时放下手头的科研任务，潜心研读葛家澍先生的论著，然后战战兢兢、小心翼翼地撰写著作。《葛家澍教授学术思想研究》的写作，前前后后持续了三年，直至2020年11月提交给出版社，最终得以在葛家澍先生百年诞辰纪念活动之前出版。

撰写《葛家澍教授学术思想研究》的经历，让我不再惶恐于《厦门大学会计学科百年史》的写作任务。我深深地明白：这是责任，无从逃避；如果不迎难而上，那可能对厦门大学会计学科而言就是一场不大不小的灾难；《厦门大学会计学科百年史》只能如期和高质量地完成，没有其他选择。于是，2021年4月6日校庆前后，厦门大学会计学系官方的微信公众号"厦大会计"就"立flag"式地宣布了2024年厦门大学百年系庆的相关信息，这倒逼我和厦门大学会计学系启动相关事宜。

第三，近年来，我的研究重心已经逐步转向"会计思想史"领域。基于我所受的理科教育和方法论训练，虽然我对实证和规范会计研究方法并无偏好，但我的确对目前一部分实证会计研究的文章感到审美疲劳，甚至有意欲"逃离"的感觉。"逃离"容易，难在找到"心之所属"。几经思考，我觉得应该去做点差异性的研究。于是，我购买了大量的英文和中文古旧图书（英文图书出版年在1970年之前的有数百本），选择了"会计思想史"作为一个可以持续投入精力进行探索的领域①。这样的经历让我对编撰《厦门大学会计学科百年史》内心保持比较平静，不至于无从下手。

《厦门大学会计学科百年史》的出版由厦门大学会计学系的系友徐筱玲女士资助。徐筱玲女士是厦门大学会计学科举办的"1976年石油化工部财务会计干部培训班"和"1980年石油部外事财务学习班"的学员，她的善举是对厦门大学会计学科人才培养最大的肯定之一。当然，这也得益于厦门大学会计学系（科）善待每一位曾经就读的学生（包括但不限于全日制本科、硕士和博士，以及各类非全日制学生）。

---

① 《厦门大学会计学科百年史》亦是我完成2022年"财政部会计名家培养工程"科研任务的一部分。

◎ 徐筱玲女士（中）、刘峰教授（左）和杜兴强教授（右）合影

《厦门大学会计学科百年史》之所以署名"杜兴强主编"，是因为：

> 每个正直的人都应对自己出版的著作负责；因此，我在封面署上自己的名字，并非想占为己有，而是必须对她承担责任①。

即使我再无知，我也能意识到自己的无知。厦门大学会计学科百年历史，我只是1995年以后这段时间的亲历者②。因此，在《厦门大学会计学科百年史：笃行南强》的写作过程中，我竭力秉持中立的立场和基于"重要性"原则，战战兢兢，恐有疏漏，恐有曲解，恐有不敬。尽管如此，由于资料匮乏等各种因素，编纂过程中遇到诸多困难，恳切期盼广大教师、学生、系友和相关人士纠正错漏，以便再版时进行修订，使之更为完善。此外，

---

① 引自：卢梭，2010. 新爱洛漪丝［M］. 北京：商务印书馆：序言4-5.

② 《厦门大学会计学科百年史：笃行南强》完稿那天（凌晨四五点），我站在陋舍（25楼）眺望远处的鼓浪屿，思绪久久无法平静：厦门大学会计学系历史悠久，百年坎坷。爱她的人，小心翼翼地捡起碎片，内心已遍布伤痕；想要握紧，却伴随着锥心的刺痛……边捡边喃喃细语，这片有我……旋即，泪流满面！基于此，我陷入了深思：在厦门大学会计学系学习和工作的近30年里，我收获了什么？失去了什么？"因为一个人，爱上整座城；因为我的导师葛家澍先生，我坚守在会计学科和厦门大学。"撰写《厦门大学会计学科百年史：笃行南强》的过程中，我时而枯坐沉思：我的付出，是否对得起恩师葛家澍先生的知遇和培养之恩？

值得指出的是，我幼时顽劣、青年时期多有懈怠，以致学识浅陋，因此若对《厦门大学会计学科百年史：笃行南强》细究文法，则"责明于垢鉴矣"。

姑且，把裁量权交给时间，让时间成为亘古不变的评价标准①。

时间虽沉默不语，但会回答所有问题！

风姿花传②！

生命的尽头，不是逝去，而是遗忘③！

对人如此，对一个学科亦不例外！

厦门大学会计学科，

百载集腋成裘，

百载薪火相传，

百载格物致知，

百载笃行南强，

百载风华正茂。

Today is not easy（今天不容易）.

Tomorrow is more difficult（明天还会更难）.

But the day after tomorrow will be wonderful（但是未来一定会更美好）！

I like you but just like you（Accounting Department at Xiamen University）.④

值此厦门大学会计学科新百年开篇之际，我们将以出版《厦门大学会计学科百年史》

---

① "上士闻道，勤而行之；中士闻道，若存若亡；下士闻道，大笑之，弗笑，不足以为道。"（《道德经》四十一章）

② "风姿花传"引自世阿弥的"能乐理论"，即风无形，不可察，但可通过有形的花的姿态得以感受。类似地，写作的意义，就是帮鱼找到水，让人认识到风。（参见：世阿弥《风姿花传》，中国社会科学出版社1999年版。）

③ 英文为"The real death is that no one in the world remembers you!"人一生面临三次辞世。第一次是生物学角度的辞世；第二次是葬礼举办时，一个人的身份将会被从这个世界上抹除；第三次是这个世界上自此不会再有任何一个人记得您。（译自电影《寻梦环游记》）

④ 可以相对优美地译为"纵然万劫不复，纵然相思入骨，我也待你眉眼如初，岁月如故"。

为契机，继续秉承"自强不息、止于至善"的校训，致力于知识创造与传播、学术创新、教学改革与人才培养，面向国家重大战略需求和服务于中国资本市场发展，努力使厦门大学会计学系保持国内一流，力争跻身世界会计学科的第一方阵。

**厦大会计，南方之强；
百年会计，再创辉煌！** ①

◎ 厦门大学会计学系系徽

◎ 厦门大学会计学科之"百年标识"②

杜兴强

2023年9月10日终稿于

厦门大学嘉庚二101室

会计学系办公室

---

① 厦门大学会计学科百年庆的口号之一。

② "百年标识"是在厦门大学会计学系系徽（设计于刘峰教授组织的厦门大学会计学科90周年庆典之际）的基础上，融入"百年庆典"的元素而形成。"百年标识"从整体到局部分别代表：第一，阿拉伯数字"100"（整个轮廓），代表厦门大学会计学科的100年。第二，聚焦"100"中间的"0"，其中嵌入了建筑物、文字和波浪的图案，其分别代表：（1）建筑物是建南大礼堂的剪影，她是厦门大学标志性的建筑物之一，承载着数代厦门大学会计学系系友的美好回忆。（2）建南大礼堂剪影上的文字，从右至左是金文版的"厦大·会计"（刘峰教授语）。金文是汉字的一种书体名称，指的是铸造在殷商与周朝青铜器上的铭文，亦称钟鼎文。（3）"波浪"则有两层含义，一是会计学科所在的厦门大学是滨海大学，二是年轻、朝气、生生不息。第三，聚焦"100"中间的"0"，其外圈最底端的罗马数字"MDCDXXIV"，代表"1924"（M：1000；D：500；CD：400；XX：20；IV：4）。值得指出的是，刘峰教授和杜兴强教授多方面咨询了专业人士，得知"MDCDXXIV"和"MCMXXIV"的罗马数字都可以表示1924。但是，为了延续自厦门大学会计学科90周年庆以来的"传统"和"惯例"，"MDCDXXIV"将被继续沿用。

1924年是厦门大学会计学科历史之滥觞。厦门大学会计学科历史，从第一位学生薛一瓒的入学时间（1924年）算起。1924年，甚至更早，陈德恒先生就已任职于厦门大学的会计室；1925年，会计学科迎来了第一位专任教师郑世察。

前　言

《厦门大学会计学科百年史：吾师·同学》是《厦门大学会计学科百年史》的第三卷。如果说《厦门大学会计学科百年史：星河璀璨》是严肃地记载厦门大学会计学科百年发展过程中代表性的老师与毕业生，那么《厦门大学会计学科百年史：吾师·同学》则是以相对轻松的语言风格，介绍厦门大学会计学科百年发展历程中具有代表性的教师与同学身上发生的、令人难以忘却的人和事（甚至瞬间）。

《厦门大学会计学科百年史》编委会在民主协商的基础上，确定了"吾师"部分的人选，然后委托相关人员进行撰写。"吾师"部分的人选包括但不限于（文章在本书中的排列顺序）：（1）厦门大学会计学科的奠基人；（2）推动厦门大学会计学科成为国内学术重镇的老一辈会计学家；（3）获得各类国家高层次人才称号的现任与历任教师；（4）为厦门大学会计学科的发展呕心沥血的各个年龄段的教师代表；（5）兢兢业业奋战在教学第一线、各个年龄段中具有一定代表性的现任或历任教师（如被评为厦门大学"我最喜爱的十位老师"的现任或历任教师）；（6）在境外知名高校获得终身教职的、厦门大学会计学系的毕业生。

《厦门大学会计学科百年史》编委会根据学生在厦门大学期间获得嘉庚奖、亚南奖和本栋奖等重要奖项的情况，以及获得教育部博士生学术新人奖的情况，邀请获奖者或者获奖者的同学撰写相关材料。"同学"部分的文章依据获得相关奖项的时间排序。

2023年10月份开始，我们还在厦门大学会计学科微信公众号"厦大会计"上发文，公开征集《厦门大学会计学科百年史：吾师·同学》的稿件。但是，由于纸质出版物的出版周期限制（通常需要提前至少半年交稿），部分老师和同学的稿件未纳入本书，我们欢迎系友（老师、同学）继续来稿，后续将在"厦大会计"公众号予以刊载。

《厦门大学会计学科百年史：吾师·同学》是集体劳动的结果，体现了厦门大学会计学系的群策群力。

首先，感谢为本书撰写文章的所有老师、学生、系友和研究助理，使《厦门大学会计学科百年史》更加有血有肉、丰满立体。本书的贡献者包括但不限于（按姓名拼音排序，见文章中的署名）：阿姆恩·马哈穆德、埃迪·雷耶斯、蔡宁、曹毅、陈华晶、陈蓉蓉、陈书芸、陈燕升、陈之源、程六兵、德鲁·海姆利奇、董必荣、杜兴强、杜颖洁、甘智文、郭晓梅、洪思琼、洪永淼、胡海峰、胡晓明、黄志忠、贾文凯、婕罕·阿巴伊汗、克里斯汀·莫肯豪普、孔思齐、李来顺、李诗、林聪、林凯、刘峰、刘婧、刘明、刘维、刘晓棠、刘笑霞、刘运国、罗敬霖、罗立之、罗沁、玛丽亚姆·斯凯雷克、曲晓辉、瞿曲、萨尔·法里诺、史学智、苏锡嘉、谭雪、王华、王仁诚、王一平、魏舒凡、吴东辉、修宗峰、徐琳、杨志锋、殷敬伟、余佳、余恕莲、俞宏、张金若、曾泉、张颖、章永奎、钟莉红、周海燕、周泽将、庄明来等。

其次，感谢《厦门大学会计学科百年史》编委会的成员（曲晓辉教授、李建发教授、庄明来教授、傅元略教授、汪一凡副教授、刘峰教授、杜兴强教授、张国清教授、蔡宁教授等）通过民主协商、共同确定标准，遴选进入本书的教师和毕业生的名单，使得本书的组稿得以顺利进行。

最后，感谢蔡宁教授和秘书陈书芸协助杜兴强教授组织稿件，使本书得以及时出版。

本书由1976年"石油化工部财务会计干部培训班"和1980年"石油部外事财务学习班"的学员徐筱玲女士资助出版。我们必须对徐筱玲女士的善举表达最诚挚的谢意。

《厦门大学会计学科百年史：吾师·同学》由杜兴强教授担任主编，蔡宁教授担任副主编。由于时间和精力有限，本书难免存在错漏，敬请不吝指出，以便日后勘误修订。

2023年9月10日终稿于
厦门大学嘉庚二101室
会计学系办公室

目 录

第一篇·吾师

谆谆如父语，殷殷似友亲
　　——纪念葛家澍教授　　　　　　　　　　003

求实的科学精神，超前的国际视野
　　——纪念葛家澍教授百年诞辰　　　　　　020

仁慈·睿智·宽厚
　　——记葛家澍先生　　　　　　　　　　　024

吾师余绪缨教授　　　　　　　　　　　　　　035

学者典范，永久师长
　　——纪念余绪缨先生百年诞辰　　　　　　046

怀念余绪缨老师　　　　　　　　　　　　　　052

亦师亦友
　　——记常勋教授　　　　　　　　　　　　057

宽厚为人，严谨为学，仁爱为师
　　——记恩师吴水澎教授　　　　　　　　　063

我们的学术楷模
　　——记林志军教授　　　　　　　　　　　070

桃李不语，下自成蹊
　　——忆陈守文教授　　　　　　　　　　　077

赤心弘毅连广宇　博学志道笃于行
　　——记导师王光远教授　　　　　　　　　080

我眼中的李建发教授　084

严谨正直的恩师，和蔼可亲的慈母
　　——致敬我的导师曲晓辉教授　089

不惑之年的"程序员"
　　——记会计信息化先行者庄明来老师　093

我的"神仙"老师
　　——记黄世忠教授　097

举头红日近，回首白云低
　　——我们眼中的刘峰老师　102

"斜杠"阿杜
　　——记杜兴强教授　107

缅怀桑士俊教授　115

我们的"桑帅"
　　——记桑士俊教授　120

初心不改
　　——记孙丽影老师　126

吾师亦吾友
　　——记我的导师蔡宁教授　129

厦园里的"宝藏"
　　——记杨绮老师　134

温暖有趣，专业严谨
　　——记我们眼中的严晖老师　139

厦门大学会计学科的一百年　145

从清水湾边的夜出发
　　——记我的导师许尤洋教授　147

以行教人，育人育心
　　——记谢德仁教授　149

幸遇良师，师泽如山，绵长致远
　　——记包琐教授二三事　154

吴东辉教授　159

学生们眼中的林蓓昕教授　162

得遇明师，沿途有灯
　　——记程仕军教授　168

"文"以载道，温润如"霞"

    ——记渥太华大学葛文霞教授   171

师生情　一辈子　一起走   175

在厦门看世界

    ——会计学系研究生生涯对我的影响   182

吾师童一杏   186

吾师张飞达   189

第二篇·同学

我的厦大情   195

印象·方荣义同学   202

学霸二三事   205

凤凰花开·学富满载   208

凌云一7楼的同学情   211

会计本科求学琐记   214

邻家学霸

    ——记我们眼中的徐晓阳   217

我的同学陈玮   222

一个爱思考的"悦读"者

    ——记我的同学胡玉明   226

同窗·教师（学者）·会计学科的坚守者

    ——记杜兴强同学   229

志存高远·自强不息

    ——记刘维同学   244

28年一回首   247

严晖同学二三事   250

我们的班长陈曦   253

那些年华那些事   256

我的舍友魏群英   259

致我们永不逝去的青春   263

一段探索未知的历练   268

我的同学唐丰   271

同学眼中的"老李"   274

厦门大学求学十年杂记   277

亦师亦友忆同窗 280

同学眼中的张鹏 283

我的博士同窗 286

传承百年·止于至善 290

永远向前的年糕君 293

以足践行，求以真知
　　　——记我的厦大同窗 296

不辜负生活，不迷失方向 299

积极探索，厚积薄发 302

青春恰似火　扬帆正当时 306

附　录　会计学系学生获厦门大学嘉庚奖、亚南奖、本栋奖、
　　　　文庆奖和教育部博士生学术新人奖名单 309

第一篇

吾师

1924—2024

Centennial History of
Accounting Discipline at
Xiamen University

谆谆如父语，殷殷似友亲
——纪念葛家澍教授 *

一、与恩师结缘

1995年前后，厦门大学会计学科正处于巅峰期和黄金时期。像我这样一个在长春就读理科（数学系基础数学专业）的本科生，也可以间或从吉林大学经济管理学院的老乡那里听到对"厦大会计"的夸赞之词，以及如雷贯耳的三位会计大家的名字——葛家澍教授、余绪缨教授与常勋教授。尽管如此，最终促使我决定报考厦门大学会计学系硕士研究生的原因有四：第一，在经过"学好数理化，走遍天下都不怕"的短暂豪情后，我意识到我可能在数学研究方面并无"天赋"。第二，1993年前后，会计专业教师和从业人员的待遇得到充分提升。我来自农村，生存是当时的第一要务！第三，和我本科就读同一专业（1991级数学专业）的一位同学，从大学二年级开始就制定目标要考取厦门大学会计学系的硕士研究生，我从他那里了解到了厦门大学会计专业的优势和在国内会计界的地位，由此心生向往。第四，1993—1994年，吉林大学经济管理学院先后输送多位学生作为委培生，攻读厦门大学会计学专业的硕士学位，也使我产生了一定程度的"误判"。我生性

---

　　* 本文作者：杜兴强，厦门大学会计学系。本文引自杜兴强的《葛家澍教授学术思想研究》（厦门大学出版社2021年版）第一章（略有增删）。

不喜欢安逸，总是喜欢自我折腾。既然厦门大学会计学专业最好，有葛家澍教授、余绪缨教授与常勋教授等会计学大家，那我为何不报考呢？基于上述缘由，在大三暑假后，我决定跨专业报考厦门大学会计专业的硕士研究生。

也许，我人生的轨迹在这一刻已悄然转变①。

我于1995年1月参加全国研究生入学考试，以吉林大学数学系本科生的身份考取厦门大学会计学系的硕士研究生。我几乎是以"压线"的方式考上了厦门大学会计学系硕士研究生——我的总分是327分，仅比教育部划定的硕士研究生复试总分线325分高2分；我的"会计学原理"考了56分，仅比划定的单科线55分高了1分②。2分，甚至1分使多少考生折戟，却足以使我叩开了厦门大学会计学科的大门！

◎ 葛家澍先生素描照

随后，在硕士生与导师"双选"的过程中，我先后被多位老师"残忍地"拒绝，理由是我并非"科班出身"。可见，今天被热捧的"交叉学科"与"复合型知识结构"，在当年还未得到足够的重视。随后，厦门大学会计学系因其他原因，决定重新进行硕士研究生与导师的双选。相似的是，我仍是尚未明确导师的学生；不同的是，刘峰教授在这次双选中代表先生在第一顺位"挑选"了我③。

那一年，我21周岁，先生74周岁，恰逢先生从教50周年（1945—1995）④。

自此，一扇门于我面前缓缓打开，影响了我的成长轨迹！

---

① 历史不可重复，人不能两次踏入同一条河流。时至今日，夜深人静时，我仍偶尔问自己，如果当初在数学领域坚持下去，现在会如何？每当这种时候，我总会拿出书架上纯粹因"情怀"而购买的各种数学书籍或杂志，粗粗翻阅与浏览一番。尽管数学专业书籍或杂志对我而言理解起来已非常吃力，甚至可以说我根本看不懂了，但就读第一学科时的"初衷"犹在。

② 1995年厦门大学会计学系入学考试的专业课包括"会计学原理"与"财务会计与管理会计"（各100分），指定了3本教材作为参考书目——《会计学原理》《中级财务会计》《管理会计》。《管理会计》当年采用的是中国财政出版社的版本，而《会计学原理》与《中级财务会计》则由辽宁人民大学出版社于1994年11月—12月出版，这意味着，当我拿到这些会计学专业考研指定用书的时候，留给我复习的时间已经很少了。

③ 感谢刘峰教授，在1995年10月选我入"门"，在一定意义上改变了我的人生轨迹。时至今日，我仍多次给我自己的博硕士、厦门大学会计学系的博硕士、国内听我学术讲座的博硕士提及此段经历。同时感谢唐予华教授，1995年12月带我入"门"。第一个门是"师门"，第二个门是"先生家的门"，两扇门对我的人生都非常重要！

④ 1995年9月，厦门大学和会计学系为葛家澍教授与余绪缨教授举办了非常隆重的从教50周年纪念活动。

二、学生与科研助手

1995年至2001年期间，我师从葛家澍教授攻读经济学（会计学）硕士与管理学（会计学）博士学位，并从1996年（硕士二年级）开始，担任葛家澍教授的科研助手。我2001年博士毕业，一个选择是投身资本市场，另一个选择是去国内另一知名学府进行博士后研究，但先生惜"才"，创造各种条件，劝说我留校任教。

◎葛家澍先生与我在博士毕业论文答辩上的合影（2001年6月）

是年，我27周岁，先生80周岁。

耄耋之年的先生，为我争取尽可能好的科研环境。经先生与时任系主任庄明来教授的争取，学校特批我一套三居室的住房，房间虽小，但"五脏俱全"，我得以有一间独立和安静的书房，为教学做准备，做一些力所能及的科研，这对我的快速成长大有裨益。此外，考虑到2001年前后教师收入微薄，先生亲自联系，我得以有机会任职于本校应用经济学博士后流动站（投资估价方向，博士后联系人为黄良文教授）。博士后每年有3万人民币的科研经费，虽不多，但给我提供了一定的经费支持，也让我得以有选择地参加国内的学术会议。这对处于教学科研初期阶段的我而言，同样重要。凡此种种，不再列举。

◎葛家澍先生与我的合照（2003年）

2004年我先后被厦门大学聘为博士生导师（时为副教授）与教授，经先生协调，我才分出部分助手的工作给先生的其他博士研究生。那时的我，在先生身边已经待了大约九年之久，但仍犹如一个"长不大的"学生，总想在老师身边多待一些日子，哪怕只是偶尔得到先生的点拨，哪怕只是做点琐碎的事情，哪怕只是偶尔闲聊……好在敬贤八/九号楼（先生的住所）[①]与笃行二号楼（我的公寓）相隔仅百米左右，所以即便我已具备独立招收和指导博士研究生的资格，但仍作为先生实质性的科研助手[②]，在此后几年内帮助先生打印部分学术论文，协助先生整理书稿与出版论文集，并辅助先生指导部分博士和硕士研究生[③]。

我从一个硕士生逐渐成长为一名尚算称职的高校教师，与先生的教育、指导、关心和宽容密不可分。1995年，我跨学科考入厦门大学会计学系攻读硕士，正是先生开出的一份关于会计理论的经典著作书单，使我初窥会计学术研究与会计理论研究之一斑。也正是先生馈赠给我诸多宝贵的会计理论经典著作的复印件，使得我可以较为顺利地从数学领域（思维）转向规范会计研究领域（思维）。这些经典著作包括 *An Introduction to Corporate Accounting Standards*（Paton and Littleton，1940）、*The Economics of Accountancy: A Critical Analysis of Accounting Theory*（Canning，1929）、*Structure of Accounting Theory*（Littleton，1953）、*Accounting Theory: Continuity and Change*（Littleton and Zimmerman，1962）、*The Basic Postulates of Accounting*（Moonitz，1961）、*Tell It Like It Was: A Conceptual Framework for Financial Accounting*（Anthony，1983）、*A Tentative Set of Board Accounting Principles for Business Enterprises*（Spouse and Moonitz，1962），以及一系列的英文杂志文章（如 Wallman，1995，1996）[④]。

我担任先生科研助手时，兢兢业业地辅助先生开展教学和科研工作。我参与整理出版的先生的专著或论文集，包括《会计基本理论与会计准则问题研究》（中国财政经济出版社2000年版，教育部第三届人文社科优秀成果一等奖）、《财务会计理论、方法、准则探讨》（中国财政经济出版社2002年版）、《关于会计基本理论与方法问题（增订版）》（经

---

①　先生最初（1996年暑假前）居于厦门大学校内敬贤九的四楼，后搬至敬贤八的一楼。

②　实际上，我从情感上愿意一直担任先生的科研助手，一则因为可以继续了解先生对会计理论研究的真知灼见，二则是我"垂涎"师母准备的美食——无论是平时去先生家，还是双周去旁听先生给博士生上课时。

③　如魏海丽、王亚男等博士研究生与杨光、江铃等硕士研究生。时至今日，我和这些博士仍保持着联系。

④　我读书期间的其他规范会计研究资料源自刘峰教授的馈赠。刘峰教授青年才俊，已主持了几项重要的课题如国家社会科学基金、霍英东教育基金会青年教师基金、教育部优秀青年教师基金等，是当年研究生心目中的偶像，也是科研经费方面的"富翁"。刘老师当年对我和他自己的硕士生一视同仁，多次馈赠复印资料给我，并曾将当年从美国带回的资料慷慨地馈赠给我。须知，当年复印的单价并不像现在这样便宜，印象中是0.4～0.6元/页（A4纸）；文字录入并打印单价更高，6～8元/页（A4纸）。

济科学出版社2004年版）、《葛家澍文集》（中国财政经济出版社2005年版）、《制度、市场、企业、会计》（东北财经大学出版社2008年版）、《葛家澍会计文集》（立信会计出版社2010年版）、《公允价值会计研究》（大连出版社2011年版）等。

此外，先生和我合作完成的著作包括《财务会计概念框架与会计准则问题研究》（葛家澍和杜兴强，中国财政经济出版社2003年版；国家社会科学基金项目成果，获福建省第六届社会科学优秀成果一等奖、教育部第四届人文社会科学优秀成果一等奖；2022年由商务印书馆勘误后再次出版）、《知识经济下财务会计理论与财务报告问题研究》（葛家澍和杜兴强，中国财政经济出版社2004年版；教育部人文社会科学重点项目课题成果）、《会计理论》（葛家澍和杜兴强，复旦大学出版社2005年版；福建省第七届社会科学优秀成果一等奖）。此外，我还协助先生出版了《中级财务会计学（上、下）》（中国人民大学出版社2003年第二版，2007年第三版），第二版我担任副主编，第三版我担任第二主编，其中第二版还获得福建省教学成果一等奖与国家级教学成果二等奖。此外，先生与我合著的教材与论文先后获得2009年福建省教学成果奖一等奖、2005年和2007年福建省社科优秀成果奖一等奖、2003年福建省社会科学优秀成果奖二等奖等多个奖项。

◎《财务会计概念框架与会计准则问题研究》封面

◎《会计理论》封面

◎《财务会计概念框架与会计准则问题研究》获奖证书

◎《会计理论》获奖证书

◎《中级财务会计学（第三版）》上下册封面

◎《中级财务会计学》获奖证书

现在的研究生很难想象，当年互联网并未普及时学者获取研究资料的难度。遗憾的是，即使像先生这样的会计学大师，当年所拥有的经典著作也大多为复印件。当时我就暗下决心：假以时日，一定要购买一套完整的、原版的会计理论经典著作送给恩师！①

2017年8月至2018年8月，我第一次长时间出国进行学术交流，借在美国哥伦比亚大学（Columbia University，纽约）学术访问之际，我花大量的时间和精力搜集了20世纪70年代之前几乎所有学术性的英文会计理论研究著作（约500本有余），并不计代价地购买——力图购得初版、初印的版本，乃至同一

◎作者的书房一角：美国学术交流期间购买的经典英文著作（图上内容约为其中三分之一）

---

① 遗憾的是，我的愿望最终没能（及时地）实现！直至先生仙逝，我仅去过英国一个多月（其余几次出国交流均来去匆匆），购得三本英文原著送给先生。之后，又委托在国外交流访问的朋友零星购得少数几本会计理论著作送给先生。但买一整套规范会计理论经典著作送给先生的愿望并未实现。

著作不同年代的版本。①

之所以要不计代价购得这些图书，一则为了却当年我内心的愿望，纪念恩师；二则为将来自己撰写具有特色的《财务会计理论》或《会计思想史》等著作收集第一手的资料②；三则为爱好和收藏；四则希望为国内偏爱规范会计研究的学者提供必要的帮助，使大家不至于因有些著作年代久远而失却第一手资料。购书搜寻的地域范围包括美国、加拿大、英国、瑞典、瑞士、澳大利亚、德国、法国、日本、印度、南非等，图书来源包括书店历史上的库存、私人收藏、大学图书馆定期处理的藏书等③。由于担心遗失或意外，所购图书全靠我几次往返（纽约—福州—厦门—福州—纽约），用最原始的人力，随"机"带回国内④。我购买和收藏大量的规范会计理论的经典著作，不少人曾对此表示不解。的确，对一些人而言这些"过期"的著作可能一文不值⑤，但对像我这样曾从事过规范会计研究的人而言却犹如至宝。

实际上，每当我看到书架上的会计经典著作，我总是不由自主地忆起恩师。会计理论经典著作已购得，然恩师已仙逝！悲怆、遗憾之余，唯有秉持"坐而谢，不如立而行"，将规范会计理论研究继承下去，保持厦门大学会计学科在规范会计研究方面的特色，才是对恩师最深切的缅怀！

在担任先生科研助手的十二年间，先生指导和敦促我思考和发现会计理论研究中的重要问题，以及如何更好地进行会计学术研究；十二年间，先生不断地鼓励、敦促和启发我开创自己的研究领域，以至于我必须将现在大部分的研究成果归功于我在博士期间的思考⑥；更重要的是，十二年的科研助手经历使我得以近距离感受先生作为一代会计名家的

① 这些图书中大约有45%已被收录入"American Accounting Association Monograph Series""Scholar Classics Series""Accountancy in Transition""The Development of Contemporary Accounting Thought""Garland Series Accounting Thought and Practice Through the Years""Accounting History and the Development of A Profession""Studies in the Development of Accounting Thought"等系列，相对比较好找（虽然不是初版、初印，但至少可以买到再版的）。但是，其余55%的著作比较零散，全凭借我对关键词——先生当年授课中提及的名著——的记忆，在AbeBooks、Alibris、Bookfinder、Amazon、Biblio、Ebay、Textbooks、Valorebooks等网站上进行搜寻，甚至在这些网站上发出购书需求，静等来自美国"民间"藏书人士的回应，然后不惜代价进行购买。

② 在我任教二十年余的时间里，我的研究重心经历了从规范会计研究，到会计理论的经济学分析，到资本市场实证（经验）会计审计研究，再到非正式制度、文化与会计审计行为（社会责任）的转变。但是，无论研究方法和研究领域如何转换，我内心始终给规范会计研究留下一个"分区"——若内心可以像电脑硬盘一样可以被分"区"的话，原因有二：一是我从先生那里学到的规范会计理论知识和方法使我度过了任教以后最艰难的时光（2001—2004年），让我在较短的时间内在高校站稳了脚跟。师恩难忘，这是我无法像他人那样彻底丢下规范会计研究的最主要原因。二是因为厦门大学会计学系得以有它今日的学界地位，与规范会计研究密不可分。

③ 所购图书并不亚于哥伦比亚大学等"藤校"图书馆的同类藏书，当然也多于厦门大学图书馆的同类藏书。

④ 每次我都随航班托运三个大箱子（大约96公斤），并随身携带两个大包（大约30公斤）。

⑤ 我曾目睹某知名大学图书馆将大量1970年前出版的英文会计图书当废纸论斤卖掉。

⑥ 我现在主要的研究兴趣和方向，如"会计理论的经济学分析""文化影响与会计审计行为""非正式制度与会计审计行为"等，均源自我在博士研究生阶段的沉淀、思考和进一步的延伸。

风骨与风范，以及先生的睿智、谦和与平易近人，先生的大家风范我虽只学得皮毛，但仍受益终身！

三、先生、师母与我一家

作为先生的科研秘书，我与先生自然有更多的接触机会，因此我，包括我的家人，也与先生及师母在生活中产生了诸多交集。

我1995年在先生门下攻读硕士学位时，每月的研究生补贴为247元，显然，这连生活费都未必足够支付，更遑论负担大量的购书支出以及当时不菲的打印费和复印费了。先生体谅我，既在学习和科研方面对我多有支持——如赠予我若干宝贵资料，亦在生活方面对我多有照顾。

我尤其无法忘却的是师母做的"红烧肉"，让我和其他博士生在那个肉食较为短缺的年代肚子里"豪横"了不少。我也无法忘记，先生与师母体谅我"肚子里油水少"，总是请我和其他学生一起吃自助餐改善生活。每当这个时候，先生总是慈祥地、笑眯眯地看着我们狼吞虎咽、大快朵颐……我亦不能忘记，先生与师母每年组织的中秋节博饼活动，让我和其他博士生在远离家乡的日子里，有了几多温馨和家的感觉。实际上，从我开始指导硕士生（2001年）和博士生（2004年）开始，我也"依葫芦画瓢"地组织学生博饼，延续师门传统……

◎杜兴强在葛家澍先生书房（厦门大学敬贤八401）的留影

◎ 葛家澍先生在客厅为博士生授课

我成家时①，先生与师母十分欣喜，慷慨地资助了我们一笔钱，我用之购买了一台"小天鹅"洗衣机；其后虽几度搬家，一直舍不得丢弃，直到犬子出生还在用。先生不仅在学术道路上指引我，也给予我的小家庭诸多的关心和爱护。

◎ 葛家澍先生及其夫人与作者夫妇合影

---

① 我的夫人亦是先生指导的硕士生。多年来，她"隐藏"了自己的优秀，甘愿扮演"支持者"的角色，才有了今日我的些许成绩。多年来，她对我时而勉励，时而批评，时而据理力争，时而宽容，在我"得意"时不忘"泼冷水"，在我于"希望和失望之间"彷徨时不忘安慰和鼓励，由此有了我的进步。有时我禁不住想，如果她将照顾家庭的时间和精力拿出来用于个人发展，可能会比我更优秀。

2001年，我博士毕业之际，先生说服我留校任教。夫人读懂了先生，我虽情商不高，但师恩从未敢忘却，再加上感激先生的培养之恩，决定放弃去北京高校或进入实务界的选择，安心留在厦门大学会计学系辅助耄耋之年的先生。自此，在随后若干年内，先生继续指导我从事教学科研，我竭力辅助先生。毫无疑问，我是极度幸运的，既因为我在先生身边得以迅速成长，又因为我亲历了先生在这段时期内又迎来一次学术论著的高峰……

2004年，我先后被厦门大学破格聘为博士生导师（时为副教授）和教授。固然我很高兴，但先生的高兴不亚于我。印象中先生高兴之余，仍对我提出更高的期望，希望我戒骄戒躁，在学术研究上更上一层楼。

2006年犬子出生，先生与师母亲自探望，让我感动万分。犬子年幼时，先生和师母仍居于厦门大学校内的敬贤九。每当我与夫人携犬子外出晒太阳，偶遇先生和师母在校园散步，他们总是笑容满面，驻足慈爱地喊着犬子的乳名"小狮子"……多年来，我们一家和先生、师母，已经超越了单纯的师生之情，而发展为亲情！在我2020—2021年写作《葛家澍教授学术思想研究》的过程中，犬子虽年少，却感恩与"葛爷爷"接触的些许点滴，因此对我从事的这项工作表示坚决支持，甚至表示愿意拿出自己的压岁钱"资助"《葛家澍教授学术思想研究》的出版。犬子虽年幼，然懵懂之中也知回报与感恩，让我十分欣慰！

2008—2009年，我曾打算离开厦门大学，先生得知后，与师母亲自到我家，劝我留下来继续为厦门大学会计学科做贡献。面对先生的挽留，我根本无法拒绝，答应"先生若在，我必坚守；先生若去，我当再坚守十年"。我个性重诺守信，迄今仍坚守在厦门大学会计学科，其间虽有多次机会可以离开厦门大学，换一个地点或方式生活，但我依然记得对先生的承诺，即使先生已经仙逝，我也不敢违背。

如果说2009—2016年我是以个人的方式为会计学系做贡献^①，那么2017年开始我则从战略、从全局、从长远上服务于厦门大学会计学系。2017年，基于对先生的情感，我开始作为先生与老一辈会计学家所创基业——厦门大学会计学科——的"守护人"，虽能力有限，但就就业业，竭力阻止这个曾经无限辉煌的学科的进一步下滑。近年来，厦门大

---

① 2011年，当我将合作发表了第一篇FT45英文期刊文章的消息告诉先生时，先生的喜悦、鼓励和鞭策是我迄今难以忘怀的。先生明确地告诉我，合作发表论文固然可喜，但是一定要能够独立发表高质量的论文。2013年12月，我作为独立作者的论文被FT45英文期刊接受发表，但先生已乘黄鹤去……

学会计学系在教学科研方面取得了一定的成绩，我想先生若知，当倍感欣慰①！

先生离开后，学生们仍难割舍对先生的思念，每年在先生的诞辰（3月22日）与仙逝的日子（11月25日）的那两个周末，都会自发地在厦门聚会，缅怀先生！

◎1998级博士生看望师母（前排：李文、师母；后排：徐珊、杜兴强）

---

① 2017—2023年，基于"以教学为突破口，强调通过教学增加凝聚力，教学为研究提供灵感，研究反哺教学"这一基本战略，厦门大学会计学科进步明显。第一，2017年12月，我负责的"制度变革、非正式制度因素与会计审计行为研究"获批国家自然科学基金重大项目课题(71790602)，这是国内会计学界首次获得国家自然科学基金重大项目课题立项。第二，2020年12月，我与李建发教授双双获得国家社会科学基金重大项目的资助，课题名称分别为"'一带一路'沿线国中国企业审计治理研究"（编号：20&ZD111）与"绩效管理导向下的中国政府成本体系研究"（编号：20&ZD115），这是厦门大学会计学科和工商管理学科首次获得国家社科基金重大项目资助。此后，会计学科还陆续获得国家自然科学基金重点项目和国家社会科学基金重大专项等3项。在获得国家级重大课题方面位于国内高校会计学科第一方阵的前列。第三，2018年10月，我担任教育部高等学校工商管理类教学指导委员会会计学专业教学指导分委员会、副主任委员。第四，2019年12月，会计学专业入选首批教育部国家一流专业建设名单；2022年5月，审计学专业入选教育部国家一流专业建设名单。第五，2020年2月，厦门大学会计学系的会计学项目通过AACSB认证（与商学独立；负责人杜兴强教授）。第六，2023年7月，我作为负责人的成果"会计学教学模式创新与教材体系改革：AI技术冲击、中国文化嵌入与伦理关注"获得国家级教学成果奖二等奖；该成果此前曾获得福建省第十届教学成果奖特等奖。第七，2022年3月，我被敦聘为中国商业会计学会（国家一级学会）副会长。第八，2023年5月，我当选中国会计学会副会长。第九，2017—2023厦门大学会计学系总共引进10余位海外和国内高校的优秀毕业生，他们的成果陆续刊登于英文A+和A期刊，厦门大学会计学科的短板效应正在被有效地消除。第十，我作为先生的学生，亦小有进步：2019年10月入选"国家百千万人才工程""国家有突出贡献中青年专家"；2020年12月被授予"享受国务院政府特殊津贴专家"荣誉称号；2021年12月入选国家高层次人才特殊支持计划哲学社会科学领军人才；2022年1月入选中宣部文化名家暨"四个一批"理论界人才工程；2023年1月入选财政部"会计名家培养工程"。

2020年3月23日,师母钮静安女士安详辞世。时值新冠疫情肆虐,受防疫政策限制,我和夫人未能拜祭,引以为憾!

2020年11月21日,疫情稍有好转,学生们齐聚厦门天马山,拜祭先生与师母。

◎ 2020年11月21日学生们拜祭先生与师母

四、先生学术思想的整理

2013年11月25日,先生安详仙逝,享年92周岁。

彼时几近不惑之年的我,虽学无所成,但仍立下宏愿,希望能够系统地总结先生的学术思想,以传后人,使之为会计界所铭记。然受俗事侵扰,总结工作断断续续,进展缓慢。一直到2019年前后,随着先生百年诞辰的临近,我才意识到这项任务的刻不容缓。

2021年是先生100周年诞辰,在这个特殊的纪念日期前,系统地梳理先生的学术思想具有特殊的意义,也是一种责任,更是一种担当。我虽资质愚钝,但多年的科研助手生涯使我责无旁贷,鞭策我投入大量的精力,整理和写作《葛家澍教授学术思想研究》一书,借以纪念和缅怀我们尊敬的老师、一代会计学宗师葛家澍教授。此外,借此机会,我也意图向国外一些知名的会计学者如 Stephen A. Zeff 教授等学习,拓展自己的研究范畴,将一部分精力用于会计史领域的学习和研究之中。实际上,虽然目前国内学术杂志上对于知名会计学者(家)及其学术思想的介绍并不鲜见,但系统性地围绕像先生这样的会计名家,梳理和整理其学术思想的著作,在中国会计学界仍然十分稀少。

◎ 葛家澍先生

葛家澍教授从教68载(1945—2013年),在解放会计理论研究者的思想禁锢、会计基本理论、财务会计概念框架、会计准则等领域进行了诸多具有开拓性的研究，对中国会计理论研究作出了卓越的贡献。譬如先生的《怎样认识会计的主要属性》《必须替借贷记账法恢复名誉——评所谓"资本主义的记账方法"》《论会计理论的继承性》等文章，在改革开放初期解放会计理论研究者的思想禁锢方面起到了重要的推动作用，为日后中国会计理论界和实务界解放思想、批判性地介绍、借鉴和吸收西方的会计思想、会计技术、会计理论奠定了基础①。实际上，追溯到新中国成立初期，在当时中国会计界将苏联会计模式奉为圭臬的制度背景下，先生却连续发表了《试论会计核算这门科学的对象与方法》《关于社会主义会计对象的再认识》《社会主义企业会计对象的探讨》《关于会计对象的再探讨——会计的反映对象和作为一个信息系统的处理对象》等论文阐述会计对象②，由此"资金运动论"学说得以确立，厦门大学会计学科在中国会计学术界的地位得以初步确立。在会计基本理论阐述方面，先生与余绪缨教授等国内知名专家系统地引入、介绍和阐释了"会计信息系统"，由此确立了"会计信息系统"学派③。此外，先生对会计基本假设的研究亦达到其至超越了西方学术界的研究，包括提出"会计目标本就是一项会计基本假设"，并对市场价格假设进行了充分的拓展，为公允价值计量提供了重要的理论依据④。具体地，先生认为市场价格应有时态，过去的市场价格类似于历史成本，现在的市场价格类似于现行价值，未来的市场价格可以比拟于依靠未来现金流量贴现值与估值技术获得的公允价值。在财务会计概念框架研究领域，先生对相关性与可靠性的问题进行过精辟的阐述，强调会计信息可靠性的地位，发出了"宁可不说话，不要说假话"等振聋发聩的呼吁！先生关于相关性与可靠性的观点之后被美国等西方国家一系列的财务欺诈事件间接证实。在会计准则领域，先生在介绍国外会计准则制定动态、中国企业会计准则（含基本准则）的制定方面起到了举足轻重的作用。

不得不提的是，先生非常重视会计学教材的建设，编著了一系列独树一帜的教材，

---

① 很多今天理所当然的会计术语如"借""贷""借贷记账法"，在1992年时仍不被广泛接受。所以，先生在1978年前（距今40余年前）甚至更早的时候，就已经系统思考在当时属于"禁区"的问题，这不仅需要勇气，而且需要智慧和敏锐的洞察力。此外，"理论联系实际"一句中，理论和实际应该基本上属于同一历史维度的，最忌讳今天实际联系昨天的理论，或者反之。

② 特别是先生提出的会计反映对象与会计控制对象的区分，彻底地将会计学范畴与其他范畴进行了区分，这对于会计要素的设置、资产的确认标准等都具有重要的理论意义。"会计要素作为会计对象的具体化"应该更确切地表述为"会计要素是会计处理对象的具体化"，因为只有能够作为会计处理对象的经济交易或事项才能进入会计信息系统。

③ "信息系统论"与"管理活动论"被认为是改革开放后我国两种典型的、关于会计本质（定义）的学派。

④ 市场价格作为一项会计基本假设最初出现于"The Basic Postulates of Accounting"（ARS No.1，Moonitz，1961），但是 APB（Accounting Principles Board，美国会计原则委员会）Statement No.1毫不留情地否决了 ARS No.1 及随后的 ARS No.3，原因是 ARS No.1 及 ARS No.3 中蕴含的思想超出了当时学术界的理解范畴。但是，青山遮不住，ARS No.1 及 ARS No.3 中蕴含的会计思想和若干理论观点，后来被 FASB（Financial Accounting Standards Board）、英国的 ASB（Accounting Standards Board）、IASC（International Accounting Standards Committee）或 IASB（International Accounting Standards Board）等准则制定团体充分吸收。

将会计学术思想巧妙和有机地嵌入教材中。这一点在先生主编的《会计学基础》《中级财务会计学（上、下）》[①]，以及作为总编（之一）的厦门大学会计学系列教材（包括《中级财务会计》[②]）中均有体现[③]。

五、《葛家澍教授学术思想研究》的写作

先生一生从事会计理论研究，其学术思想影响了会计学术界几十年。先生不仅注重对西方会计学术思想的借鉴，而且特别强调对西方的会计理论著作中的思想应该批判性地继承与发展。为此，从我进入厦门大学会计学系读书，一直到我工作后，先生曾指导我或其他博士生翻译了诸多会计学经典著作和论文——譬如 Moonitz（1961）的 *The Basic Postulates of Accounting*（杜兴强译）、Sprouse 和 Moonitz（1962）的 *A Tentative Set of Board Accounting Principles For Business Enterprises*（杜兴强、魏海丽译）、Paton 和 Littleton（1940）的 *An Introduction to Corporate Accounting Standards*[④]、Littleton 和 Zimmerman（1962）的 *Accounting Theory: Continuity and Change*，以及 Wallman 发表在 *Accounting Horizon* 上的系列文章[⑤]。

时至今日，受西方实证（经验）会计研究思潮的影响，国内会计学界逐渐兴起了"无实证非论文""非实证不科研"的思潮。诚然，实证研究方法有其科学合理之处，对会计学或类似的"软科学"能够被自然科学（"硬科学"）承认而言至关重要。然，物极必反，过犹不及！经过50余年的发展，实证会计研究目前呈现出因循守旧、安于现状、不思拓

[①] 该教材系面向21世纪课程教材、普通高等教育"十一五"国家级规划教材，由中国人民大学出版社出版发行。1999年，《中级财务会计学（上、下）》第一版，先生担任主编，我以博士生的身份编写了其中一个章节。2003年，《中级财务会计学（上、下）》修订再版，先生担任主编，我与桑士俊教授担任第一、二副主编，该书获得了国家级教学成果奖二等奖。2007年，《中级财务会计学（上、下）》修订、出版第三版，出于传承性的考虑，由先生与我分别担任第一、二主编。

[②] 依稀记得1994年，我还在吉林大学数学系就读，拟报考厦门大学会计学系1995年的硕士研究生时，第一次接触到厦门大学会计学系列教材。当时，我作为一个"纯"理科生完全为《中级财务会计学》（辽宁人民出版社1994年版）中期实的内容和新颖编写方式所震撼了！2000年，该教材出版第二版，我以博士生的身份参与了两个章节的编写；2009年，该教材出版第三版，先生坚持提携后进，仅保留总编，而由我与桑士俊教授分别担任第一、二主编；2022年，该教材由高等教育出版社出版第四版，我与蔡宁担任主编。

[③] 先生主编的两本《中级财务会计学》教材，从内容、编写体例、参编人员，以及副主编与主编的更迭、出版社的变化，都在一定程度上折射出厦门大学会计学科在教材建设方面的变化。而今，厦门大学会计学系列教材（新版）已陆续由高等教育出版社出版发行，厦门大学会计学系的教学由此出现了新气象、新发展。无论教材形式、内容、出版社如何变化，不变的是先生通过独树一帜的教材体系留给我们的宝贵经验。

[④] *An Introduction to Corporate Accounting Standards*（Paton and Littleton，1940）曾被翻译为不同的版本，除了先生组织博士生翻译的《公司会计准则导论》（中国财政经济出版社），还包括潘序伦先生翻译的版本（立信会计丛书、商务印书馆）等。

[⑤] 包括四篇文章："The Future of Accounting and Disclosure in an Evolving World: The Need for Dramatic Change，The Future of Accounting and Financial Reporting""The Colorized Approach，The Future of Accounting and Financial Reporting""Reliability and Auditor Independence，and The Future of Accounting and Financial Reporting""Access Accounting"。我在攻读硕士学位期间，翻译了这四篇文章。

展（进取）、"螺蛳壳里做道场"等现象，这些都是应被重视的问题①。但更重要的是，实证会计研究可能正在或将面对科学研究的"范式"危机，这才是应该被理性反思的重要问题②。先生虽毕生致力于规范会计理论的研究，但宽阔的胸襟和看问题的高度使得先生在晚年对实证会计研究抱着宽容和辩证认识的态度，认为实证会计研究尽管需要，但应意识到其在方法论上固有的缺陷③。

《葛家澍教授学术思想研究》一书对葛家澍教授学术思想的研究，侧重于规范会计研究领域。尽管如此，先生的学术思想对未来会计理论研究的范式转变将具有重要的启示。④这也是我决定再次花费大量的时间和精力，仔细拜读先生生前的重要文章和著作，并参阅西方经典的会计理论著作⑤，然后概括、总结和研究先生的学术思想，并将之呈现给国内外学术界，介绍给现在和未来从事会计理论研究和教学的学者的主要动因⑥。

关于"学术思想"类著作的写作方式，由于国内此前并无先例可循，所以我只能将目光转向国外的同类著作。著名会计史学家 Stephen A. Zeff 曾著有 Hatfield 教授的自传体著作 *Henry Rand Hatfield: Humanist, Scholar, and Accounting Educator*，由 Emerald Group Publishing 于 2000 年出版⑦。该书采用自传体，对第一位美国大学的会计学正教授——Hatfield（哈特菲尔德）进行研究，并收录了 Hatfield 教授大量的、未发表的长文和短文⑧。此外，Paul Grady 曾以 George O. May 多年故交和朋友的身份，编辑出版了 *Memories and Accounting Thought of George O. May*（The Ronald Press Company，1962）一书。尽管如此，《葛家

---

① 关于规范会计研究方法与实证会计研究方法各自的优缺点，先生在其著作或论文中曾有精辟的概括。

② "范式"（Paradigm）一词由 Kuhn（1962）所提出（参见：KUHN T, 1962. The structure of scientific revolutions[M]. Chicago: The University of Chicago Press : 43-52）。"范式"一词后被 AAA 于 1977 年发布的研究报告 "Statement on Accounting Theory and Theory Acceptance" 所引用，用以区分不同类别的研究。我的硕士论文是国内较早借鉴 Kuhn 的"范式理论"和 Lakatos 的"科学研究纲领方法论"，分析现行财务会计（报告）模式的缺陷，并提出改进建议的论文（杜兴强，1998. 现行财务会计模式：继承与发展[D]. 厦门：厦门大学；后被收录入《会计信息丛书》第三辑，中国财政经济出版社 1999 年版）。Lakatos 的著作参见：LAKATOS I, 1980. The methodology of scientific research programmes [M]. Cambridge University Press. 通过 Kuhn 的范式理论与 Lakatos 的科学研究纲领可以分析得出，目前实证会计研究其实正在面临着巨大的危机，未来的方向取决于能否有足够的"保护带"和合理的"启发法"来帮助其渡过难关。

③ 仅就这一点，先生宽阔的胸襟就值得我们学习。现在不少年轻会计学者因为掌握了实证研究方法，而对规范会计研究采取了"轻视"，甚至是"敌对"的态度。更有甚者，个别学者从规范会计研究转向实证会计研究后，转而对之前所从事的规范会计研究也表露诸多不敬之词。这些行为均不可取。殊不知中华文化自古以来的思辨精神多体现于规范性的、含有价值判断的著作之中，如《论语》。实际上，无论是西方还是中国，规范会计研究的著作中仍有诸多学术思想精华值得我们挖掘、吸收和传承。

④ 中国会计学界在上一次范式转换（从规范到实证）的过程中是缺席者，因此下一次的范式转换——尽管目前仍无法准确预测何时、如何转换、转换为何种范式，我们不应再是缺席者。

⑤ "古老的田野上每年都会长出新苗，因此古老的书籍中，也会定期激发我们新的认识。"（A. Hoeep）

⑥ "万物皆生于天地间皆有其因；唯待时过境迁，人们才会去追寻其历史的根源。"（T. 玛恩）

⑦ Emerald 出版社近年来曾编辑出版了一套 20 余本的丛书，系统阐述著名学者的学术思想，讨论会计在全球经济发展和治理中的作用，解释四大会计师事务所在全球的资本市场中的作用等，丛书名为 *Studies in the Development of Accounting Thought*。

⑧ 有趣的是，该书成稿于 20 世纪 60 年代，但在 21 世纪才得以出版。在美国学术和出版市场背景下，知名会计史学家 Zeff 撰写的同类著作尚且如此。

濑教授学术思想研究》的写作方式并未模仿上述两本著作，而是采用一种全新的尝试与体验——以阐述葛家澍教授的学术思想为主，较少涉及先生的个人经历及生活方面的事宜——基于客观资料编撰的先生的编年简史除外①。

六、结语

我1995年开始师从先生，一直作为科研助手追随先生左右，前后大约十二年。我不仅学到了如何从事规范会计研究，而且能够近距离地感受到先生深邃的学术思想与人格魅力，实师从先生，乃我一生之幸！

师恩如山！

师恩似海！

师恩难忘！

师恩铭记！

---

① 因为文化差异，东西方学者撰写的他人传记往往在行文风格、内容构成，乃至叙事方式等方面存在重大差异。在以儒家文化为典型代表的中国情境下，类似于西方的人物传记写法在中国可能并不与本土文化相容。

求实的科学精神，超前的国际视野

——纪念葛家澍教授百年诞辰[*]

2021年3月22日，是厦门大学经济学院首任院长葛家澍教授100周年诞辰。

青年葛家澍目睹了日本全面侵华战争，经历了祖国贫弱、山河破碎的痛苦，因此他对民族的崛起无比渴望，对国家赤胆忠心，一辈子深深爱着自己的祖国，献身于祖国的教育事业，作出了卓越的贡献。

◎葛家澍教授

---

* 本文来源：澎湃新闻，2021-03-18。作者洪永淼为发展中国家科学院院士，世界计量经济学会会士，教育部经济学专业教学指导委员会副主任委员，中国科学院数学与系统科学研究院、中国科学院预测科学研究中心特聘研究员，中国科学院大学经济与管理学院特聘教授。

葛家澍教授是中国著名会计学家和教育学家，他的会计学术造诣博大精深，是中国会计学界的一面旗帜，得到了会计业界的广泛认可与尊重。早在20世纪五六十年代，他就凭借非凡的勇气与睿智，敢于提出不同于当时苏联和国内主流看法的新会计理论观点。1978年，葛家澍教授发表了《必须替借贷记账法恢复名誉——评所谓"资本主义的记账方法"》一文，被誉为"打响了会计界拨乱反正的第一炮"，1980年他又发表了《论会计理论的继承性》，将会计学拉回到科学理性的轨道上。

葛家澍教授认为，会计是一种以提供财务信息为主的经济信息系统，本身没有阶级属性，资本主义可以用，社会主义也可以用。这与今天大家公认的"计划经济不等于社会主义，资本主义也有计划；市场经济不等于资本主义，社会主义也有市场，计划与市场都是经济手段"的思想，是高度一致的。葛家澍教授在改革开放之初便提出了这种学术观点，不但反映了他学术上的真知灼见，更体现了他非凡的政治勇气和科学精神。葛家澍教授是一位真学者，他作为厦大经济学科和管理学科四位文科资深教授之一，是当之无愧的。

葛家澍教授、余绪缨教授、常勋教授等老一辈厦大会计学人，一起把厦大会计学系打造成了"全国王牌"（1987年国家重点学科评选，会计学仅厦大和上海财大两家），培养了一大批知名会计学者和会计专业高端人才，使厦大会计学科长期在中国会计学术界和会计业界享有崇高的声誉。中国会计学界和业界曾有一个得到广泛认可的"中国会计学界四大泰斗"的说法，即财政部的杨纪琬、上海财经大学的娄尔行、厦门大学的葛家澍和余绪缨四位老一辈会计学家。四位泰斗中，厦大占了一半，其会计学科影响力由此可见一斑。

一个学科能够达到什么样的高度，主要是看这个学科有什么样的学术带头人。在为厦大会计学科的光荣历史感到自豪的同时，也许有人也会问这么一个问题：厦大是否能够继续产生像葛家澍教授和余绪缨教授那样在全国拥有崇高的学术地位的会计学大家？

厦门大学经济学院于1981年9月由教育部批准成立，并于1982年5月正式成立。葛家澍教授担任厦大经济学院首任院长。在担任院长期间，葛家澍教授作为学贯中西的大家，非常有远见卓识，大刀阔斧地推进学科建设。饱含着深深的爱国情怀，得益于高深的学术造诣，他在学科建设、人才培养、国际交流等方面的许多办学理念与举措，不仅在当时，就是在今天看来，也是相当超前与先进的。这里，我举两件事予以说明。

第一件事，是葛家澍教授积极推进厦大经济学院的国际化办学和师资队伍建设。20世纪80年代初期，改革开放之初，葛家澍教授抓住中国和加拿大在管理教育进行合作办学的契机，即加拿大国际开发署CIDA项目，积极推动厦大经济学院与加拿大学校特别是达尔豪斯大学和圣玛丽大学的合作，选派一批学生和青年教师到加拿大高校深造、进修，为厦大经济学科、管理学科培养了一批具有国际视野的管理教育师资，比如吴世农和黄世忠教授等，厦大也由此成为国内最早创办MBA教育的高校之一，这些举措为厦大会计学科和工商管理学科日后的发展奠定了深厚的基础。

另一件事，是葛家澍教授针对当时经济学科的生源都是文科生的状况，在全国率先实行"引理入经"，即允许理科生报考、学习经济学。1985年，他从报考厦大理科硕士项目的考生中，挑选出一部分优秀学生，组建了一个"理转经"硕士研究生班，学制原定3年，后改为4年，这个项目培养了一批具有文理交叉背景的优秀经济学硕士。"理转经"班的同学们不仅在学术界成绩显著，而且在政界商界等不同领域均有突出表现。"理转经"研究生班试点取得初步成功后，从1986年起，厦大经济学院也开始在本科招生时招收理科类考生，从此，"文理兼收、理科为主"成为招生的常态。

我虽然不是"理转经"班的学生，但也是葛家澍教授"引理入经"政策的直接受益者。1985年，我考上了物理硕士研究生。也就在这一年，当时的国家教委和美中经济学教育交流委员会合作开办"经济学培训中心"，为中国高校培养现代经济学师资人才，每期培训一年，办学地点设在中国人民大学。这个培训班的外教来自美国高校，其上课课酬、国际差旅费以及学生的英文教材费，均由美国福特基金会资助，因此这个培训班当时也俗称"福特班"。

在首届"福特培训班"学员中，只有三位学员来自厦大经济学院，这与当时厦大经济学院在全国的学术地位与影响很不相称。因此，1986年，厦大经济学院决定允许厦大全校所有一年级研究生，不论专业，凡有兴趣者均可报名参加选拔考试。结果，当年厦大共有11位学生顺利考进第二届"福特培训班"，全班54名学员中，厦大学生几乎占了1/5。由此可见，葛家澍教授"引理入经"的办学理念与举措具有多大的成效。

第二届"福特班"入学考试共有三门考试，分别是数学、经济学与英语，我取得了总分第一以及英语、经济学两门考试的最高分。当时厦大经济学院的科研秘书是洪淑芬老师，她虽然也姓洪，但与我非亲非故，她非常热心，将我的情况汇报给葛家澍教授。葛家澍教授专门在他办公室接见了我，鼓励我好好学习，并告诉我在"福特班"学习结束之后，有问题可以去找他。

一年的"福特班"学习结束，我从北京回到厦门，后专门到葛家澍教授家里去拜访他。当时，葛家澍教授希望我能够跟着他攻读博士，但由于我当时对会计学重要性的认识比较肤浅，错过了成为享誉会计界的"葛家军"一员的机会。然而，无论如何，正是因为葛家澍教授"引理入经"的办学政策，我才能如愿地从物理学专业转到经济学专业。

后来，我在厦大经济学院经济系跟随黄志贤教授攻读政治经济学专业，方向是经济学说史，在顺利完成经济学硕士研究生学业之后，我于1988年到美国加州大学圣地亚哥分校攻读经济学博士学位，毕业后一直在美国常春藤盟校康奈尔大学经济系工作，后来成为康奈尔大学经济学与国际研究讲席教授。

在担任经济学院首任院长期间，葛家澍教授开展了大量的学科建设工作，国际化办学、师资队伍建设与"引理入经"只是其中的几项。我记得，当初"引理入经"的政策在厦大经济学院引起了很大争议，例如不少人批评理科生只懂数学、不懂经济。但后面的实践证明，葛家澍教授在20世纪80年代推行的国际化办学和"引理入经"政策，与现代经济学的发展方向与趋势是完全一致的。葛家澍教授宽广的胸襟、求真的精神、超前的眼光与国际化的视野，是我们后人需要继承并发扬光大的宝贵财富。

进入新世纪以后，厦大创办了王亚南经济研究院，大力推进经济学科的国际化办学，坚持"派出去"和"引进来"两条腿走路，打造国际化师资队伍，同时积极推动经济学研究范式的转变，从以定性分析为主转为以定量分析为主，以计量经济学为代表的方法论学科异军突起，成为厦大经济学科在全国最亮丽的一张名片。这实际上是葛家澍教授在20世纪80年代所推行的学科建设理念与举措的薪火相传，是在新的历史条件下的继承、弘扬与发展。

我在厦大读书7年，从2005年至2020年又在厦大工作了15年，前后共20多年，应该算得上资深校友了。我现在虽然已经离开厦大，但浓浓的母校情结不会改变，感恩母校先贤导师的情愫不变，关心母校发展的初心也不会改变。作为历史记录，我目前正在写我在厦大工作的经历，今后将不定期发表一些随想。对于母校取得的进步，我将给予由衷的赞扬；对于母校一些具体工作中的不足之处，我作为一个校友，也会坦诚指出，"难得是诤友，当面敢批评"。这是作为一个校友的责任与权利。

谨以此文纪念葛家澍教授100周年诞辰。

仁慈·睿智·宽厚

——记葛家澍先生[*]

《厦门大学会计学科百年史》编委会邀我写一篇关于"吾师"的文章，记述我记忆中的葛家澍老师。收到这个任务，我惶恐不已。葛老师是厦门大学会计学科百年来影响力最大的老师，他从1942年进入厦门大学会计学系学习，毕业后留校任教直到2013年生命最后一刻，是厦门大学会计学系百年系史中"系龄"最长的学长、教龄最长的老师。可以说，1945年之后入学的系友，都是葛老师的学生。其弟子何止三千，其中贤者远超七十二人。由我来写"吾师"葛家澍教授，肯定不能代表各位学生写出各自心目中的葛老师。好在，我也是追随葛老师时间比较久的学生之一，从1987年毕业担任老师的科研助手起，到2013年11月止，超过26年。中间有10年我虽然在广州，但和老师的联系不断。老师仙逝后，我也在负责老师百年诞辰的纪念活动事宜，特别是为了撰写老师的传记，去厦门大学档案馆查看了一些老师的档案资料，加深了对老师的了解。下面，就请读者诸君随我的视角，来再次认识你我共同的老师——葛家澍先生。

大约从1985年起，厦门大学为当时第一批博士生导师配备了

---

① 本文作者：刘峰，厦门大学会计学系。

专职科研助手。葛老师的第一位助手是唐予华（葛老师的第一届硕士研究生、会计学系助教），第二位助手是陈少华（1983年本科毕业留校，1985年赴加拿大读书），我是第三位助手，是有"编制"的唯一一位助手（到现在，我还记得我最初的工作证上的职称是"见习实习研究员"）。

1987年夏天我本科毕业，开始担任葛老师的科研助手。当时，葛老师已经从厦门大学经济学院院长的位置上退下来，兼任学校工会主席、校学术委员会副主任委员。我那时见到的葛老师，总是忙于教学、科研、学校服务等工作，甚至，厦门大学个别院系会因为内部教师之间关系紧张，职称评定无法进行，请葛老师去坐镇担任该系职称评定小组召集人。我所见到的老师，不急不躁，做事井井有条，对各方面事务拿捏、掌控得都恰到好处。学生们私下聊天，也莫不敬佩老师这种处事谦和、待人大度的人格力量。我当时想当然地认为，老师这种人格力量是天生的。2020—2021年筹备老师百年诞辰活动时，在厦门大学档案馆、老师的老家兴化以及其他地方查阅资料，我了解到更多关于老师成长经历的信息。正如《孟子·告子》云："故天将降大任于斯人也，必先苦其心志，劳其筋骨，饿其体肤，空乏其身，行拂乱其所为，所以动心忍性，增益其所不能。"老师成长的过程就是这样一个受到"苦、劳、饿、空乏、拂乱"的过程。或许，也正是因为这样一个如"乾坤混元袋"般①的修炼经历，才造就老师谦和、大度、温润如玉的人格。

1921年农历二月十三日（公历3月22日），老师出生在江苏省兴化县西大街罗汉桥下三号的一个破落前朝秀才家庭。老师出生13天后，其生母去世，其家人一度担心无法将其养活成人。在老师的成长过程中，其外婆照看颇多，而其父常年在外求职谋生，聚少离多。老师的家境也只是能够维持生活，谈不上富足。因此，老师一生谨言慎行的行为习惯，与这样的一个童年环境，或许不无关联。

老师上大学之前的求学之路，坎坷艰辛。老师小学毕业时，因为其继母去世，循例在家守孝，错过升初中时间。初中三年，是老师求学路上最顺利的经历，没有因故中断学业。老师在初中读书期间，有一位好朋友的叔叔在中央大学当助教，对于当时地处偏僻县城、见识有限的少年来说，中央大学的助教神秘而又"高大上"。或许，这在少年时代的葛老师的心中，埋下当大学教师的种子。初中毕业后，老师考取镇江中学，但是，入学不过一个学期，就因为日军侵华、镇江中学遭受战火影响而停学，老师只好回到老家兴化县城。尽管兴化水系发达，向来有"自古昭阳好避兵"一说，但是，兴化还是没有免于战火，

---

① 这里借用《倚天屠龙记》的一个场景：张无忌被布袋和尚装入"乾坤一气袋"中，高压下，张无忌内功大成。

同时，战争带来的对未来的迷茫和彷徨，困扰了这一时期的老师。为了生计，他一度在位于兴化县东南角的狄垛小学代课。据老师后来在偶尔的闲聊中提及，他曾经会吸纸烟、打纸牌，就是在这一时期。

所幸当时的国民政府一直坚信抗战会胜利、教育是战后重建的基础，因此在兴化中堡庄设立了"临时第二联合中学"，教师队伍以内迁的扬州中学为依托。老师当年初中升学时，首先报考的就是扬州中学，因一分之差而落选，谁知兜兜转转后，竟然在中堡庄又上了简版的"扬州中学"。这一阶段，老师学习认真、勤奋，以全班第二名的成绩高中毕业。

就在老师以为再次无学可上的时候，"苏皖联立临时政治学院"设立，并主要招收江苏、安徽适龄青年。老师在江苏东台参加入学考试，因为在"二临中"打下的扎实功底，老师和他在"二临中"的几位同学都顺利通过选拔。通过入学考试、拿到入学通知书，和能够平安从江苏兴化到达位于福建武夷山的学校并顺利入学，是两码事。老师曾经介绍过，他们一行六人，穿过日本占领区，历经艰险，甚至与日军的扫荡"近在咫尺"，当时都能够听得见枪声和人们的逃亡声、小孩的啼哭声。这一经历，让老师意识到和平与生命的意义。"文革"期间，老师和厦门大学多位有成就、有声望的学者、党政领导等都被打倒、批斗、关"牛棚"，老师被押上台"坐喷气式"批斗，之后双臂终身不能举过头顶。老师能挺过这一阶段，应该与他当年曾经经历过战争与死亡有关。

我无法一一描述老师一生中所经受的磨难。记得我在厦门大学档案馆翻看老师当年的档案资料，包括老师在新中国成立后多次政治运动中所撰写的、需要"触及自我灵魂深处"的检讨和"自传"资料时，那些密密麻麻的小字，传递的不仅是苦难经历，还有政治运动面前知识分子的一份坚守。当时，窗外雷暴阵阵、大雨滂沱，我几乎是含着泪读完这些资料的。我在想象当年写这些资料时老师的心情，以及他的自我坚守。"雪压竹枝低，虽低不着泥。"从资料中看出，他可以自我剖析、自我批判，但不触及旁人，包括同事；他甚至还为他大学时代的本科导师、曾担任厦门大学训导长的陈德恒教授作证辩护。若干年后，得知陈德恒老师因为他所提供的证明资料而很快获得自由，他也很欣慰。

二

我是大学毕业就跟随老师做助手。因为我父母此前几年已经过世，大学毕业后，直到1994年博士毕业前，我的春节年夜饭几乎都是在老师家吃的。那些年里，在老师家吃饭，经常从老师家拿回一些吃的、用的，已经是常态。在我内心里，我已经将老师和师母当成我的父亲、母亲。我也一直觉得，老师和师母可能对我有所偏爱，但是，在老师百年诞辰的纪念文集中，每个博士生都被邀请写一篇"我与老师"的文章，我受托担任编辑工作，需要通读全部文章，看完后我有点嫉妒，却也释然。嫉妒的是，老师不是只对我偏爱，他三十多年里对每个学生都"视若己出"，关心他们学习、生活、工作；释然的是，我们都是老师的学生，都值得拥有老师的爱护，也正是这份关爱，让我们在老师去世多年后，仍然能够聚在一起。

还是先说说我自己所经历的几件小事。

我1987年刚刚担任葛老师助手时，对老师的生活习惯、日常工作一无所知，前前后后，大错不多、小错不断。但葛老师从来没有批评过我，只是在适当的时候，给我一些提醒或忠告。

1987年，葛老师还住在凌峰六，也就是厦门大学派出所后边的山上，每天进出不是很方便，自行车也不能用。我经常把资料攒着，隔天去一次。有一次，我在外面把时间耽误了，回到厦大已经是中午快一点，到老师家大约是中午一点半了。我敲门，等了会，老师开门，我才发现老师本已经在午睡了。但当时老师没有任何不快或不悦，照常收下相应的资料，还叮嘱我：天气热，慢一点。之后我才知道，老师从20世纪60年代起睡眠就不好，有吃安眠药的习惯。中午，他吃完安眠药入睡，如果被"敲"起来，可以肯定，就再也没有办法入睡了。我也从此尽量避免在休息时间去打搅老师。我博士毕业后，有次中午和人聊天，一位学弟不知道因为什么事情，兴奋地要给老师打电话。我一看表，中午不到2点，立即制止他，说老师在午休，两点半之后再打。然后我才意识到，其实老师的午休被打断，是常有的事情。

1988年，应当时安徽财经学院周舜臣教授的邀请，葛老师去安徽财经学院主持安徽财经学院会计学系首届硕士研究生毕业论文答辩，之后在主人的陪同下去黄山游览。当时我们住在黄山慈光阁，我把行李提上楼后，看到是里外两个房间：外间大床，没有电话；里间相对比较安静，有电话。在当时的条件下，家庭装电话还是比较奢侈的事情。我想也没想，就跟葛老师说："里间有电话，安静，您住里面，我住外面。"等到下了黄山，在火车上，葛老师问我："知道这个地方曾经住过什么人吗？"我说："知道。看简介，邓小平、董必武都在此住过；慈光阁三个字，还是董必武写的，墙上也挂了不少领袖字画。"葛老师又问："一般这些人出来，是不是要带勤务员或秘书？"我说是，老师冲我笑笑说："一般是秘书接电话，还是首长接电话？"我一听乐了，原来我让葛老师住在里面那个带电话的小房间，是秘书房间；而我自己住在采光、风景都绝佳的大房间。很多年后，提起这件事，我还问葛老师当初为什么不纠正我，葛老师笑笑说："都是睡觉、休息，哪儿都一样，里面那间还更安静。"

　　葛老师先后指导过70余名博士生，时间跨度从1982年到2013年。老师对每个学生，都是同等关爱、"视若己出"。他们在追忆与老师交往的点滴中，无一例外，都要说起老师对他们生活上的帮助与关爱。老师的第一个博士生林志军回忆道："每周研究生到他家上课，葛老师和师母都会准备好茶点和水果，供大家享用。过年过节还经常邀请学生们到家里聚餐。当时物资供应非常匮乏，这样的家庭式聚餐，不仅让学生们品尝到师母精心制作的美食，而且有利于融合深厚的师生感情、促进无拘无束的学术交流。此外，葛老师为了鼓励年轻学者和学生们专心从事教学、科研，对他们的住房、婚姻、就业、医疗、子女就学等多方面的生活困难，都非常关心，并且极力提供帮助，在力所能及的条件下协助解决。"1985年读博的李若山也深情地回忆道："由于我在读博士研究生时已成家并有小孩，而经济来源只有博士生的助学金，经济上是比较窘迫的。读书期间，葛老师不仅严格要求我们不准以任何形式给他送礼，而且逢年过节时，还时不时请我们这些学生到他家吃饭，尽管只是几菜一汤的家常便饭，因是师母亲自下厨房烹饪的，非常可口，让我们这些吃惯食堂的学生们享受到了饕餮大餐的滋味。偶尔，我们作为学生，年纪轻，在葛老师家上课时，也会帮葛老师顺手做一些力所能及的家务小事，如修个灯啊、拉一根电线之类的。每次这些举手之劳的事情做完之后，临走时，葛老师都会拿出一些饼干、点心等礼盒，对我们说：'我们年纪大了，这些东西吃不了，你们帮个忙，拿回去给小朋友们吃吧。'语气随和、道理简单，让我们既拿了东西，又没有任何情感上的负担。这样的高情商，是我们几辈子都学不到的啊。"

　　葛老师对学生的这种关爱，始终都在。1990年代后期的学生杜兴强回忆起老师，"我尤其无法忘却的是师母做的'红烧肉'，让我和其他博士生在那个较为短缺的年代肚子里'豪横'了不少。我也无法忘记，先生与师母体谅我'肚子里油水少'，总是请我和其他学生一起吃自助餐改善生活。每当这个时候，先生总是慈祥地、笑眯眯地看着我们狼吞虎咽、大快朵颐……我亦不能忘记，先生与师母每年组织的中秋节博饼活动，让我和其他博士生在远离家乡的日子里，有了几多温馨和家的感觉。"而2001级博士生许业荣甚至不无得意地"炫耀"老师对他的关爱："葛老师还从资金上大力资助他的学生，别的学生的情况具体我不大熟悉，葛老师那时每个月还给我一笔不小的补助（当时每个月学校发给我的博士生津贴大概是280元／月，葛老师给我的补助则是这个数的好几倍），后来我谈女朋友了，葛老师怕我钱不够用，还给我涨了补助金额，这些点滴我老婆（当时的女朋友）现在还记忆犹新，还不时跟我提起这些令人感动的细节。"

2003级博士生张胜芳在题为《搬家记》的文章中，回忆了当年她读博士前，老师为她解决住宿困难，提供一台旧空调帮助安装到她临时借住的宿舍的事。2005级博士生张金若也回忆道："除了学业，葛老师非常关心学生的生活。记忆中的画面颇多，列举一二。一天清早，老师打电话喊我到敬贤家中，一进门，老师拿起一件Polo的T恤在我身上比画着，师母在旁边说：'不用比画，我看着就合身。'逢元旦或春节，葛老师都要召集在校学生在学校逸夫楼酒店改善伙食。记得是2006年春节前夕，聚餐结束后第二天清晨，我到葛老师家中汇报准备回家过年，临行前老师为我准备了'两份大礼'：一份是师母把早已准备好的过年大礼包交给我（全部是各地美食），师母言之'为我父母准备的'；另一份，葛老师言之'为我准备的'——压岁钱，一张新中国成立50周年币值50元的纪念钞及两枚猴年纪念币。这是我从小到大印象中收到最珍贵、最特别的压岁钱，当时眼眶瞬间湿润。"

随着老师年龄的增长，他和师母在家请学生吃饭的频率越来越低，但是，老师对学生关爱的程度有增无减。即便后期少数同学入学时家庭条件不错，但仍然能够得到老师和师母"润物细无声"的关爱。

◎本文作者与葛家澍老师

我在担任葛老师助手的前几年里，陆续誊抄了包括《会计基础知识》（上海人民出版社）、《会计学导论》（上海立信会计出版社）、《会计学》（四川人民出版社）等多部教材，以及这一时期葛老师的一些论文。这是我对会计学和会计理论系统学习的开始。同一时期，我还以助教身份，旁听了多轮葛老师为硕士研究生和博士研究生开设的会计理论课程。这一过程中，我先后尝试写过多篇论文，并认真誊写其中比较满意的论文，交给葛老师，希望他能够帮我看看。当然，作为一个初学者，更多地希望得到来自老师的肯定。

记不清楚我交了几篇论文，但每篇都是石沉大海，没有听到老师的任何评价。我也不敢冒昧去问，只好暗自猜测，或许老师太忙忘记了。

大约是在1992年，当时会计界都在讨论会计准则，我也在做一个社会科学基金青年项目，关于会计准则与会计准则国际化的课题。我尝试写了一篇关于会计准则国际化的三种含义，并从演进角度对它们加以分析的论文，再一次把这篇自认为还满意的论文誊抄整齐，交给了老师。

当年我住在厦门大学凌云一号楼七楼，全楼只有一部公用电话，在一楼传达室，有个叫老吴的管理员在负责看管。通常，我不会下楼接电话，但那天下午老吴直接喊："刘峰，电话，葛老师打来的。"我快速下到一楼，气喘吁吁中听到葛老师说："小刘，傍晚有空到我家来一趟。"听到这个消息，我高兴不已，赶快上楼换了衣服，直接去老师家。

到了老师家，葛老师拿出改得密密麻麻的稿子，先是问了我对文章的大致想法，也谈了他对文章的修改建议，并把文字改动部分跟我作了解释。我平复了激动的心情，希望能够得到葛老师的许可，请他也一道署名，葛老师愉快地答应了，说："尽管你现在文章的总体思路和观点，与我对国际会计准则以及会计准则国际化的观点，并不完全一致，但我还是愿意作为这篇论文的共同作者，以示支持。"

我个人在研究过程中的一个明显提升，也来自老师的悉心安排。大约在1990年，老师交给我一份文献，是美国会计学会1977年的研究报告——《会计理论与理论认可》。老师建议我把它翻译出来，并跟我说，这份报告因为涉及文献多、跨度大，翻译有难度。在老师的鼓励下，我用一个寒假的时间，把文献翻译完成，誊写后交给老师。多年后我重新校译这份文告时，才发现当年因为知识储备不足、英语水平不好，很多地方是按照字典硬性翻译的，完全没有翻明白意思。但老师对我做这件事的态度和坚持给予肯定，并跟我说："你现在可以考虑读博士了。"也就是这份报告的翻译，使我对美国会计理论发展的脉络有了一个大致的印象，让我的科研能力有了一个质的提升。

大约在1995年，我完成了一篇关于会计准则制定的研究报告，并增订出版，葛老师为我作序，他口述我记录，其中涉及他当年写《必须替借贷记账法恢复名誉——评所谓"资本主义的记账方法"》一文的大背景，让我获益良多，我对自己独立开展科研的能力，特别是信心，因此大增。我也体会到老师对我的耐心与点拨。当我之前交的论文，老师觉得没有办法修改时，他不是直言告诉我论文不行，回去好好学习，而是"忘了"；等到我有点进步，论文还有修改的"资格"后，他立即给予肯定。在观点并不完全一致的前提下愿意共同署名，也是老师对学生的有形支持。

我生性愚笨，加之性格中急的成分较多，没有办法学得葛老师那种耐心与智慧，但我也在尽力模仿，比如，对我所指导的博士生，尽量都带着他们写一篇论文，修改后，共同署名发表，也算是我作为老师对学生的一种支持与肯定。

在老师各位学生的回忆录中，很多同学都回忆了老师对他／她的指导。如，1984级博士生苏锡嘉写道："期末考试，我做完题想起身，先生示意还有附加题。记得附加题不计入总分，做不做对成绩没有影响，题目是评价增减记账法和借贷记账法。当时通行的记账方法还是增减记账法，先生在课上仔细分析了借贷记账法的来源和原理，以及为什么它比增减记账法优越。以当时的政治气氛，为西方色彩甚浓的借贷记账法'平反'是需要一点勇气的。不过在答这道题的时候我为增减记账法说了好话，着实和先生唱了一点反调。事后不免有些顾虑，怕引起先生的不快。谁知他特意找我去谈话，不仅没有一点责怪之意，还赞誉有加，鼓励我保持独立思考的习惯。可以想象这对一个懵懵懂懂的初学者是多大的鼓励。"1986—1991年跟随老师从硕士读到博士的魏明海回忆了多次老师几乎是手把手教他写论文的经历，其中之一是"在我进入博士生阶段学习不久，厦门大学经济学院计划举办首届科学讨论会。……先生亲自指导，与我合作撰写了《联系环境、更新观念，研究深化我国会计改革的问题》的长文。……尽管后来没有拿出去公开发表，但对我来说，却是一生的受益、荣幸和自豪。这是先生手把手教我学做研究、学写论文的训练之作，受教和受益比发再多的论文都大。"

四

之前看过一本关于凯恩斯与哈耶克论战的书籍，其中关于凯恩斯和哈耶克，作者认为他们智商超群，辩论常常咄咄逼人。而葛老师给我的，是另外一种完全不同的智者形象。

没有人会否认葛老师是一个智者。他记忆力究竟有多好，我不敢妄言。但当年葛老师在主持读书会时，曾经指定我读 Edwards 和 Bell（1961）所著的 *The Theory and Measurement of Business Income* 一书。我把前几章看完，把纲要整理出来后，其余内容对付着就翻过去了。报告时，我说到他们关于会计计量属性的讨论，葛老师立即说出他们对现行成本的讨论与定义，并告诉我在这本著作的具体章节位置。然后，有点遗憾地说："当年写通货膨胀会计时看过，记得不太清楚了。"报告会结束后，我又认真把这本书读了一遍，对老师记忆力的崇拜程度，又加一等。

对于这样一个记忆力超群，在经济学（特别是政治经济学）和会计学领域浸润多年的学者而言，能够很容易地看出别人论文的逻辑、观点、表述等等不足之处。但是，葛老师身上完全没有任何咄咄逼人的成分。他在学界人缘好，是公认的。会计界素有南派、北派之分，学者们往往在讨论学术观点时，连带着也会出现个人关系的对立。但是，无论南派北派，只有葛老师与他同时代的所有学者都交往较深，且没有个人之间的恩怨，甚至出现过个别场合座位不好安排，让葛老师坐中间、两位有矛盾的教授分坐左右的现象。

葛老师在"文革"期间受到冲击，当年批斗他的一些人，"文革"后仍然在厦门大学工作。20世纪80年代厦门大学成立学术委员会，葛老师一直担任文科学术委员会主任、校学术委员会副主任委员等职位，负责全校各专业教师职称的评定。葛老师在这个职位上，除了尽力保持公平、公正外，对当年批斗他的那些同事，以德报怨，还通过帮助编写教材或著作的形式，间接帮助其中个别人通过职称评审。也正是有葛老师的这种胸襟，厦门大学会计学系才能够在20世纪80年代中期有一支力量雄厚的师资队伍，两次在全国高校重点学科评审中位居前列。

2010年夏天，我和苏锡嘉师兄原本设想为葛老师整理一个回忆录。苏锡嘉师兄博古通今，是我们师兄弟中唯一能够跟葛老师聊明清史、淮扬菜、老上海民俗、京剧的人。我们曾经与葛老师聊了一整天，从葛老师幼年失怙，一直说到一起在加拿大等趣闻轶事。趁着老师谈兴正浓，我问了葛老师一个问题："'文革'期间，厦门大学谁批您批得最凶？我和苏锡嘉保证这个话出门就不说了。"为了表示郑重，我还特意把录音笔关掉。葛老师看着我们，笑了笑，说了两个字："忘了。"

各位同门师兄弟在他们的回忆文章中，除了谈老师对他们的关爱、字斟句酌地帮助他们改写论文外，也有同学写到老师在论文指导、生活关爱之外的事情。如1991年毕业的魏明海博士，在中山大学工作后，很快就担任会计学系系主任，这一期间，葛老师两次去中山大学，帮助邀请学界资深教授，指导制定学科建设规划，支持引进人才，使得中山大学会计学科发展迅速，到2001年就获批博士点，之后更是被评为重点学科。1993年毕业的黄世忠博士回忆称他当年在面临人生选择时，都会找葛老师，听取他的建议："回想葛老师对我求学、治学和择业的指导和帮助，我深切感受到教书育人的深刻含义，真切领悟到精神导师的榜样力量。"1991年入学的陈玮博士在深圳创新投资公司工作期间，遇到一起投资问题，老师帮助其在厦门国家会计学院以"中国会计学会会计专业委员会"的名义，召开了"投资会计准则专题研讨会"，最后形成一个一致性意见，也解决了陈玮博士所遇到的难题。

葛老师还是一个热爱生活的长者。他在会计研究之外，对于京剧、美食和红楼梦的喜爱，是众所周知的。关于京剧和红楼梦，多位同学在很多文章中都谈到了。而关于美食，葛老师来自江苏兴化，对淮扬菜自然是十分熟悉，但他对其他菜系也很熟悉。我记得有一次中秋节，老师请我们在他家吃饭，他自己做沙拉酱，步骤繁杂。因为老师多次提过狮子头，我曾经在厦门大学门口的一家餐厅打包一份狮子头带给老师，老师看完后，笑着跟我说，这是大丸子，不是狮子头，狮子头讲究用料肥瘦比，刀工要细切粗砍，包括石榴米大小的颗粒。有一次我主动请缨去菜市场买了条青鱼，到老师家中要给老师做个鱼丸汤。片鱼肉时有点紧张，刺没有去干净，做出的丸子有渣。老师特意吃了一个，告诉我汤的口感可以，丸子保留鱼刺会更嫩滑，但需要把刺打碎。

葛老师那种安静、安详的笑容，在当今节奏快、压力大、普遍浮躁的社会，是一种能够让人静下来、慢下来、用心思考的力量。尽管葛老师于2013年仙逝，但葛老师留给我的财富，将会永存。

◎葛家澍老师与他的学生们

◎葛家澍及其学生们

◎葛家澍老师夫妇与本文作者

◎葛家澍教授和余绪缨教授从教五十周年庆祝大会

吾师余绪缨教授 *

　　我硕士和博士阶段师从余绪缨教授（1922—2007年），他是厦门大学文科资深教授、中国现代管理会计奠基人。厦门大学会计学科百年诞辰将至，我回忆先师片段，以为怀念和祝贺。

　　1992年，我从厦大会计学系保送攻读研究生，入学填表要自己填方向，我看了几个备选方向，就凭喜好选了现代管理会计，尽管那个时候我也就本科学过相关课程，而在国内实践中，管理会计基本没有什么应用。毕竟三十年前，管理会计没有现在那么火。不过当时也不像现在一些资料文件上说的什么我国高校无管理会计方向和培养体系，要知道，余老师可是国内首个现代管理会计方向的博导，当年厦大会计学系的博士和硕士项目，早就开设了管理会计方向，就连本科也开了具有完整体系的管理会计课程。所以现在在一些有关管理会计教育的论坛会议上，我每每要用这历史来证明，管理会计人才培养在20世纪80年代之初的厦门大学会计学系早就存在着，没必要妄自菲薄。

　　我父亲是厦大教师，我小时候住厦大芙蓉三，那是筒子楼，每间18平方米，一层楼30多间，大家都在楼道起灶，所以有许多的邻居。其中就有陈伟琪，也就是余老师的二女儿。后来大家又各自搬走了。在厦大生活就是这样，不断搬迁，聚了，散了。

---

　　*　本文作者：郭晓梅，厦门大学会计学系。

1992年，偶然中，陈伟琪听说我保送会计学系读研和我选择的方向，就向余老师推荐了我，余老师到系里查了我的成绩，在系里分配研究生给导师的会议上，直接就把我要走了。当时一个年段只有两个保送生，分别分到了葛老师和余老师的门下。我就这样入了师门。1995年我毕业后留校任教，1998年在余老师门下在职读博，加上长期于厦大会计学系任教，与余老师晚年有较多的交集。

治学授业

　　1992年上半年，我大四，当时会计学系邀请了几个知名老教授给本科生开讲座，其中就有余老师，我首次得见大师真容，就是离得远，看不真切。当时余老师具体讲什么我记不得了，记忆里只留下了对前辈的敬仰和对该学科方向的向往。当时余老师指导博士是入室授业，而硕士一般是在教室上大课。到秋季入学了，余老师给硕士开的是管理会计课。一个班，除了应届的5人，加上在职的，也不过就20多个人，比起现在动辄六七十人的研究生班，可真算得上小班授课了。在经济学院D座一楼小教室，我惯例喜欢前排，自然是近距离受教。余老师鹤发童颜，精神矍铄，全程站立，挥洒自如地阐述其学术理论与观点，其于黑板板书，而我则于座前奋笔疾记，密密麻麻。管理会计课程内容丰富、观点新颖，我犹如海绵入水，徜徉陶醉。当时老师已年近七旬，却依然思路敏捷、笔耕不辍。其治学精神极大地鼓舞了学生，而其学术思想，更是影响了学生很多年。

　　余老师治学极为严谨，每每召集学生讨论课题、分配任务，于学术上更是习惯亲力亲为，撰写并发表了许多论文。他曾经骄傲地对我说，他的论文，都是自己写的，不假学生之手。查下他公开发表论文署名，果然得证。要知道当时基本都是手工写作，没有电脑输入之说，反复修改抄写，工作量可不小。而余老师有几本管理会计教材，影响力很大，出版社每过一阶段就有再版要求。余老师总是统筹全局，安排其教研室的其他老师及在学博士共同完成。我后来读博时，也参与了其中几本教材的编写。就见余老师分配完相应任务后，他自己的部分，往往是要拿一本原来的书，亲自裁下需要部分，重新编排组合粘贴，并加上更新内容，然后形成手稿，再交助手送打印员打印。其他人撰写的部分，他也要反复审阅修改。有时候改动太大，几乎等于他自己重写了。至于指导论文写作，那更是字字细看，详细批阅，大有对待自己书稿之势。这些做法对我影响颇深，以至于后来我自己指导学生论文时，也有类似做法，不敢懈怠。在余老师七旬的这段时间，他把全部的精力放在学术研究和学生培养之上，每天笔耕不止，不愿意被他人打扰。只有每天晚上7:00到

7:30的新闻联播时段，才是他的休闲时间，这也是他的学生可以上门拜访而不会打扰到他的时间。当然他的学生也会轮流上门交流。

尽管当时我只是硕士，不像博士那样和导师接触多，不过通过师门的小聚、交流，其实也大约知道一些状况。余老师毕竟是开门宗师，手上工作多。他会把这些工作任务，根据学生的不同特点分别分配安排。我刚入师门，一般不会有什么任务。不过，当时我已经受会计学系指派领得本科生的专业英语和高教班许国璋职称英语的教学任务了，所以，经师兄推荐，我也参与到了其中的一个英文翻译工作中，记得都是在400格稿纸上手写翻译内容，再经过层层审核统稿的。后来得到了一笔美元稿酬。哈，知识变现。对于带领学生团队完成任务，余老师很是欣慰，不时高兴地提起，在那个年头他就带着学生赚外汇了。是啊，老师很关心学生的，特别是全脱产的学生，总想着帮他们创造些机会。他曾经叫我过去细细了解，得知我有在外兼职和在系里从事教学工作后，就放心许多。他聘的工作助理，基本上就是脱产在学的博士硕士，他说，这样可以让学生有点收入，安心求学。另外，当学生有就业需求的时候，余老师也会尽量给予推荐。好些同门凭此进入心仪的单位或是获得了心仪的岗位。记得中国中化来校招的时候，是余老师的大弟子陈国钢带队的，余老师很高兴，招呼我们一群在校学生过去见面，在逸夫楼的一个会客厅里，老师和陈师兄坐于中心，众人环绕，畅谈许久。

余老师经常参加国际交流，以英文汇报论文，所以很重视学生的英语能力。当我1998年以几近满分的成绩通过博士英语考试后，他真是开心不已，甚至有点四处炫耀，搞得我私下惶恐不安。后来，机遇来了。环科学院洪华生教授接了个加拿大开发署项目，外宾来开讲座，内容涉及环境与经济管理，需要有经济管理类专业及英语双能力的人员做翻译。经伟琪牵线，余老师推荐我去了。连续几天的现场会议，我除了做现场翻译，还半兼会议小主持和科研，期间也参与了相关选题的讨论并阐述观点，合作单位很是满意。这个任务，对我产生了长远的影响：一是从此后，我多次承接了不同学科的会议现场翻译任务，吸收了多元学科体系知识；二是，我踏入了环境管理会计的方向。在翻译和讨论的过程中，我发现了环境问题背后的经济逻辑，也体会到管理会计应用于其间解决问题的可能，加上理科研究团队的工作氛围熏陶，我选择了环境管理会计作为我后续博士研究的具体方向。之后我醉心于此，大量查阅国外英文文献，联合国的、美国环境署的、加拿大环境署的等等，追踪环境经济与会计发展的历史脉络，融会贯通并将管理会计理论体系融入其中，完成学位论文。毕业后更是将学位论文整理成学术专著出版，在会计学系和环科院给研究生开设环境会计课程，在MBA开设的环境管理课程（入选BELL优秀示范课程），以及和环科学院形成的长期的科研和教学合作等等，都起源于此。多年后，当我携英文论文赴国际会议演讲汇报，得到国外环境管理会计的专家认可并被邀请投稿相关专辑时，我不得不感叹这路走对了。我在国际会议做汇报时，有时候也会忍不住想起，余老师当年参加国际会议做报告的可能情景，心想"老师，弟子寻迹来了"。可以说，余老师帮我打开了一扇职业生涯持续发展的大门。

◎余老师与本文作者合影（2001年）

◎厦门大学管理学（会计学）博士论文答辩留影（2001年）

传道解惑

我博士毕业后继续留校工作，和余老师的直接接触反而比较少了。常和他接触的主要都是他当时的在学弟子。有事情，他也是通过助理来协助安排。不过，有几次他叫了我。

我当时住在国光楼，离他住的敬贤楼距离不到百米，可做到快速反应。有一次大约是年底了，他忽然给我电话，让我去他家。到了之后，我看他很是着急。原来，他年前要寄出一批明信片给他国外交往的教授好友，交代了当时的助手，结果助手从早上忙到下午，进展缓慢。余老师是个急性子，怎么都坐不住了，所以让我过去救急。我简单了解情况后，心里有数了，安抚余老师，保证当天能处理好，然后带着两个同门离开他家到教室去做。在他眼皮底下做，还不得把他急坏了，给他看结果就是了。收件人有一百多个，需要将联系地址一一整理出来，另外把余老师事先写好的对应的贺词找出来，放到明信片上就可以了。相关内容，其实学弟已经去打印出来了，就差最后工序——将内容一一对照粘贴到明信片上。这不就是手工活嘛，不难，不过对于从上午忙到下午的学弟而言，他已经力有不逮，进入恍惚状态了。于是在教室里，我展开了手工流水作业，几小时后完成交差。回到余老师家，余老师终于重展笑颜，并细说缘故。这些国外友人，是他历次国外交流时结交的同业朋友，保持长久的联系也能为学生们留条路，当学生有国外留学需要的时候，这都是现成的导师人选。当时余老师早期的弟子，例如陈国钢、陈双人、陈胜群，都有出国留学的经历。到2000年后，学生出国需求更多，甚至有些胆大的本科生都会想办法找余老师写推荐信，而余老师总是充分利用其广泛的国外同业人脉，大力推荐，帮助学生实现海外求学深造之梦。

还有一次叫我，是2002年余老师要到成都参加会计教授会。他去参加会议，会计学系自然也会派人去参加，不过当时我刚博士毕业不久，尚属新人，不一定会安排我。余老师希望我作为助手陪同，我就找时任系主任庄明来老师说了，庄老师说没有问题。于是我就安排了参会的各项事务，与余老师同机而行。到了会场晚宴时，余老师却发现他的假牙不见了。我那时候才猛然醒悟，余老师已是老人家了。可是看他工作和报告的精神，你根本就无法将他和临近八旬的老人画等号。毕竟有哪个八旬老人不是在颐养天年，而是在高负荷工作、不断高产出呢？难怪有同门说，对于余老师而言，工作即是生命，工作是生命的延续。在会上，我作为助理陪同余老师参与了许

◎中国会计教授会2002年年会留影

多环节，余老师也郑重向其他学校学者介绍了我。余老师这是在提携我，帮我创造学术界的机会呢！可惜我当时内向羞怯、不善交际，又只以教学为重，并没有充分把握。

我1995年硕士毕业时因个人原因没有继续读博，而是留校工作，那时候厦大教师工资真是低，比我兼职收入低了许多。其实我主要图个稳定的工作，另外也确实喜欢教学。只是当时管理会计教研室已经满员，我留系也按照规矩先到缺人的教研室，所以就进入了财务会计教研室，后来因为注册会计师方向建立，新课需要人，我被安排负责国际会计和高级财务会计的教学，加入常勋老师和曲晓辉老师的课程教学团队，并成为骨干教师。

1996年左右，会计学系和加拿大CGA合作办班，外方教授过来全英文授课，我当时作为中方配套合作教师，负责财务会计（FA2）的合作授课，后来对方因经费问题不再派出教师，所以后面就是我们中方教师独立授课了，我承担了管理会计1（MA1）和管理会计2（MA2）的授课任务。受当时系主任王光远老师指派，我也协助做了一些项目管理的行政工作。再后来项目合作终止，我也就没有再上管理会计课程了。2000年我出国访学，所上的高级财务会计和国际会计课程由其他人接手。访学回来进入2001年，我面临选择：一种是继续原来课程的教学，不过原来代我课的新老师就需要另外再找课；另一种是我自己另开新课。当时刚好管理会计教研室内有老师退休了，教研室主任毛付根老师向我伸出了橄榄枝，我接住了。其实那个时候，会计准则改革轰轰烈烈，高级财务会计人才紧缺，而管理会计仍属于冷门。只是那是我当初读硕士的初心，CGA项目的授课经历也让我更喜欢管理会计的教学。更何况余老师一直倡导"板凳甘坐十年冷"，随心就好吧。当然了，一开始我只是上本科的管理会计，随着双语教学日渐受重视，我后续才开始承担相关课程的教学任务。至于研究生课程，那是在很多年以后，前辈教师陆续退休后我才接手并延续至今。也从那时候起，我在教学岗位上才算回归求学时的方向。

厦大会计学系本科培养大纲里面，设置了七门主干课。在1995年的时候，会计学系出版了一套影响力很大的会计学系列教材，一共包括七本教材，对应的就是这七门主干课。余老师是其中的《管理会计》和《企业理财学》两本教材的主编。教材第一版写作时我读硕士，并未参与。2000年再版修订时，余老师让我撰写了《管理会计》中的环境管理会计一章，而《企业理财学》，则分配给我和林涛担任副主编，并安排了较多的章节写作任务。《企业理财学》后来在2005年获得了福建省教学成果奖，这是我从教生涯中的第二个省级奖项。2007年，出版社邀请进行第三版修订，当年9月老师去世，未完成的工作就由汪一凡、林涛和我共同承接。得益于之前的参与，我们了解老师教材设计思路和工作方式，幸不辱使命。余老师还有其他不同出版社不同版本的管理会计教材，他也根据在校从教弟子以及管理会计教研室的相关老师的不同特点做了任务分配。其中中国人民大学出版社的教材被纳入国家"十一五"规划教材，我也在作者之列。可以说，导师甘为人梯、奖掖后学，学生受益匪浅。后来我应出版社邀请独立主编《管理会计》教材，在进行教材相关结构体系设计时仍深受参与余老师教材编写的影响。

2004年的某一天，余老师又打电话叫我去他家，这次他显得比较严肃。他告诉我，会计学系班子要换了，学院出面选拔人才，征求他的意见，他推荐了我。我很诧异，毕竟我怎么也不像是要走仕途之人哪，我完全不明白状况。余老师只好对我解惑：率真正直守矩，不热衷仕途，最肖其师。好吧，歪打正着。原来，余老师从前担任过会计学系系主任，并有各种社会兼职，他在领导岗位时，治下极严，素有刚正不阿的美名。1990年代初正是注册会计师（CPA）事业兴起之时，当时会计学系的部分老师，依托会计学系成立了厦门大学会计师事务所，我硕士时在那里兼职，CPA执业资格也是登记在这个所里。另一部分老师，以余老师为首挂靠民主党派，成立了嘉信会计师事务所。在那个年代，事务所创收，给老师和参与的学生带来经济收益，也极大地提高了他们的实践能力。不过，由于个别从业者质量把控不严，余老师身为法人，严正对待此事，毫不犹豫地把事务所给关了。

话说回来，余老师的学术地位、社会地位摆在那里，管理学院历来会征求老领导意见，并惯例从葛、余门下各推荐一人来担任会计学系的行政工作。这似乎也是对葛、余两位大师地位的尊重。不过，实际上任后我发现，这似乎更代表的是老先生的面子。我负责的是本科教学工作，只需在本职范围内管好，公事上与余老师并无直接交集。余老师每有公事，也是通过官方渠道来解决。这也大大消除了我如何平衡的顾虑。我谨记导师守矩教诲，勤勉工作就是，并无心他顾。当时和我搭档的葛老师的弟子桑士俊也是我硕士求学时期的同班同学，他分管的是研究生工作，我们合作相当愉快。在此期间，受余老师重视国际化交流与工作能力的影响，我也关注这个方面人才培养发展的进展。加上我长期兼职从事职业会计师工作，我看到了社会对国际化职业会计人才培养需求的加大，于是经过香港理工大学一位老师牵线联系ACCA，ACCA香港派专人来访，最后系里经过讨论，确立了开设ACCA国际会计方向。

不过，那几年的会计学系，正是内忧外患之时，毕竟八十年之大船，于惊涛骇浪之中穿行，险象环生，据说余老师见不满之事屡有直接怒责。当然，不曾亲见，不过他的不高兴却也能感受得到。他在《七三感怀》里写"历尽沧桑路不平，丛生白发气犹雄"，2005年书赠余绪缨奖学金获得者时云："纵有浊浪连天涌，巍巍砥柱立中流"，当真道出了点点。1995年我选择教师工作，本来看中的是简单纯净的人际关系，无需应对复杂的办公室政治，却不承想仙境已失，江湖依旧，心中不免升起退意。2007年导师故去，2008年10月我归隐。

师生情谊

　　余老师一门心思扑在学问上，生活自理能力弱，但他会用自己的方式来表达对家人和学生的关心。余老师家里的日常事务是由师母操持的，我刚读硕的时候，师母病重在一七四医院住院，当时两个高年级师姐协助照顾，后来也叫我过去帮了几次。每次，从学校这里陪着老师打车去到病房，陪着看看师母。余老师生活上做不了什么，但是这日日的陪伴，便是他心意的表达了。只是最后这陪伴仍是没有能留住师母，丧事办过后，余老师把我和两个师姐叫了过去，送我们一人一个小礼物，是他从日本出差带回来的手表。余老师是个重情之人。师母过世后，余老师一人独居，生活极其简单，每天都是二女儿过去帮他量好米放进电饭锅中，他只需要到点一按就完成了。余老师把学生当自己亲人看待。他的在学学生，上他家的次数多，待得比较晚了，他就留学生吃饭。我记得我也被留过饭。他对学生的生活也很关心，除了前面提到的，关心在学学生的经济状况、工作状况，也会过问学生的婚恋状况，学生婚恋也会主动告诉或邀请老师。我记得有师兄携家带口回来探望时，老师高兴得好像是自己的后辈上门了呢。林涛结婚的时候，余老师高兴地撰写祝联，并由我陪同出席婚宴。已经毕业的学生取得了成绩，他每每以此为荣，并向在学学生反复夸耀。当然学生也敬他如父，他生病的时候，学生轮流到医院陪同，出院养病的时候，学生也日日上门查看他生活起居是否如常。余老师膝下三个女儿，老大和老三移居海外，老二在厦大工作，但后来住到前埔小区，离得有点远。余老师八旬过后，担心他独居生活不便，留在厦大工作的学生们干脆帮他请了个保姆，至少保证一日三餐定点定时。

　　余老师在73岁时道："莫道鬓霜人已老，尚期展翅遨长空。"七旬的十年，他的工作量远远超过我们年轻人。到2001年的时候，弟子们说，老师快八旬了，聚一聚，给他办个生日吧。于是经过精心策划，当年国庆节，师生于深圳欢聚一堂。除了我求学时期的硕士博士，我还第一次见到了余老师1980年代时期招收的许多学生，也才首次当面听说了那些弟子们当年的经历趣事。我们海阔天空，追忆往昔，畅谈当下，余老师显得很开心。那晚学生们一起唱歌，他也参与其间，仿若返老还童。到2005年的时候，他从教60周年，在厦门国家会计学院隆重举办了学术座谈会。当时他的弟子，审计署党组成员、总审计师孙宝厚博士，中化集团总会计师陈国钢博士等近60名已毕业和在读博士生出席，此外还有曾经与他共事过的会计界不同岗位人士参与。余老手携中英论文各一篇参会，并喜作新诗，提到"喜见八方多才俊，从此无虑可息肩"。是啊，八旬老人了，事业有人传承，可以适当缓缓了。

◎ 余绪缨教授从教60周年师生聚会留影（2005年）

余老师七旬期间，待学生以严为主，进入八旬后，待学生则较为亲和。我们当初求学时在他面前正襟危坐，而后面的学弟学妹入门时，许是师生年纪相差大了，与他的相处则更像祖孙。胆子大的，敢在他面前开玩笑，拿他打趣。学生共聚，完成学业工作之余，多次陪他共游万石植物园、东坪山，同他领略自然，看学术以外的别样风景，而他也留下了相应诗词。在多年以工作为唯一的紧张状态之后，他终于开始放慢了节奏。

也许是积郁吧，余老师病倒了，住院了。第一次住院他还不那么服气，总闹着要出院，甚至有一次偷偷跑回家。给他请的护工，他老看不上。毕竟知识层次相差太大，聊不到一块去。住院生涯于余老师，有如坐监。直到学生轮流探望反复劝诫"身体是革命的本钱"，他才接受现实，该缓一缓养一养了。韶华易逝，余老师康复出院后，逐渐减少工作量，基本上就不怎么去外地交流了，也搬到他女儿家住。再到后来发现肝出了问题，采取保守治疗。2007年9月余老师临终前，他在各地的弟子闻讯赶来。余老师淡定直面生死，留下"躯陷病榻虽无奈，心游天宇却从容"的诗句。一代大师，终谢幕离去。

薪火相传

余老师是厦门大学会计学系管理会计方向的学科带头人，不过在很长的时间里，管理会计在国内都属于冷门。直到2014年《财政部关于全面推进管理会计体系建设的指导意见》颁布，管理会计在国内迎来了蓬勃发展的春天。此时距离余老师成为国内第一位现代管理会计博导，已经过去30多年了。可喜的是，30多年里余老师培养出许多管理会计人才，他们分布于各个岗位，繁星点点已汇聚成河。2013年，在时任管理学院院长沈艺峰师兄和会计学系主任桑士俊的推动下，管理学院与英国皇家特许管理会计师公会（CIMA）签署了战略合作协议，准备在本科启动管理会计方向班，我受命负责具体落地实施工作。当时大类招生，管理学院的学生从大二下学期开始分流选方向，我抓紧筹备，研究CIMA大纲并设计对接会计学系对应培养方向，终于赶在2013级大二分流前拿出可操作方案。于是2013级的CIMA方向班在2015年正式成班了，我干脆主动请缨，担任这个班的班主任，以及时跟进。通过与公会合作，组织学生参访企业，组织业界专家给学生讲授管理会计实务，加上学科课程体系自身与管理会计人才能力体系的匹配，管理会计人才能力得到了充分的开发。本科阶段的管理会计方向班（CIMA班）落地，加上ACCA方向，至此，会计学系建起了两个国际化职业化英文授课的方向。借助这个方向班的建设，我们的管理会计人才培养也开始紧跟社会需求的变化来调整，并且，管理会计人才培养面扩大了。

1980年代的时候，会计学系曾经设立了若干研究中心，其中就有余老师牵头的管理会计研究中心，不过经过多年行政体系和人事变迁，机构早已不存。2014年财务部的推进意见颁布，各地方各高校纷纷设立管理会计研究中心，以贯彻财政部文件意见，推进管理会计发展。在此背景之下，沈艺峰和傅元略两位师兄开始筹备建立管理会计研究中心，以传承和弘扬导师学术思想并发展管理会计。经过多方努力和陈国钢师兄的大力斡旋，中心终于取得了校级研究机构设立资格，不过，当时学校对机构设置建章立制，要拿牌需要满足一定课题经费要求。也巧，我当时刚好完成的几个大课题经费到账，于是中心终于正式获得运营资格，在各位同事支持下积极开展工作，2017年获得优秀校级科研机构表彰。

2021年，感怀恩师，弟子们集资树立了余老师的铜像，2022年是余老师的百年诞辰，通过陈国钢、于增彪、孙宝厚等师兄的多方协调，借中国会计学会管理会计专业委员会举办学术年会之际，管理学院与会计学会共同主办，会计学系和管理会计研究中心共同承办，隆重举办了余绪缨教授百年诞辰纪念会，弟子们同心协力，各界人士齐聚一堂，缅怀师恩，传承学术。参加者来自政界、学界、企业界，其范围甚大，影响甚广。而从会议参与者背景与论文发言等看，真的实现了管理会计在中国的发扬光大。余老师将西方管理会计引入中国，并与中国实践融合发展提炼出现代管理会计体系，终于全面开花结果。陈伟琪赋诗道:"赖有诸生,携手众同行。管会宗门薪火传,青史笔,白云乡。"余老师心可安矣。

余老师自1945年厦门大学会计学系毕业留校,到2007年去世,在会计学系从教62年,学生无数,成果等身。而今会计学科百年将至,感觉余老师这一辈子就是为会计学、会计学系而生的。

愿余老师的学术思想与治学精神永存,愿管理会计蓬勃发展,也愿厦大会计再续辉煌。

学者典范，永久师长

——纪念余绪缨先生百年诞辰 *

在我的心目中，余绪缨先生一直是会计学界泰山北斗一样的存在。我能够作为余先生的学生修读课程，留校后在工作中得到余先生的诸多指导、帮助和认可，一直感到非常幸运，也很珍惜那些宝贵时光。作为余先生的学生、下属和同事，很多往事历历在目，怀念之情油然而生。

一、点点滴滴记忆犹新

我还在念大二时，就知道厦门大学这个学术殿堂和葛家澍先生、余绪缨先生、常勋先生、吴水澎先生几位会计大师。这要感谢我的"会计学原理"和"工业会计"的授课老师朱元午教授。朱老师曾在厦门大学访学（当时叫"进修"），经常跟学生讲起厦门大学的名家如何做学问及其前沿的创新性观点，令我心中十分敬仰和憧憬。于是，我参加了国家教委委托厦门大学举办的会计助教进修班的入学考试，1984年到厦门大学修读硕士研究生课程。

---

* 本文作者：曲晓辉，厦门大学会计学系。

◎ 来访专家和专业课任课教师与厦门大学会计助教进修班学员合影

[前排左起：蔡淑娥、陈仁栋、葛家澍、赵玉珉（人大）、杨纪琬（财政部）、袁宗舜（江财）、余绪缨、常勋；后排左起：周葵、曲晓辉、庄爱珠、祝炳奎、夏成才、陈福义、青光源、张俊瑞、陈荣奎、于增彪、李瑞华、郁修方、冯均科、刘小明]

当时，厦门大学会计学系1984级有5位三年制硕士研究生、10位硕士研究生班学生和我们助教进修班15位学生一起上课，余老先生给我们主讲"高级管理会计"。这门课对于我来说难度确实很大，因此我也学得很刻苦。记得我们当时还做了一篇课程论文，我是用听物理学专家讲座学来的新三论（耗散结构论、协同论、突变论）的原理来解读管理会计中的一些问题。这门课程，我获得了优秀成绩。课程最后一次课快结束时，余先生笑眯眯地说："课程快学完了，大家的名字我都熟悉了，但人还对不上号，每位同学站起来报一下名字，我们认识一下。"轮到我，站起来报了名字之后，余先生很诧异，他说："你是女生啊？我看你的名字、字体和文章一直以为你是男生。"当时，我感觉特别亲切，也有点小骄傲，感觉余先生还是有点欣赏我的文笔的。

1986年我再次入读厦门大学，师从著名会计学家葛家澍教授攻读博士学位，1989年毕业后留校任教，1995年兼任研究生院副院长之后，分管培养、学位和学科建设，与余先生的联系就多了起来，很多问题需要请教和听取老先生的意见。1996年评聘为博导之后参加面试、开题、答辩以及到外校参加答辩，与余先生的接触就更多了，加之研读余先生的研究成果，对余先生的为人、治学有了更为全面的了解，也努力效仿学习之。

二、国际学术视野

余先生英语好，喜欢写英文文章，他还在很长一段时期担任美国伊利诺伊 - 香槟大学

（UIUC）会计与国际教育中心主办的学术期刊 *The International Journal of Accounting* 的编委。

厦门大学会计学系硕士研究生培养很早就有国际会计研究方向，一开始是葛老师、余老师和常老师组成导师组，他们三位担任导师。我留校以后于1992年被评聘为硕士生导师，承蒙老先生们不弃，也加入了这个研究方向带硕士生，被评聘为博导后也是带国际会计研究方向的博士生。因此，就有更多的机会与老先生一起工作和向老先生学习。

我入职厦门大学之后不久，有幸参与厦门大学1992年与香港城市大学联合主办的国际学术研讨会的筹备工作，后来申报获批教育部人文社会科学重点研究基地，成立了厦门大学会计发展研究中心，中心连续多年举办"会计与财务问题国际研讨会"，我们也经常邀请国内外专家学者前来讲学和交流。对于这些学术交流活动，余先生都大力支持，包括参与筹备工作、做主题演讲、会见来宾等等。

◎ 转型经济下的会计与财务问题国际学术研讨会开幕式（2003年）

三、学科建设为重

我博士毕业留校之后，其实有点懵懵懂懂，也感到压力很大。过去虽然在高校有几年教学和研究经验，但那些经验并不适合厦门大学这样的高水平研究型学府，对于如何在厦门大学这一会计学术殿堂里做好教书育人、学习研究和治学，对当时的我来说是一个长期要做的新课题。在这些方面，余先生对我耳提面命，感人至深。

1995年我兼任厦门大学研究生院副院长之后，经常向余先生请教一些研究生培养、学位和学科建设方面的管理问题，余先生每次都是悉心教导。余先生的指导，常常使人豁然开朗、如沐春风。

记得1994年国务院开展最后一次统评博导工作，会计学系有通知老师们填报。我当时虽然已经晋升正高了，但觉得自己的水平和能力还都很不够，就没有填报。结果，余先生亲自给我打电话，很大声地问我为什么没有填报。我回答说："我的学术水平和能力还很不够，需要再学习提高几年。"余先生在电话里很严肃地对我说："这是学科建设的需要，不是你个人的问题，你马上填报。"于是，我就填了表，交上去了。后来在学校学位评定委员会上投票被贴边擦掉，听说余先生拿着计算器算给委员说："曲晓辉同志票数之差是千分之十八，这种情况不能上很可惜。"1996年，博导改为由学校自审了，回想余先生之前的批评，加之我在研究生院分管学科建设，也有了从学科角度考虑问题的觉悟，就主动报了，并顺利过会。后来，我经常在想，如果高校老师们都有余先生这样的学科建设意识，那该有多好啊！

◎厦门大学会计学科早期博士生导师
（左起：曲晓辉、葛家澍、余绪缨、吴水澎、王光远）

厦门大学会计学科建设任务一直很重，因为国家重点学科走在前边，硕士点、博士点和MPAcc试办都是首批，加之后来的教育部人文社科重点研究基地和国家哲学社会科学创新基地（国家985项目平台），相对应的申报和评估任务就很重。这些工作，承载着历史的责任，关乎会计学科的发展和老中青几代人的重托，必须请老先生指导和把关。无论是申报还是评估，每次都是时间紧、任务重和工作量大，而余先生都会及时给予悉心指导。每次的材料都需要一遍遍地反复推敲，耗时费力，但余先生从无怨言、甘之若饴。

现在的学科建设，虽然更加强调团队建设，但我个人认为，无论是先前还是现在，大师对于学科建设而言都是不可或缺、至关重要的。余先生关于学科建设的远见卓识、科学规划、对晚辈的扶助、身体力行，值得我们永远学习，也应该永远传承。

十年树木，百年树人。余先生犹如璀璨星辰，永远闪耀在我们心中。

◎葛家澍教授和余绪缨教授从教五十周年庆祝大会合影

◎葛家澍教授和余绪缨教授在从教五十周年庆祝大会上

◎葛家澍教授和余绪缨教授在从教五十周年庆祝大会上接受献花

◎葛家澍教授和余绪缨教授从教五十周年庆祝大会留影

怀念余绪缨老师[*]

公正、正直的余老师

让我永远难忘、怀念余绪缨老师的第一件事，就是余老师公正、正直的品格，使我的考博梦得以实现，于我而言，这件事是刻骨铭心的。

1995年，我硕士毕业后到广东商学院会计学系当老师，1997年评上了讲师。当时我就觉得自己要教导大学生，知识和能力还很不够，应该去读个博士。所以在1997年的时候我就报名想去考厦门大学余绪缨老师的博士研究生，余老师太有名了，在我们心中是高山仰止的存在。但因我比较胆怯，加上刚刚工作不久，孩子又太小，工作也很忙，没有去实施。这怪不得别人，只能是怪我自己胆怯。

1998年的春天，我经历了老岳父感冒转肺结核，经历了父亲过世，春季时我请了一个学期的假，从广州返回老家武汉送岳父就医、办理父亲的后事等等，这其中的曲折在此不多言，但对于我来说，1998那一年，是充满困难和挑战的一年，也是充满机遇的一年，至今想起仍让我唏嘘不已。待到处理好父亲的后事，岳父的病也好了，我终于松了一口气，于是就又开始考虑报考厦门

* 本文作者：刘运国，中山大学管理学院。

大学博士研究生这件事情。当时我心里很犹豫，因为已经是4月中旬了，离厦门大学博士研究生考试的时间5月8日还有仅仅不到半个月，按照正常准备，时间是很紧的。去考，实在是信心不足、把握不大。不去考，心里面又很不甘心，一方面已经耽误了一个学期的工作，另一方面报名都报了两次，去年放弃了，今年再放弃，的确心有不甘。犹豫了很久，后来想清楚了，也许1998年就是上天对自己的磨炼和考验，所有艰难困苦都叠加在一起来，来都来了，推不掉的，我豁出去了，必须去拼搏一把，不管结果如何。

在离厦门大学博士研究生考试仅半个月时，我离开武汉，为了节省时间，咬咬牙买了机票直接飞到了厦门，并且通过广东商学院的同事联系了当时在武汉理工大学工作，同时在厦门大学读博士的石本仁，当时他正在武汉家中写博士论文，他在厦门大学的博士研究生宿舍铺位正空着，我就借用了他的铺位，这个铺位的下方是本仁同班同门的博士同学谢德仁（现为清华大学经济管理学院教授），当时德仁也在写博士论文。德仁在厦门大学研究生中很出名，硕士阶段就在《经济研究》发表了论文，博士论文被评为全国百优论文。能够跟男神一样的同学同居一室、共同学习，现在想来，简直就是上苍的特别恩典，是多么难得的缘分。至今，我和德仁还是经常联系的好朋友，虽然当初他对我能否考上博士研究生的分析没少"打击"我。的确，我的基础相对来讲太薄弱了，而当时同年考博士的竞争对手们都太强了。但，我已经经历了那么多的磨难，再失败一次，在我心中已经不算什么了。我已经做好了万一考不上就继续回去广东商学院当老师的准备。

从最坏处着想，往最好处努力，我能做的唯有奋力一搏。想起来，这个切身的体验和感受，是令我受益终身的。我按时参加了考试，英文也超过了3分，专业课不错，余老师给我打的分数还挺高的。考试的结果是后来才知道的。当时考完了，为感谢谢德仁半个月来的陪伴和指导，我请他去外面吃饭，本来也想请本仁，可惜他当时一直在武汉。也许是缘分，我们两人刚走出校门，就碰见了余绪缨老师。初次见面，余老师很和蔼，感觉他很了解我的情况，知道我曾经在长春税务学院读过硕士，也工作过，询问得很仔细，让我感觉很亲切。后来我又参加了博士研究生的面试，余老师也在面试现场，这是我第二次见余老师。得益于我有在企业8年的工作经历和实践体验，我感觉自己面试还可以。但面试后很长一段时间，我没有得到任何消息，后来通过长春税务学院于长春教授介绍，认识了当时在厦门大学研究生院担任副院长的著名会计学教授曲晓辉老师，我们也是吉林财贸学院（长春税务学院的前身）的校友。当时我带着非常惶恐和忐忑的心情去拜见曲老师，就是想了解一下录取的情况，曲老师非常好，真是像一位大姐，给了我重要的鼓励、信心和希望。她非常客观地告诉我，我的成绩，包括总成绩和英语成绩、单科专业成绩都达到要求了，但根据成绩排名和招生指标，正好只能录取到我前一名的考生，到我就没有指标了，非常遗憾。曲老师也告诉我，目前（当时）我国会计教师队伍的学历普遍还不高，有博士学位的会计教师非常稀缺，国家（学位办）已经考虑到这种情况，有可能会增加指标。果然，当年厦门大学研究生院获得了国家学位办增加的5%博士研究生招生指标，正好会计学科可以增加两个指标，其中一个给了葛家澍老师，一个给了余绪缨老师。余老师选择了我，我就这样被录取了。

历经千辛万苦，如愿以偿，说不高兴是假的。我的心里非常感谢余老师的厚爱，感谢一路帮助我、鼓励我、鞭策我的老师们和朋友们，一路支持我的家人。如果按照现在一些学校看出身（要985或者211高校本科和硕士毕业）的做法，我是万万无法到厦门大学读博，更万万读不上全国名导师的博士，更加万万成不了余绪缨老师的学生。由此，我的人生柳暗花明，我的学术人生，翻开了崭新的一页。

我把我的考博经历写出来，首先主要是怀念和感谢余老师！首先，感念余老师公正、正直的高贵品德！这也是我初识余老师的经过，我考博以前没有厦门大学学习经历，更没有985或者211高校学习经历。以前也从没有去过厦门，也从没有见过余老师（除了在书上）。我先后读过电气自动化、工业经济管理、会计学三个专业，干过8年电气工程的企业技术工作，读了三年全日制硕士，当了2年广东商学院的会计老师。生性愚钝、资质平平。没有余老师公正、正直的品格，我想我到厦门大学跟余老师读博士的梦想是很难实现的。其次，今天我也是博士生导师，每年招生之前，看到有不少同学焦急地给我们写邮件，询问指标的问题。还没有去做就过早想结果，让自己压力焦虑万分，我想说，相信老师们是公正的，相信自己的梦想。有梦想，有理想，大胆地坚持去追求就好了，享受过程，功夫到了，想要的结果是水到渠成的。该是你的，它跑不掉；不该是你的，想也没用。我写这篇纪念余老师的随笔，如果对今天的年轻学子们有丁点的启发和帮助，就感到十分欣慰了。

严谨细致、实事求是的余老师

余老师严谨细致学风让我印象深刻，并深刻影响着我。有两件具体事情我记忆很深。一是我的博士论文初稿2001年6月初出来后，我送去给余老师看，余老师当时已经79岁高龄了，但仍然孜孜不倦，一个字一个字地审阅，并帮我修改，大概一个礼拜后，我当面去聆听余老师的修改意见，看到余老师逐页逐字批注，至今回想起来，还是非常感动。在余老师建议下，我的博士论文初稿删掉了两章。余老师还特别给我提到"just-in-time"这个英文术语要翻译为"适时制",而不是"及时制",说为了这个,他曾经在国际会议场合与台湾学者辩论,最后台湾学者同意了他的看法。的确,"适时制"的翻译更加符合"满意准则"、更准确。还有一件具体事情,就是当时我和另一位博士同门同住厦门大学研究生凌云楼404,这位同学当时是余老师的科研助理,他经常把余老师写的教材书稿及有关余老师交代的信件等拿回来协助校对、邮寄。因同处一室,我时而参加看看。我看到余老师对教材和文章的每一个标点、每一个字都是一丝不苟的,他认真负责的严谨治学态度,让我们深受感染。我印象深刻的是,余老师当时担任中南财经大学会计学博士生导师的专家评审工作,他写的评审意见非常详细、客观和中肯。1998年,余老师给中南财大张龙平教授晋升博士研究生导师写评语。张龙平教授当年才32岁左右,但成果非常丰富,余老师并没有因为龙平教授太年轻就搞论资排辈,而是客观公正地支持年轻后辈的进步和成长,评审意见写得非常好。余老师做人做事做学问都是实事求是、认真负责,坚持真理,不武断、不夸大、不歪曲、不断章取义。这些对我影响很大,也让我受益终身。

关心爱护学生的余老师

余老师非常关心、关爱学生。有两件具体事情,第一件是我2002—2004年参加中央"博士服务团"挂职内蒙古期间,余老师的第一位博士孙宝厚大师兄也正好在内蒙古工作,因为都是外派挂职干部,也常会有机会见面。以前我虽然知道孙宝厚师兄,但从来没有见过。挂职期间,我有时候会打电话给余老师汇报一下工作。余老师很关心我的成长,还嘱咐孙师兄多关心帮助我,让我深受感动。第二件具体事情,是我挂职后回到原单位中山大学,深感自己学术上的落后,就想出国进修。正好当时中山大学有一个机会可以到美国UIUC,但需要知名教授的推荐信,想到余老师曾经访问过UIUC,并且是该校国际会计发展研究中心一个知名刊物《国际会计学刊》的全球五位编委成员之一,我就想请余老师帮我写一封推荐信。余老师知道后,非常支持,两三天就亲笔为我写了一篇客观公正、热情洋溢的英文推荐信,并请刘俊如师妹(当时好像担任余老师科研助手)发给我。虽然最后我没有被选拔上,但余老师对我学术上真切的关心、帮助、提携之情,至今仍令我难忘。这封推荐信原件现保存在中南财经政法大学会计博物馆里(应郭道扬老师邀请,我捐赠出来),但我保留了全文的电子版本。

富有生活情趣的余老师

余老师热爱生活，对人坦荡、真诚，开朗，具有高雅、丰富的生活情趣。我入余老师门下后，虽然是在职攻读博士，但我在厦门大学全日制学习了近两年，只有第三年回到广州边上课边写博士论文。一次余老师在芙蓉湖边（今天的科学艺术中心）一个讲学厅做讲座，我是得到消息专程坐了一个晚上的大巴，从广州赶到厦大去听的。讲座上，余老师谈笑风生、引经据典，讲得非常生动，当时座位不够坐，走廊里面、窗户外面都站满了同学。讲座结束后，老师和同学们都意犹未尽，很多老师同学陪余老师走了很久，我这个后学都近不了老师身边，不过，我是真切感受到了余老师的魅力。后来，我到中山大学工作，每逢回到厦大，就到余老师在敬贤楼的家去看望余老师，并与老师聊天。有一次，我说，"您年纪大了，多出去走走，也去我们广州走走。"余老师说，"生命在于运动不假，但关键是脑子的运动"，余老师80高龄后，仍每天看英文电视节目，读书、写文章，笔耕不辍。2001年，余老师的弟子们在深圳大学给老师过80岁大寿，我参加了。2005年，厦门国家会计学院举办余老师从教60周年的学术纪念活动，我带着儿子一起去参加，因为工作太忙多年没有回到厦门的孙宝厚大师兄也从北京回到厦门参加了活动。弟子们群聚，大家谈笑风生，余老师诗兴大发，还赋了诗，这是我看到的余老师最愉快的时刻之一。

我写了两篇关于余老师学术思想的文章，一篇被《财会月刊》采用，一篇被《审计研究》刊发，也参与了胡玉明兄组织的余老师文集的编辑工作和传记的审稿工作。现在我时常翻读余老师的诗文，每读一次，都觉得有新的收获。哲人已去，空余著述。我虽有心进取，然心有余而力不足，因此更增加了对老师的怀念。

一日为师，终身为父。余老师与我的父亲同年，1998年我失去了自己的父亲，感谢上天的眷顾，我也得到了人生和学术的导师。我也时常提醒、检查和勉励自己，不要忘记对自己有帮助的人，学会忘记你曾经帮助的人。余老师对我是有大恩的。专就余老师而论，我只有努力学习他的著作和文章，继承和发扬他的学术思想和学术精神，把学问做好，把学生培养好，把余老师的高尚品德和精神发扬光大，就是对余老师最好的报答和怀念。

亦师亦友

——记常勋教授*

　　我是常老师的第一个研究生。常老师待学生平等谦逊，每出新书，常老师都签名"挚友惠存"寄给我。我这样的学生晚辈，被老师称为"挚友"，很是荣幸，更是感动！其后见面常老师还会与我讨论书中的观点与见解，询问我的意见和看法。常老师与学生几乎都是亦师亦友，离校后只要有机会去厦大，我总要去常老师住过的国光楼探讨。虽然常老师后来住过几个地方，但是我记忆最深的还是国光楼，回忆里有冬天门前的三角梅和春夏小院里的玫瑰。

◎常勋老师赠书题字

　　本科毕业一年后，我再回厦大读会计学系管理与成本会计方向的研究生，导师组三位老师，由余绪缨老师领衔。黄道标老师视力不好，余老师已有陈国钢和陈双人两位硕士，次年他俩又读了余老师的博士。我在本科就认识常老师，所以有事请教常老师居多，于是国光楼常老师的家成了我经常光顾的地方。

---

　　* 本文作者：余恕莲，对外经济贸易大学。

国光楼是传统的瓦房，常老师家门前有一小院，栅栏上攀缘着三角梅和玫瑰。一间卧室、一间小厅，后面是厨房。出后门也有一小块空地，虽然居所不大，常师母却将其收拾得干净整齐、朴实典雅。进门小厅的右边是常老师的卧室兼书房和客厅，那年我同班同学赵锦爱回母校进修，常老师、锦爱和我，师生三人常在这个小房间里讨论问题，分析教材，谈天喝茶。后来常老师小孙子常亮由龙岩被带来厦门，常老师和师母对常亮极为疼爱，我和锦爱也经常哄他玩。记得常亮经常赖在地上，我们分别拎着他的小胳膊，他才蜷起小腿悬空而起兴奋不已。

我考研之前就认识常老师，那是在1981年暑假，我们班去三明实习，由常老师带队。那时常老师虽年近花甲，个高人瘦但仍较挺拔，虽饱经风霜但神采奕奕，谈话举止均显学者风度。后来听同学说，常老师系圣约翰大学毕业，解放初曾在山东、福建厦门等地大学任教，后因历史问题历经坎坷。这次带队实习，算是正式恢复常老师在会计学系的教师身份，重返工作岗位。

一年后再见常老师，其身体状况及精气神有不少变化，腰板挺直精神矍铄。当时常老师名义上只有一个学生，其实上课、讨论及相关事宜就是我和锦爱两个人。常老师给我们讲"高级会计"，内容是国际会计和合并报表，其余都是非正式上课。即便如此，常老师总是提前到教室，充分准备，讲课板书一丝不苟。那时常老师正在给中央电大编写教材《西方财务会计》，常老师让我们参与编写工作，指导我们审读英文原版会计教材。我和锦爱在常老师的指导下进步很大。教材出版，常老师在前言中特别注明了我们参与的工作，这是我和锦爱第一次参与教材的编写。这段参与教材编写的经历，使我的英文水平、对会计学理论问题的认识都有了极大的提高，也为后来我从事对外经济贸易的教学打下了扎实的基础。我想锦爱也有如此感受吧。

在论文的选题和写作过程中，常老师和余老师给予我极大的自由。我曾提出过几个选题，随后在深入研读马克思主义经济学与西方经济学的基础上，确定研究成本理论问题。在写作过程中，我经常带着问题向常老师讨教，常老师总是不厌其烦，引导我思考分析，共同讨论，直到问题得以基本解决。

那时做硕士论文还有调研程序，常老师介绍我去天津塘沽中法合资的渤海石油公司调研，找余老师和常老师在大连培训班的学员。由于常老师的关系，在天津塘沽我得到了渤海石油公司的热情款待，他们专门派人开车带我去油田参观，介绍油田管理情况，使我获得了有益于研究实践问题和撰写论文的资料。

说来也巧，1985年快放暑假时，一天我去见常老师，碰见了对外经贸大学（贸大）

管理系的向广宏老师，他带着贸大管理系副主任陆祖汶老师的信来找常老师，希望常老师给他们推荐毕业生，去贸大任教。陆祖汶老师也是在大连培训班学习时认识常老师的。碰见向广宏老师，也或许是常老师的有意安排，当时常老师就建议我去北京。我认为北京太冷，北方又少大米缺青菜，不太想去，此时正在联系南京大学。常老师告诉我，北京冬天有暖气，也不少大米，让我去天津调研时顺路考察一下再说。于是这次北上调研我顺路考察了贸大。贸大管理系非常热情，当即让我带上《管理会计》教材，希望我下学期能来贸大上课。贸大的热情和急切，加上常老师的极力赞同，使我下决心去北京了。

到贸大的第一学期我给外贸系学生讲"西方财务会计"，给会计专科学生讲"管理会计"，其中"西方财务会计"用的就是常老师编写刚出版的教材。可以说我是自毕业出厦大就继承了常老师和余老师两位导师的教学及研究领域，直至退休。

当年因父亲病重，我提前做论文答辩，仓促办理毕业手续离校，对论文没做任何考虑。常老师和余老师对我的毕业论文高度肯定，当年我的硕士论文入选全国《经济学博士硕士论文选》，是厦大经济学院那年唯一入选的论文。收到《经济研究》编辑部寄来的文选，我还疑问："我的论文是怎么参选的？"后来才知道，原来是常老师替我将论文投稿的。常老师的关心和帮助、论文得到认可，极大地增强了我做科研的信心，对胜任高校教师也有了自信。

我工作后，常老师仍旧关注我的工作和生活。我刚到北京工作不久，常老师来北京给中央电大讲授"西方财务会计"，住在五棵松军队大院常老师的外甥家，他打电话叫我过去。这次见到的常老师与我毕业时的常老师又有变化，谈起工作和学术，他充满激情，哪像一个六十多岁的老人，完全是一位摩拳擦掌、干劲十足的年轻人。

后来常老师当选福建省民革副主委和民革中央委员，出任中国独立审计准则中方专家咨询组组长，每年都会来北京开会。每次来北京常老师都会打电话告知我住处和时间，让我有空过去。有时我们一家三口一同前往，我先生张辉出差较多，多数是我带儿子去看常爷爷。有一年常老师下榻香山饭店，我和张辉同去，那大概是常老师第一次见张辉，常老师很高兴！问我们的工作、生活等情况。还有一年常老师住京西宾馆，我和常老师聊天，儿子弋江啃着苹果，踩着茶几爬到窗户边，看着长安街上的车水马龙、变幻的霓虹灯，温馨的气氛如同在家里一般。

一次，审计准则专家咨询组开会，常老师下榻新世纪日航饭店。那时我已搬离石景山，饭店离我家很近，那天聊的时间比较长。常老师和我讨论审计准则，谈到会计职业道德问题，常老师说职业道德不仅关系到会计、审计的信誉和形象，更重要的是对于市场规范的法律意义。关于准则内容及相关问题，常老师也谈了许多看法。这些讨论，深化了我对审计准则意义的认识，对我的教学和科研很有帮助与启发。

2001年10月，我患乳腺癌，手术后化疗直到12月份我还住着院。已成惯例，常老师来北京开会又给我打来了电话。那次接到常老师电话，我如实告诉常老师我生病住院了。电话的那一头顿时无语，空气似乎凝固。稍后常老师好像缓过神来，详细问了情况，嘱咐我好好地治疗和休养。一年过去了，2002年常老师开会住北京饭店，打电话来问我治疗及健康状况，我又带儿子前往。常老师看我状况不错，非常高兴！谈了很久，此时快过圣诞节了，常老师提议，我们在圣诞树前拍照留影。

1981年常老师带我们班实习，与大家同吃同住，女同学下班后出去玩或买东西，常老师总会嘱咐说："早点回来，注意安全！"这样的关爱，给同学们留下了深刻的印象。不少同学毕业后不管去了哪里工作，有机会来厦门出差，都会去看望常老师，在外地见到厦门工作的同学，也会询问常老师情况，可其实1981年暑假常老师带队三明实习就一个多月。1998年我们班为纪念入学二十年返校，女同学结伴去看望常老师，锦爱给师母带了条丝巾，常老师还感谢说锦爱太客气。那次常老师还邀我们参观了他一手创办的厦大会计师事务所，请大家吃饭聊天，高兴不已！

◎常勋老师和我们

同学们敬重常老师，也希望能有机会帮助常老师。杜红鹰在厦门机场工作，常老师去北京出差开会，订机票、带行李登机什么的，红鹰知道了总是提供方便，给予帮助。常老师多次说起，红鹰在厦门工作，不仅他出差来去经机场麻烦红鹰，师母生病住院、华夏学院义卖等很多事，红鹰都没少帮忙。黄礼忠老师有一段时间工作派驻香港，常老师去香港讲课，黄老师热情款待，给予帮助，此事常老师也是多次说起。常老师创办厦门华夏职业技术学院，写信问我是否有书可捐华夏学院图书馆。我立即找了一些书寄了过去，常老师又是感谢。常老师对大家的举手之劳，总是念念不忘！

2012年夏天，林湜打电话说常老师感染肺炎，情况不容乐观。林湜、我和锦爱一致认为应该在常老师健康状况还好、头脑清晰的时候看望常老师。暑假我和锦爱约定去厦门。去厦门那天因雷暴雨，我乘的飞机备降福州再飞厦门，红鹰一直等我到次日凌晨。在厦门我住红鹰家，锦爱住林湜家，因为常老师，同窗之友更加亲密。休息一天，红鹰去上班了，我们仨去看常老师。还好常老师肺炎痊愈，见到我们非常高兴！那天我们和常老师聊的时间较长，还拍了照。照片可以看出常老师面带微笑、平静慈祥，我们认为常老师没大问题，还可以庆95岁生日。

◎探望常老师

可是2017年1月9日，林湜发来信息告知我常老师去世的消息。我这才知道常老师生病有一段时间了，生病期间，林湜、叶薏、杜红鹰和赵锦爱等同学都是多次探望。

我立即赶往厦门。到达厦门的次日一早，常亮、陈箭深师弟和我前往灵堂。常老师躺在鲜花丛中，神态十分安详。我们绕灵柩几圈，瞻仰常老师的遗容。那时正值寒假期末考试，当晚我离开厦门没能参加次日的追悼会。离开厦门前，在厦大见到了前来参加常老师追悼会的林湜、叶薏、老班长、戴金安、王华等十几位我们班的同学，大家还一起留了影。

常老师走了！他关爱学生、教书育人、为人师表的风范和精神永远留在学生的心中。常老师虽历经坎坷，但坚韧顽强，复出后奋力工作，他用三十年的时间做了我们一辈子都难以完成的工作。国际会计的三大难题是常老师在国内最先提出与研究的，他参与中国审计准则的研究制定，创办了第一家会计师事务所，实践、探索、研究一套规范国内审计业务的程序。常老师在会计、审计方面的成就为会计界所认可，获得了高度的赞誉！

常老师走了！他生前平易近人，学生都愿意与他亲近，与他亦师亦友。但凡与常老师接触过的同学，无论是哪一届，无论是本科生还是研究生，或是石油部外事财务学习班的学员，一定都有此感受！

常老师走了！那次在常老师家客厅聊天，常老师慈祥的笑容、温柔的目光、愉快轻松的场景，似乎还在眼前。我想叶薏、林湜、锦爱和红鹰，及我们班的很多同学也会时常想起曾与常老师在一起，亦师亦友的温馨画面！

宽厚为人，严谨为学，仁爱为师

——记恩师吴水澎教授[*]

我最喜欢母校凤凰花开的季节。每当毕业季，凤凰花就非常应景地绚烂满树、摇曳多姿；每到开学季，她就犹如迎宾使者般枝头艳红，笑脸盈盈。

久居广州，我喜欢这个城市的低调而多彩、包容宽厚又固执己见，人们对吃的极致追求、对花的癫狂痴迷，其他城市无可比拟。凤凰木在广州亦多见，但树形之美、花色之艳者还数厦大校园里的。

眼下就是凤凰花开时节，所有大学纷纷举办毕业典礼。作为一所民办院校的校长，我也不例外，上台说上许多勉励的话，给上了三年网课的毕业生们送行。此时，我特别想念恩师吴水澎老师。因为新冠疫情，我已经有4年没见到老师了，有两次师兄弟们约好的回厦门看老师的行程也都因为疫情泡汤了。虽然在微信群里偶尔会见到老师与学生相聚的合影，但这只会愈加激起我对老师的想念。更令弟子们悲伤的是，师母于2021年6月因病离世，因疫情阻隔我们未能为师母送行，这是我们心中永远的遗憾。

母系明年100周年华诞，要出一本学生回忆老师的专辑，黄京菁师妹专门来电话，要我再写写吴老师，说可以用一些以前写的素材。虽然手头事情很多，但盛情难却，我还是答应了。为行

---

* 本文作者：王华，厦门大学会计学系1978级系友。

文准确，我浏览了有关老师的资料。毕竟是名师大家，网上关于老师的介绍和论文汗牛充栋。我摘录了以下比较全面的描述。

◎吴水澎老师

吴水澎教授是厦门大学教授、博士生导师，原厦门大学副校长，我国著名会计学家、会计教育家和经济学家，为促进我国会计教育改革与发展事业作出了重要贡献。历任教育部高等教育工商管理类学科专业教学指导委员会主任委员，中国会计学会理事、常务理事，中国教育会计学会常务理事，中国金融会计学会副会长，中国会计教授会会长，福建省会计学会副会长，厦门市会计学会会长等学术职务。独著、主编、参著的学术著作和教材40余部，公开发表学术论文130多篇。2021年，获厦门大学最高荣誉"南强杰出贡献奖"。

对老师深厚的学术造诣，网上也有写实性描述。摘录两段。

　　吴水澎教授治学严谨，求真务实。历经十年研究，主编的会计学界拓荒之作《经济效益会计论》，在中国会计学术界产生了重大的影响，被认为在一定程度上完成了中国会计学会提出的"建立有中国特色的，以提高经济效益为中心的会计理论与方法"的核心任务。吴水澎教授在会计基本理论、财务管理基本理论、经济效益会计、经济体制改革与会计、会计研究方法等方面著作颇多，见解深刻，逻辑缜密，提出了一系列有重大影响的学术观点，并且在国内较早探讨了经济体制与会计的关系，对促进这一领域的研究以及推动我国会计改革都起到了积极的作用。

　　吴水澎教授在20世纪80年代国内会计本质的大讨论中，创造性地提出"管理活动论和信息系统论可以'合二为一'"，有效地融合了这两派的观点，并提出了"会计是价值运动的信息系统"。并且经过几十年的潜心研究，吴水澎教授系统地探讨了会计的本质、会计的对象、会计的职能等，并以"价值"为逻辑起点，构建了一整套会计理论体系，被称为国内"价值运动学派"的代表人物。

关于老师的学术思想总结，陈汉文师兄曾经写过一篇文章，刊载在《财会月刊》《财会通讯》等期刊，写这样的大文章也只有开门大师兄才可堪此大任。

我常常回忆起在母校与老师的交集往事。细想起，我和吴老师有着在本科生、硕士研究生和博士研究生三个不同时期的三段不解的师生情缘。

本科生阶段

1982年上半年是我们1978级本科的最后一个学期，大家进入毕业论文写作阶段。很有幸，我和曹星海同学的论文指导由吴老师担任。对吴老师我们不陌生，"会计学原理"这门课是葛家澍老师和吴老师亲自上的，葛老师把自己首创的"资金运动理论"的深透逻辑进行抽丝剥茧地解析，使我们感受到理论的深奥神奇；吴老师把复式记账理论讲得出神入化、清晰透彻，给我们留下了深刻印象。

我的论文选题是"会计职能浅谈"。第一次见吴老师谈论文选题时，我心里有些紧张，毕竟第一次写论文。记得是吴老师到宿舍来找我们的。那时会计学系的老师们经常来到学生宿舍辅导学生的课业，不分白天夜晚。尤其到了期末复习考试阶段，老师们轮流坐在宿舍，通常是自带一个搪瓷茶缸喝水，到夏天还带着一把蒲扇扇风驱蚊，静静地等着同学来提问，非常和蔼认真地解答每一位同学的每一个问题，不到时间不走人。我曾在多个高校任教，比较之下，厦大的老师对学生是最好的，现在已经少见这样的老师了。吴老师见了我和曹星海，仔细询问了我们的想法，针对我们的选题，告诉我们如何去搜集期刊资料，如何做阅读笔记和分类摘录（那时搜集资料全靠手抄），如何构思论文结构，如何写提纲等等，做了很清楚的交代。吴老师讲得很细致，我们低头记录，老师把该有的细节都讲到了，我们几乎没有提出问题。后来论文初稿写完和修改稿完成，又见了老师两次，每一次老师的耳提面命都给了我们很多启发，尤其是他做学问认真严谨的态度让我难忘，他的"胡普"（"h"打头的福建味儿的普通话）也越听越亲切。没想到的是，我与吴老师从此结下了不解的师生情缘。

硕士研究生阶段

1984年，在江西财经学院当老师已经两年的我，萌发了读研究生的念头。在选择报考哪所学校的时候，我未加思索选择了母校，一是因为老师熟，二是因为教科书熟，这样备考过程会轻松一些。经过大半年的准备，我在1985年1月参加了入学考试。考试成绩出来感觉还不错，心里就充满期待。后来听说招生名额少，竞争很激烈，我开始着急，担心挤不上"车"。当时江财为留住人才，出台了只允许青年教师报考委培研究生的政策（虽然青年教师们都不愿意委培），我就更着急了，担心两头踏空：计划内名额进不去，委培指标摊不上。情急之下，我就给当时是会计学系系主任的吴老师写了一封信，表达了我想读研的迫切愿望，请他看在考试分数不错，又是"老学生"的份上至少录取我为委培生。我没有收到吴老师的回信，但我坚信吴老师一定会看到我写的信。大概是那年六七月间，快放暑假的时候，我收到了厦大研招办的录取通知书。收到通知书那刻我非常激动，心里也充满感激。我知道吴老师日理万机没空回我的信，但他一定是在招生名额非常紧张的情况下考虑了我的请求。

9月初我又回到母校读书了。我的导师是陈仁栋教授，一位长着佛一般慈祥面孔，有着菩萨般心肠的老人。陈老师是国内比较早期研究人力资源会计的专家，在他的影响下，我的硕士论文就以"论人力资源会计"为题。

在读硕士研究生期间，吴老师虽然不是我的导师，但他熟悉每一位研究生，时刻都在关心着我们。身为全国地位极高的厦大会计学系的系主任，他在校内校外的事情非常多，担子很重。尽管忙累，但他仍然坚持亲力亲为，给我们上课、开讲座。1987年吴老师升任厦门大学经济学院副院长，行政事务更加繁忙，但他仍然坚持上课、指导论文、主持答辩，关心每一位学生的成长，令我们时时都能感受到他的温暖。

博士研究生阶段

◎ 吴老师和本文作者

令我感叹的是，我与吴老师的师生情缘后来还会继续。1995年，我到暨南大学工作已经3年多了。那时高校教师晋升教授职称要有博士学位已成趋势，我也觉得知识更新快，需要进行充电加油，因而年近不惑的我萌生了再回母校攻读博士学位的念头。厦大的会计专业全国一流，大师云集，名师荟萃，一般考生在选择博士生导师时确实会犯难。当时我想，报考葛家澍老师的学生一定很多，竞争更加激烈，余绪缨老师搞管理会计研究，而我在这方面积累薄弱。所以没有过多考虑，我选择了报考吴老师的博士生。还因为我心里感觉就是和吴老师有缘，他做人实在、为人和善、待人真诚的形象一直扎根在我脑子里。很幸运，我被吴老师录取了。那一年，吴老师被国家教委任命为厦门大学总会计师。1997年老师又被教育部任命为厦门大学副校长、学校党委常委。老师长期集教学、科研、行政、社会服务等工作于一身，身上担子千斤重，但他始终没有退却，牺牲一切闲暇和陪伴家人的时间，不断学习、工作、探索，焕发生命之光。

在读博士期间，我是同学中最年长的在职学生，但吴老师并未因此对我放松要求。他约法三章，要求我第一年必须脱产读书，扎扎实实读文献，写读书报告，做好理论准备，选好研究领域方向，为博士论文写作奠定基础；第二年可以半脱产，学习工作两头兼顾，最要紧的是把论文选题确定下来，多搜集文献资料，构思基本框架；第三年要全身心投入论文写作，保证学位论文的质量。他还告诫我，论文写作是一个非常痛苦的过程，要有"脱三层皮"的思想准备，写不下去、返工重来的情况都会发生，要沉下心来坚持不懈地认真做。那三年，我按照吴老师的要求一步一步走来，不敢造次。尤其是写论文的那一年，经常是昼夜颠倒，痛苦几宿又亢奋几天，反反复复思考琢磨、斟酌修改，最终通过了吴老师的审查。顺便提一下，攻博期间，1997年3月至8月，我的工作单位暨南大学还派我到英国曼彻斯特城市大学做访问学者，为我到国外搜集相关资料提供了极好机会。吴老师对我精心点拨，对我的论文反复打磨，还为我的论文开题、写作过程专门举行过小型研讨会，集思广益，给了我很多脑洞大开的启发，为我开拓了更广阔的视角。当我戴上博士帽时，心里满是对老师的感激。

吴老师对学生要求严格，对每一届入门弟子都会约法三章，明示"门规"："你们到我门下，至少要铸造三种力量。第一，做学问，必须先学会做人。而做人最为根本的是要铸造人格的力量，即要堂堂正正地做人、光明磊落地做人、诚信地做人等。第二，要铸造友谊的力量。所谓友谊的力量，重要的是要与人为善、宽容待人。对师长、家庭、朋友、同学等，都要友谊第一，为自己创造一个宽松和谐的生活和工作环境。第三，要铸造知识的力量。你如果没有知识，没有做事的本领，没有创新的能力，一切都会力不从心，一切都是空谈。"（吴水澎：《把我的爱献给会计改革和发展事业》，《财务与会计》2019年第17期）这些话老

◎芙蓉湖畔的吴老师

师总是耳提面命地教导我们，各届弟子也是按照老师的要求去做人、做事、做学问的，这种门规也传递到了当老师的弟子们对他们学生的教育上。

老师对学生的爱护是有口皆碑的。他自己生活简朴，却对学术精益求精，对工作倾心尽力，对他人豁达包容，对学生宽厚慈祥，对家人父慈子孝。师兄弟们都说，吴老师是菩萨心肠，只要学生有困难，吴老师都会亲自过问，尽快解决或想办法帮助解决，甚至是动员师兄弟们一起来帮忙解决。大家私下聊天说，只要老师关注了，只要老师开口了，学生们的困难和问题都会得到解决。

老师的视界高、格局大。他把自己在会计理论研究和会计教育改革中取得的丰硕成果归功于伟大的改革时代。老师说过："我可以自豪地说，我做到了和祖国的改革开放共呼吸共命运，把所有的爱都献给了会计改革和发展的事业。"这是老师的肺腑之言。

2018年8月18日，我们同门师兄弟姐妹们与老师、师母欢聚在三孔圣地曲阜，参加庆祝老师从教55周年暨学术思想研讨会。在会议闭幕环节，我被大家推举致闭幕词。我在闭幕词中写道（一些用词我做了调整和修改）：

> 我们感恩老师。怎样给老师画像呢？他是一位令学界肃然起敬的会计理论大家，是教育界德高望重的会计教育家；他曾是兢兢业业的系主任、副院长、研究生院院长、总会计师、副校长；他是师母倾慕的先生爱人，是小梅和东辉慈爱的父亲老爸。
>
> 我尝试着用"为学者""为师者""为官者""为夫者""为父者"这五个词来描述一下我们的老师。虽才疏学浅，仍愿抒心表意，也许词不达意，还请老师师母包涵，各位师兄弟妹指正。
>
> 为学者：艰难求索，不问西东；咬定青山，苦心孤诣；鸿儒博学，学富五车；价值运动，独到精湛；理论建树，思想传扬。
>
> 为师者：做人学问，道德文章；耳提面命，点拨心灯；策顽磨钝，孜孜不倦；约法三章，立柱架梁；寸草春晖，师恩如山。
>
> 为官者：疾风劲草，两袖清风；朴实无华，磊落光明；智者怀仁，古道热肠；学科大厦，铸就辉煌；无须夸色，只留清香。
>
> 为夫者：鹿车共挽，风雨同心；松萝共倚，琴瑟调和；相濡以沫，兰言断金；分甘共苦，共营家园；执子之手，除却巫山。

为父者：育女教子，舐犊情深；品格养成，身体力行；父慈子孝，寸草春晖；梅开辉耀，家道中兴；抱瑜握瑾，家风世传。

都说中国文字能表达最丰富的内涵，其实"书到用时方恨少""词到嘴边不达意"，要准确地表达出老师的品学为人、道德文章，描述学生们对老师的敬仰、崇拜、感恩和爱意，真不是一件容易的事。

谨以这段话作为本文的结束，并向吴老师表达崇高的敬意。

我们的学术楷模

——记林志军教授[*]

  教育是人类社会发展进步的重要支柱，而优秀的教师更是推动学生成长的关键因素。在众多杰出的教育家中，林志军教授是一位备受学生敬重和仰慕的人物。作为中国第一位经济学及会计学博士，他的学术造诣和教育理念深深地影响着学生们。以我们为例，作为林志军教授的博士生，我们深深体会到了他温良恭谦的为人处世之道，以及严谨治学、精益求精的学术风格。在我们与林志军教授共度的岁月中，他不仅给予了我们深厚的学术指导，更传授了人生智慧，成为我们心目中的师表。

◎林志军教授及其弟子们

* 本文作者：刘明、徐琳、刘婧、陈燕升、甘智文、贾文凯。

一、卓越的典范

林志军教授毕业于厦门大学，获得经济学硕士和经济学博士学位，为葛家澍先生的第一位会计学博士研究生。他在学术研究中，一直秉持着葛先生的学术观点，例如关于会计本质的"信息系统论"观点，出版专著《会计信息系统原理与应用》《会计资讯系统》。他与葛先生合著的《现代西方会计理论》一书更是备受推崇，被教育部研究生工作办公室列为研究生推荐教材，为会计学领域的研究和教学作出了杰出贡献。他对待学术研究充满激情和探索精神，学识渊博，在学术界的声望和影响力使他的观点备受关注。主要研究领域包括会计、审计、财务管理和公司治理，出版了 *The Routledge Handbook of Accounting in Asia*、*Corporate Governance*，*Auditor Choice and Auditor Switch: Evidence from China*、*Accounting and Auditing in China*、*Accounting Profession in China*、《会计假说、原则与准则》《西方审计理论与实务》《审计学理论与实务》《管理会计》《西方财务会计》《西方审计学》《创新型企业战略质量成本管理研究》等多本重要著作。他致力于研究西方财务会计概念框架和会计准则，不断推动中国会计学的发展和进步。他的研究成果对中国会计学界产生了深远的影响，尤其是他关于会计假设、会计基本原则和准则，以及财务会计概念框架的开拓性研究观点，更是影响深远。他所积累的学术成果得到了国家准则制定机构、广大会计教育和实务工作者的高度评价和重视。近年来，他还认真探索新兴信息技术和金融科技创新等对会计审计发展的影响，为会计教育和会计职业转型提出启发性见解。

林志军教授先后在厦门大学、加拿大莱斯布里奇大学、香港大学和香港浸会大学任教。2015年，他加入澳门科技大学，并担任商学院院长。随后，他在2017年被任命为澳门科技大学的协理副校长，自2018年起担任副校长一职。此外，他还积极参与国内外学术组织和会议，推动学术交流与合作。他担任多个学术机构的职务，包括中国管理科学学会财务管理分委员会主任委员、中国会计学会海外学术交流委员会副主任委员、澳洲注册管理会计师协会中国事务的副主席、粤港澳大湾区物流与供应链创新联盟理事长，以及国际会计教育与研究协会、美国会计学会及其国际事务分会、会计史学家学会的会员等。他经常参加国际学术会议，并与国内外知名学者展开合作研究，著作等身。他不断拓宽学术视野，推动学科的发展。此外，他学以致用，作为中国和美国注册会计师（CPA）、全球注册管理会计师（CGMA）、澳大利亚管理会计师（CMA），参与不同类型的会计实务、管理咨询和港澳地区公共政策研究。

二、榜样的力量

刘明博士：

从2003年初到2023年的今天，向林老师学习已超过二十年，对恩师的敬佩和感激无法用任何言辞表达。

恩师深入的学术成果广见于国际著名期刊，专著经著名出版社出版发行，涵盖会计、审计、税务、财务、金融、管理、公司治理、经济等各领域，对实证、规范等研究方法应用得炉火纯青。如此的造诣让我相信恩师在学术上已经打通了任督二脉。

恩师的教学研究足迹横跨大洋，有幸近年与恩师在澳门重聚，再有机遇向恩师不断讨教。恩师对于澳门街、香港地、神州大地乃至七大洲四大洋的政治经济认识之深入、判断之准确又令我深感佩服。恩师对于国家之热爱值得晚辈景仰。

恩师是一位好领导，"好"是一个简单的词，但是我想不到另外一个词比"好"更好。恩师的学术、人品深得学生们、下属们信任，大家愿意跟随陪伴，更欣然地接受恩师的批评指正。我们尊敬爱戴的林老师就是这样：十分出色，十分好，十分帅！

徐琳博士：

"经师易遇，人师难遭。"我是幸运的，在澳门科技大学遇到林志军教授，并且成为他的博士生。林老师在澳科大的身份不仅是教授，还是副校长兼商学院院长，行政事务多，日理万机，但他却从未因为其他工作而怠慢对学生的指导。在我的博士论文写作攻坚阶段，林老师多少次在两个会议的间隙指导我，多少次在凌晨回复我邮件……他对学生的指导和关爱都在一言一行中，每每看到北师大校训"学为人师，行为世范"，我就会想到林老师。

"大胆假设，小心求证。"林老师大胆创新、锐意进取且一丝不苟、严谨科学的治学精神一直影响着我。即使博士毕业之后，我在研究中遇到问题请教老师时，他也依然鼓励我的每一个"突发奇想"，但又教导我多读书、深入理论学习，运用科学严谨的方法去验证。

"博学慎思，参天尽物。"有一次我和几位博士同学与林老师一起吃饭，席间从论文模型、研究设计、变量定义与数据分析聊到"西部世界"、人工智能、皮囊退化与意识复制，大家不禁感慨林老师的博学、慎思与健谈。

最后，我想对恩师林志军教授说："我不是您最优秀的学生，但您是我最敬仰的老师。"

刘婧博士：

林志军教授对学生的教诲如春风，严谨为学，卓尔不群；对学生引领有高度、教育有温度、指导有深度，师恩深似海。记得在我及另外两个同学毕业论文撰写期间，林老师既是学校的副校长又兼任商学院院长，工作事务非常繁忙，然而他总是耐心细致地指导和修改我们的论文。老师的博学多才和师德师风让我敬仰，老师对国际国内学术领域的熟知和对当前时政及学术前沿问题的洞悉让我十分敬佩。

博士论文反反复复被老师修改了很多次，给老师发邮件总能得到及时快速的回复，老师甚至会把学生的论文打印出来，字字斟酌，逐句修改，他的严谨治学和对学术的专注是我学习的榜样。当年我其实通过了另一所高校的博士入学考试，因为其他原因最后选择了去澳门求学，遇到老师以后才明白这是上天最好的安排，能遇到这样的好老师实属人生幸事。如今我也是一名高校老师，除了授课也指导研究生，每当在指导自己的研究生时我就想起老师对我的指导，老师一丝不苟的科学精神和孜孜不倦地关心每一位学生成长的长者风范都为我树立了榜样。恩师的言传身教让我受益匪浅，恩师是我的人生向导、事业标杆、为人师表的楷模，每当我感觉自己的研究或者工作过程中遇到难题的时候，向老师请教总能得到老师耐心的指导，我常常在老师的点拨后顿悟。我希望自己能够成为像林老师一样的人，做学生的良师益友和人生路上的一盏明灯。

陈燕升博士：

林志军教授作为导师，给学生的第一印象是温文尔雅、温良恭谦。他以和蔼可亲的态度对待每一位学生，他乐于倾听学生的问题和困惑，并以耐心的态度给予指导和解答。他以身作则，注重工作与身体的平衡，鼓励我们参加体育锻炼，以保持身心健康。他亲自示范，每天坚持锻炼身体，为我们树立了健康生活的榜样。作为学生，我有幸成为林志军教授的博士研究生，并亲身感受到了他的悉心培养和指导。在整个博士研究期间，林教授耳提面命、倾囊相授，从研究方向的启迪到研究内容的匡正，他都给予了我宝贵的意见和建议。恩师不辞辛苦地陪同我通宵达旦思考，凌晨三点钟的电邮回复让我久久无法忘却。他的严谨治学的态度和对学术精益求精的精神，深深地感染和激励着我，让我专业课程9门全优，获得中国银行优秀奖学金。他对学术研究的严谨态度和对细节的关注，使我的博士论文更加严谨和完善，在博士学位评定中获得了甲等荣誉博士。

在恩师的指导下，我们合作完成的第一篇论文成为全球前1%高被引的论文（IF>18）。

在他的带领下，我们获得了广东省多个重要科研项目的资助，包括哲学社会科学规划项目、教育厅省级重点平台科研项目，以及重点科研团队项目等。我们共同发表了10余篇中英文论文，其中包括2篇中国科学院一区顶级期刊、2篇ABS三星期刊。此外，我们还申请了7项国家发明专利，并获得了6项授权，还申请了1项国际PCT专利和1项欧洲专利。

甘智文博士：

我要对导师林志军教授致以衷心的感谢！他学问渊博，博采众长；他治学严谨，求真务实。师从于他，实乃三生有幸。他循循善诱，耐心引导，为了更有利于论文的完成，带着我从北方的长春、北京，到陕西的西安，再到南方的深圳、东莞等大大小小的企业进行调研访谈，收集数据，论文写作中各种大大小小的问题，他抽时间一一解答。老师平易近人，从老师身上我领会到严谨的治学态度、博学的知识功底、深厚的理论修养、诚恳的敬业精神和豁达的人生哲学，这些无一例外成为我日后学习、工作、生活的楷模和标杆。可以想象，没有老师的帮助和支持，我的博士论文真的是难以完成的。能师从于老师，真的是人生中最美好的事情。

博士毕业以后，我进入了高校（广西百色学院）工作。科研和教学上每每忆起老师，仍然心心念念，课堂上我也常常给我的学生们讲起我的恩师林教授，学生们知道老师的好，还专门录了视频向老师问好。我秉承着老师的正念，以他为榜样带着学生拿了各类比赛奖项57项，获得了优秀指导老师、教学比赛的优秀奖等。日转星移、岁月变迁，在林老师的指导和帮助下，我出版了第一部专著《基于企业经营绩效视角的战略质量成本管理体系研究》，老师还给写了序。同年，由于学习期间老师国家自然科学课题的携带和培育，我自己也申报和主持了各类项目12项，并成功晋升副教授。这是恩师育人成才的结果，当然，我只是林教授众多高光学生中的一位。林老师始终心怀着学生，鼓舞着学生。榜样的力量，闪闪发光。

贾文凯博士：

第一次拜见林老师，就折服于他的儒雅、博学、止于至善。2018年入读澳门科技大学工商管理博士以后，第一学期末要选定导师。入学前，已经听闻林老师是名师名家，而且任副校长兼商学院院长。苦于无人引荐，鼓足勇气后，竟毛遂自荐给林老师发了邮件，附上自荐信和简历。林老师很快回复了邮件，约去办公室面谈。当怀着忐忑心情，把精心准备的几个选题方向像"抖包袱"一样提出来，还没组织好语言更好表述时，林老师已经心领神会，逐一对选题方向做了点评，并提出对应的经典模型和参考文献。林老师对我选题方向的点评，明确坚定而又娓娓道来，贯通了财务会计、公司金融、组织管理的最新研究进展。如今回想，真是佩服自己的勇气，也万分庆幸这一鲁莽之举，更是第一次感受到林老师学术水准"仰之弥高，钻之弥坚"。论文开题、初稿修改过程中，更是折服于林老师丰厚的学术功底和跨学科的研究思维，尤其是他敦厚儒雅、春风化雨的学人风范。

　　在一次学术讲座的互动环节，有幸聆听了林老师分享自己的求学心路历程。早年，受动荡十年等客观因素的影响，林老师中学以前的正规教育断断续续，几乎是缺失的。但林老师自强不息、矢志不渝，克服多重困难，坚持自学。机会总是垂青于有准备之人，林老师终于等来了全国恢复研究生招生，考取厦门大学会计学专业硕士研究生。林老师师从新中国第一批（仅2位）会计学博导之一葛家澍先生，成为国内第一位经济学及会计学双博士。听到这里，想到《澍风杏雨》中林老师缅怀恩师葛家澍的一字一句，再回想林老师对学生们的提携和包容，不由感慨师门风骨一脉相承。我等后生晚辈也间接沐泽葛师雨露，亦步亦趋随从老师的为学为人，可谓受用终身的宝贵财富，何其幸甚！

三、结语

　　林志军教授是一位学术楷模和杰出的教育家，他的教育理念和榜样作用在学生中产生了深远的影响。他又是一位人生引路人，无私地奉献自己的时间和精力，培养出一批批优秀的学生，并在他们的学术生涯中起到了重要的推动作用。他温文尔雅、温良恭谦的为

◎林老师和学生

人处世之道，给学生们留下了深刻的印象。他严谨治学的态度和精益求精的工作作风，成为学生们学习的榜样。他言传身教，循循善诱，不仅教会了学生们专业知识和研究方法，更教会了他们为人处世的原则和价值观。作为我们的导师，林志军教授对我们的指导和帮助无以计数，他的悉心教诲让我们在学术道路上获得了巨大的成长和进步。深深地感谢林志军教授对我们的培养和教诲，他是我们人生中的重要导师和榜样。我们将继续努力学习，不忘初心，牢记导师的教诲，为推动学术研究、社会进步和国家发展作出自己的贡献。

桃李不语，下自成蹊

——忆陈守文教授[*]

陈守文教授自1963年以优异成绩毕业留校任教至1996年退休，在厦大会计学系勤恳工作33年，所教学生遍布世界各地。他的四位学生分别回忆了与他的师生情谊。

◎陈守文教授

庄明来：

陈守文老师对教学的热爱和全身心的投入，给众多师生留下了深刻的印象。至今，有一件小事依然萦绕在我的脑海之中，久久不能忘怀。20世纪80年代初，港商林树哲先生在我老家福建南安官桥镇创办了南丰针织厂，这是闽南第一家港资企业，被时任省委书记项南称为"闽南第一枝报春花"，时任国家主席杨尚昆也前来该厂视察。与此同时，该镇还兴办了多家颇具规模的乡镇企

　　* 本文作者：庄明来，1982届会计专业本科生，曾任厦门大学会计学系主任；王一平，1987届会计专业本科生，厦门国家会计学院教务处处长；黄志忠，1998届会计专业硕士研究生，现任南京大学商学院会计学系教授；俞宏，1999届会计专业硕士研究生，现任山东工商学院会计学院教授。

业，诸如花生油厂、瓷砖厂和石材厂等。这些外资和乡镇企业的兴办充满着改革开放的活力，其企业管理和会计处理也带有许多创新点。为此，1987年7月，陈老师和李登河老师一道，前往南安官桥镇，深入了解外资企业和乡镇工业企业发展现状。是时正逢酷暑高温，虽说路途不算遥远，但对一上汽车就会晕车的陈老师来说却是件苦恼之事。那个时候，又正逢福厦公路进行路基拓宽施工，84公里的路程足足用了6个小时。这一路的颠簸给陈老师带来莫大的煎熬，下车后两脚肿胀举步维艰。但年纪已是五十开外的他，仍然坚持和李登河老师一起，顶着火焰般烈日，一家企业接着一家企业，徒步前往参观调研，并与企业领导和财务人员进行长时间的座谈，从中获得各外资企业和乡镇企业的一手资料。这些资料不仅丰富了两位老师的课堂讲授内容，同时，也为日后出版的《乡镇工业会计学》（1990年）一书提供了翔实的案例和数据。

王一平：

我是1987年会计专业本科毕业留校从事学生政治思想工作的，在时任会计学系系主任陈守文教授的直接领导和手把手的指导下开展工作。陈老师给我的印象是识大体、敢于担当，记得我们在碰到疑难和棘手的问题时，他总是表示：大胆工作，有责任他来负。在他担任会计学系系主任期间，他在学科建设和行政工作中，大胆起用年轻人，鼓励在海外留学的青年学者回国发展，任人唯贤，积极有力地推动会计学科带头人的培养和学科梯队建设。我本人也是在陈老师的大力举荐下，六年时间快速成长为当时中国高校最年轻的中层干部。他对年轻干部的培养和造就让我终身受用。

黄志忠：

我记得我读硕士研究生一年级的某一天，系里宣布导师，我和易梅青的导师为陈守文教授，当时我特别开心。导师给我们很大的自由，使我们能够很好地发挥创造力，对我后来的学术之路有深刻的影响。作为系主任，导师很有公益心，全心为系里争取利益，从来不抱私心，对待我们也是如此。导师表面看起来严厉，其实性格很温和，对待师母很好。导师也会时不时地带我们去企业做审计业务，同时，我们也能经常跟随蔡淑娥老师和傅元略老师做审计业务。导师与蔡老师在北村是邻居，我也租住在北村，每每到弹尽粮绝的时候，就收到陈老师、蔡老师或傅老师发放劳务费的电话，想来真是不可思议。这几位老师都给我留下了不可磨灭的记忆，我也从他们身上学会并传承了关照学生的优良传统。我将永世铭记你们，我亲爱的老师们！

俞宏：

回首间离开厦大已经24年，母校留给我深刻的记忆除了美丽的校园，还有那些学术造诣深厚的师长们。还记得第一次见到我的导师陈守文先生，他身形高大，戴一副黑框眼镜，温文尔雅，说一口典型的福建普通话，虽然初到南方的我偶尔不能完全听懂，但是先生亲切的笑容、谆谆的教诲让我瞬时打消了一切顾虑。3年的研究生学习紧张而充实，先生在学业上的鼓励、生活上的关心还有职业上的引导给了我最大的勇气和力量。在毕业论文答辩结束后，他对我说："你已经成长为一名合格的研究生了！"如今，我也成为一名大学教师，每当我面对学生时，我总是以先生为楷模，希望给学生更多的帮助和引领。在我的心中，先生学高为师、身正为范，永远是我敬爱的导师和朋友。这份师生情谊也是我人生最珍贵的礼物，我会永远珍惜。

赤心弘毅连广宇
博学志道笃于行
——记导师王光远教授[*]

　　日月盈昃，时光不居。离开厦门大学近二十年了，怀念凌云楼上远眺山海，怀念上弦场上青春飞扬，怀念建南大礼堂的人潮汹涌，怀念囊萤楼夜读的丝丝清凉。印刻在记忆里的，还有芙蓉湖畔偶遇葛家澍先生时的慈祥微笑，万石园中陪同余绪缨先生散步时的抑扬顿挫，当然还有导师王光远先生的谆谆教导、促膝长谈……时光赋予记忆更多美好，记忆因为那些人、那些事更添温暖、柔软而又充满力量。

　　我是2003年报考王光远先生的博士研究生的。厦门大学会计学系在会计学子们心中一直是殿堂级的存在，世纪之交的厦门大学会计学系更是群星璀璨。王光远先生无疑是当时年轻一辈中的佼佼者——"厦门大学培养的中国第一位经济学（会计学）博士后""教育部人文社科跨世纪优秀人才""中国会计界百年星河图——第五代学术带头人""《会计大典（审计卷）》主编"。学术杂志专设"光远论坛"连载文章，主流报刊以"会计之光，任重道远"为题专访，《叩问大师——中国当代著名经济学家评传》中

---

　　*　本文作者：瞿曲，厦门大学会计学系2003级会计学博士。

更是以"奇峰阳光照，虚谷怀远志"评价先生。有幸跟随先生学习至今，无论治学还是工作都受益良多。他初心不忘、守正创新，与时代同行、与理想同在，人生张力和赤子豪情令人景仰！

王光远先生说，研究新问题、实践新领域是"学者义不容辞的责任"。20世纪末，先生的专著《制度基础审计学》出版，杨时展先生评论这是"全面地、系统地将制度基础审计方法介绍到中国的第一部专著"。博士后出站，先生专著《管理审计理论》出版，不仅将我国管理审计理论研究接轨国际前沿，更是开辟了受托责任理论与管理审计、受托财务责任与受托管理责任、受托责任理论与控制机制、管理审计与内部审计、受托责任与国企改革等一系列新的研究领域。

步入21世纪，先生继续担当着中国会计审计研究新领域的开拓者使命。2003年，先生以"消极防弊·积极兴利·价值增值"为题，系统回顾了20世纪国际内部审计的发展历史，为中国内部审计理论界和实务界呈现了一套全新的参照体系。2006年，译著《内部审计思想》出版，又将国际顶尖学者的前沿研究成果介绍到中国，为中国内部审计的理论研究和实务发展提供了全新的参考框架。2007年，先生结合中国实际撰文《内部审计十大理念》，从受托责任角度阐述内部审计与公司治理、内部控制、风险管理的关系，倡导价值增值、促进变革、超越准则，使内部审计成为透视组织的窗口和极具价值的资源。根据中国知网数据，这篇文章被引570多次，下载过万次。此外，先生还指导我们数届博士研究生开展内部审计理论相关研究，涉及基本理论、公司治理、战略审计、价值增值、准则体系、内部控制等领域，构建起一个较为完整的内部审计理论研究体系。

王光远先生十分重视会计审计理论的思想性和实践性。他认为，思想是学术的灵魂，源于知识的积累传承、实践的洞察创新，深刻的思想是富有系统性和生命力的，有益于学科建设、学术进步、社会发展。他指出，杨时展先生的受托责任学说不仅仅是基础理论，更是理解社会关系、重构道德价值的学术思想，为会计审计学科注入了新的生命力。

先生继承并发展了受托责任理论，指出"受托责任既是一种普遍的经济关系，也是一种普遍的、动态的社会关系""一部人类社会发展史实际上就是一部受托责任发展史""从受托责任理论角度研究会计审计问题仍是我关注的主要方面"。他在《受托管理责任与管理审计》《会计历史与理论研究》等专著中，不仅用受托责任理论解释了会计审计的本质问题，而且用以深刻分析会计历史、公共治理与政府控制、公司治理与内部控制、国企改革等重大问题。

先生认为，学术研究必须根植于我国的文化制度土壤，直面实务的迫切需求。20世纪末先生就提出从受托责任角度将国有企业分为"以政策目标为取向的国企和以商业盈利为目标的国企"，提出"要改变经营者的行政任命方式，实行社会化考核"。近年来国企分类改革、职业经理人制度推行渐成大势所趋，无不体现了先生思想的超前性。先生担任中国内部审计协会副会长期间，吸纳国际内部审计的最新理念，充分考虑我国企业的实际需求，组织搭建了中国内部审计准则框架，以开启"准则时代"为中国内部审计的规范化和职业化奠定了坚实基础。

"离基层越近，离真理就越近"，先生始终从受托责任的视角关注市场经济体制改革、民营经济转型升级、企业微观效益提升、公司治理机制完善等现实问题。任职党政部门期间，他经常深入民营企业、基层商会、工厂车间、项目一线，讲深讲透当前形势任务、党的大政方针、经济运行的有利条件和光明前景，有效提振了民营企业家的发展信心。他注重结合专长，了解企业创新发展、合规经营、风险管控等方面的问题，用企业家听得懂、易接受的语言，诠释受托责任、管理控制、作业成本、价值链等专业理念，为改善公司治理和管理提供科学有效的服务。担任全国政协委员、全国人大代表期间，他多次就规范资本市场建设、严格控制地方债务、推动国企民企共进、切实优化营商环境等建言献策，竭力推动出台促进民营经济健康发展、高质量发展的政策举措。

四

王光远先生出生于河北一个普通农家，先后在武汉、厦门求学十余年，尔后一直在福建工作。先生从未提及学习研究的不易或工作生活的艰辛，但对我们学习的教导一丝不苟，对我们生活的关心无微不至。

记得入学后的第一堂课，先生就郑重地教导我们："读到博士，社会看待你们的眼光就不一样了。""做人要顶天立地，要有大器量、大格局，要多想着为国家、社会做些有意义的事情。"当时先生已任职福建省审计厅，为了给我们上课，常年奔波于福州、厦门之间，周末和节假日几乎都在课堂中度过。他给我们列出长长的书单，要求我们勤学善思、定期汇报，并对我们的读书笔记逐一点评讲解。虽然治学严谨，但他对我们的教诲多是鼓励，甚至逐字逐句地修改作业论文，即便改到"面目全非"，也从未呵斥过我们。

但我清晰记得唯一一次颇为严厉的批评，是在博士论文选题汇报时。我本想拿一个已经完成的专题报告为基础来做博士论文，先生当即不允。他严肃地告诫我："读博士、做科研不能急功近利，不能以只完成一篇论文为目标，应该更广泛地涉猎经济学、管理学的基础理论、经典著作，要为学科的建设贡献力量。"正是在先生的严格要求和规范训练下，我研读文献、组织素材的能力有了显著提升，在以后的工作中也受益无穷。

每次上完课，先生都以聚餐为名为我们改善伙食，也会经常关心询问我们的生活日常。准备毕业论文的那年春节，我们几个家在异地的同学继续留在学校奋战。先生得知后，托人送来满满几大箱的各种水果、坚果、糕点、其他特产……同学们羡慕不已、纷纷来访，大家热闹分享，至今回味无穷。毕业后，先生每次来我工作的城市，都会约我见面，关心工作生活近况。每每有事求助于先生，他必是欣然应允、慷慨相助，一如我们还是稚气未退的懵懂学生。

"问渠哪得清如许，为有源头活水来。"先生的学术成就、人格魅力，源于"上善若水、至诚志道"的文化滋养，源于"科学研究是长河，而我只是一滴水"的谦卑心境，源于"天下欲乱计先乱，天下欲治计乃治"的赤子情怀！

今天的先生依旧豪情万丈，满腔热忱，自强不息，止于至善！欣逢盛世，每一步都是开启新旅程的起点，每一天都是迎接新希望的朝阳。祝福先生每次的慨然前行都能收获不一样的风景，坚信先生每次的引领开拓都会迸发新的力量！

我眼中的李建发教授 [*]

一、初闻大名

1998年9月，我如愿以偿，进入厦大会计学系求学。之所以选择厦大会计学系，是因为家人中既有从事会计工作的，也有正就读于财务管理专业的，耳濡目染，我很早就知道厦大会计学专业在中国会计界具有举足轻重的地位。因此，填报志愿时，我直接将厦大会计学专业作为第一志愿，而高考之路也较为顺利，使我能得偿所愿。

当时，会计学专业所有本科生不论男女都入住芙蓉十一宿舍。因此，我不仅能深刻感受到厦大会计学系良好的学习传统，而且能够与本专业高年级学长接触，得以有机会听闻系里各位老师的大名和奇闻趣事。在各位学长的口中，我知晓了会计学系有葛家澍老师、余绪缨老师、常勋老师这三位会计界大师，并培养出了黄世忠、李建发、曲晓辉等一批新生代的国内知名专家；知道李建发老师是国内政府会计领域的执牛耳者，不仅在政府会计理论方面取得了开拓性的成果，而且对我国政府会计准则的制定作出了重要贡献。不过，当时我对政府会计并不十分了解，并没有想过将来会成为李老师的学生。

二、有幸拜入门下

本科毕业后，我幸运地留在厦大会计学系继续攻读硕士学位。与现在多数学校硕士生一入学就要确定指导教师不同，当时会计学专业的硕士生要等到研二才分导师。而我又是后知后觉的那种，研一时并没有像其他同学一样及早地联系导师、进组学习。等到研二开学，得知多数同学已经确定研究生导师后，我才如梦初醒，马上开始联系导师。我怀着忐忑不安的心情尝试和李老师联系，其实，当时心中并未抱有多大期望，只是抱着试一试的心理，因为当时实在有些晚。幸运的是，李老师说，虽然他已和我后来的同门于国旺确定了师生关系，但他应该还有一个指标，可以把我收入门下。初次联系，李老师就让我感受到了他平易近人、待人以诚的处事风格。在此后的接触中，我对李老师治学之严谨和待生之温厚有了更深刻的感受。

2002年，我硕士毕业之后，一方面期望继续提高自身，另一方面，折服于李老师的学识和人格魅力，因此，选择继续跟随李老师攻读博士学位。硕士、博士阶段是一个学者学术生涯起步的关键时期，而我这五年，都是在李老师的指导下度过的，这对我后来的学术之路产生了深远的影响。

◎李建发教授与本文作者合影

三、是良师，更是标杆

"师者，所以传道受业解惑也"，李老师在这几方面都堪称楷模。在学术上，他不仅授人以鱼，更是授人以渔，指导我们走上会计学术研究之路。更重要的是，李老师不仅教人以知识，更是时时在道德上做好示范。

板凳甘坐十年冷。20世纪90年代，政府与非营利组织会计研究在我国刚起步，甚至可以说是一片待开垦的荒漠。研究政府与非营利组织会计，意味着很长一段时间都要孤独前行而难有"收益"。即便是在今天，政府与非营利组织会计研究，也仍然被许多会计学者视为"冷门"。但李老师深知，政府与非营利组织会计的研究前景虽然充满风险，却是我们这个现代化大国必不可少的一环，需要有人投入其中。李老师从攻读博士学位开始，一直都在潜心从事政府与非营利组织会计、公共管理领域的学术研究和实务工作，孜孜以求，上下求索。进入师门后，在李老师的指导下，我阅读了大量公共管理、政府会计与审计方面的文献，尤其是GASB的相关准则，为后来的学术研究尤其是政府审计研究奠定了基础。可惜的是，博士毕业之后，由于我资质愚钝，自揣难以在政府会计方面取得成就，因此由政府会计转向审计研究。对此，李老师给予我极大的宽容和理解，从未有过任何不满和苛责，仍然在诸多方面给予指导和帮助。尽管我近年已经较少从事政府会计研究，但当时打下的基础仍然在潜移默化地发挥着作用，尤其是，李老师在政府会计领域"甘坐冷板凳"的精神时刻激励着我前行。

学为人师，行为世范。我跟随李老师读书时，李老师已经担任了厦门大学校长助理职务，此后又先后担任副校长、副书记、常务副书记等重要职务，行政事务琐碎繁杂，但他并未因此而忽略对我们的培养和关心。在不定期召开的组会上，李老师每次都随身携带笔记本和笔，不时记录学生汇报的内容。即便有时同学们汇报或者评论的内容可能过于简单，甚至有失偏颇，李老师也从不打断或者直接否定大家的观点，而是在认真倾听和思考之后给出全面中肯的建议。由于李老师白天往往要忙于行政工作，因此，我们的组会有时会安排在晚上进行。组会结束时，时间往往已经很晚。李老师嘱咐我们早些回去休息，自己却又继续返回办公室加班。看到老师尚且如此敬业，我们怎能不努力？

言传身教，春风化雨。中国有句俗话，叫做"严师出高徒"。但在我的印象中，李老师无论对我，还是其他同门，从未有过特别严厉的感觉，而使我们常有如沐春风之感。即便我们由于经验或者能力不足，办事出差错，李老师也不会严加斥责，而是耐心引导和指正。印象很深的一件事，是2006年李老师组织我们集体撰写《政府财务报告》这一专著。写作过程中，由于我们对政府会计修行不够，对一些问题的理解不够深刻和准确，同时，我们对专著的写作也存在不当认识，认为专著反正写出来就能出版，没必要那么抠细节，结果导致书稿中存在一些低级错误，李老师当时应该很是生气。但他并未大声呵责，只是告诫我们"做学问和办事情一定要认真严谨，来不得半点马虎"，并一一指出问题所在，指出修改的思路和方法。书稿几经修改之后出版，在学界产生了较大影响，并于2007年获得福建省第七届社会科学优秀成果一等奖，包括我在内的同门都有幸获得省级奖励。在这一过程中，李老师虽然没有严厉批评，但其在学术上一丝不苟、精益求精的精神却为我们上了生动而深刻的一课，对我们后来从事学术研究树立了榜样。

四、常沐师恩

李老师不仅在学术研究方面给予指导，而且在生活上也十分关心学生。就我而言，无论是在学期间还是毕业工作后，都时常得到老师的关心和帮助。以下仅举数例。

慷慨资助。在博士入学考试中，我发挥不佳，成绩名列第二，未能获得公费生指标，需要每年缴纳1万多元的学费。一入学，李老师就把我叫到办公室，说三年自费读书可能压力太大，他可以资助我整个博士期间的学费。我听了非常感动，一时都不知道如何向老师表达我的感激之情。我表示，我们家庭条件尚可，可以承担求学费用。但李老师还是坚持给我出了第一年的学费，并让我安心学习。

鼎力举荐。2007年10月，我完成了博士学位论文初稿后，向李老师汇报打算去南京找工作。其实我只是汇报一下，并没有指望老师帮助推荐。出乎意料的是，李老师直接提出可以向南京高校同行举荐，并主动联系对方请其关照于我。虽然由于各种原因，我并未成功入职那所高校，但是李老师的帮助至今令我感动。毕业之后，李老师也一直关心我们的成长。每每回厦联系李老师，无论多忙，李老师都会抽空和我们见面，听我们谈谈工作后的经历，也会和我们聊聊他在学校的工作情况，并和我们交流育儿经验。回头想来，弟子们已然成为李老师幸福大家庭中的一员，大家可以畅所欲言，无所顾忌。

惠泽众生。李老师不仅关心门下弟子的发展，还利用自己担任校领导的机会，将这种关心推广到众多青年学者身上。2007年，军伟师兄出于经济收入等原因离开厦大经济学院，前往山东大学工作，这对李老师触动颇大。李老师在与军伟充分沟通后又做了充分调研，了解到当时厦大青年教师收入较低，已经对他们安心工作、潜心教书育人产生严重不利影响。此后，李老师各方奔走，积极为厦大争取各项资源，着力提高青年教师的收入水平，并推动厦大采取各项激励措施吸引教学科研人才、壮大师资队伍。不夸张地讲，今日厦大能够有如此欣欣向荣之景象，与李老师的努力是分不开的。

五、永远的榜样

　　进入师门近二十年来，我时时能够感受到老师品格之高尚、待人之宽容、治学之严谨、工作之忘我。李老师严谨治学和宽厚待人的态度，充分尊重学生的学术研究自由、不遗余力支持和帮助学生成长的做法，让我们受益良多。李老师那大公无私、厚人薄己的高尚品格，更是对我们为人处世和事业发展起到了良好的示范作用。经师易遇，人师难遭。我为能成为李老师的弟子而深感荣幸！现在，我也指导硕士生、博士生，我会时时谨记老师的教诲，以老师为榜样，教书育人，将李老师的精神传承下去。

◎ 李老师和学生们合影于嘉二楼前

严谨正直的恩师，
和蔼可亲的慈母

——致敬我的导师曲晓辉教授*

又到了一年毕业季。作为一名大学老师，这是收获的季节，也是忙碌的季节。每当我对学生的论文反复字斟句酌，既为能在学业上帮助学生成长略感欣慰，更多的是体会到为人师是多么的不易。俗话说得好，"养儿方知父母恩，为师方解恩师情"。每到此时，我总会想起我的恩师——厦门大学会计学系曲晓辉教授。

◎ 曲晓辉教授

◎ 曲晓辉教授与其恩师葛家澍教授

* 本文作者：董必荣，厦门大学会计学系2004届博士研究生，现任南京审计大学党委副书记、校长。

我最初见到曲老师是在福州大学读硕士期间，当时有幸聆听了曲老师的一次讲座，第一次领略了老师的风采，被老师的学识和风度深深折服。那时，我就在想，如果能够成为曲老师的学生，该是多么幸福的事啊！其实，在这之前我报考过厦大的会计学硕士。虽然入围，但因家庭经济困难放弃了自费名额，选择了福州大学，使我与厦大会计学系的缘分推迟了数年。硕士毕业后，工作了一年，但一直难以割舍心中的梦想。在硕士生导师潘

◎ 曲老师与博士生合影

琰老师的鼓励下，2001年我鼓起勇气报考了曲老师的博士研究生。在焦急地等待录取结果的过程中，我第一次给曲老师打了电话，当时紧张得语无伦次，不知道该如何表达自己的心情。电话那头传来的是曲老师温和磁性的声音："小董啊！谢谢你报考我的博士研究生！不用急，博士研究生是学校统一录取，要有耐心等，只要你足够优秀，我一定争取把你录进来！"终于，那一年我如愿以偿，荣幸地进入了师门，实现了多年来想成为曲老师学生的梦想！

入学后，曲老师每周给我们上一次"国际会计专题研究"。第一次研讨课，我就出了个洋相。研讨课前一周，老师就把研讨题目、每个人发言的主题以及相关文献资料发给了我们，让我们提前认真准备。我发言的主题是美国安然公司财务造假问题。经过一周的阅读和检索，我把自己了解的安然公司造假情况及对其的分析认认真真地写满了一页纸，自认为已经准备得很充分了。结果，到了研讨课上，一看同学们准备的材料，我傻眼了：其他同学准备的可不是一两页，而是十几页甚至更多，汇报时一个个脱稿侃侃而谈。轮到我时，我干瘪瘪地把自己准备的一页纸读了一遍，不到5分钟就结束了，既没有多维视角，也缺乏深入剖析。讲完后，大家都看着我，似乎还在等待下文，我尴尬地表示我的发言结束了。那一刻，我羞愧得恨不得找个地缝钻进去，心想："这下曲老师该狠狠批评我了！"但曲老师听完后，温和地说："董必荣大学学的是数学，数理功底很好！他的发言虽然短，但条理清晰，有自己的见解，让我们初步了解了安然公司造假情况。这一次准备的充分度稍有不足，后面可以进一步跟踪，进行更为全面深入的分析。没关系，慢慢来！"那一刻，我特别感谢老师的包容和勉励！虽然老师没有任何的批评，却让我自加鞭策，我暗自下定决心，一定要加倍努力，把以前落下的补起来！自那以后，我全面系统地研读老师所列的中外文书目和文献资料，广泛阅读有关经济学、管理学的书籍，极大地夯实了我的专业基础。

几个月后，我写了第一篇小论文请曲老师把关。没想到，就是这篇小论文的修改完善过程，影响了我一辈子的治学态度和做事风格。那篇论文是我花了近两个月的时间才费尽心血"熬"出来的。稿子发给曲老师时，已是深夜12点。发过去后，我长舒了一口气，觉得终于可以放松一阵子了，并且，我对于自己的那篇"大作"还是十分满意的。我在宿舍里一边听音乐，一边整理散乱一地的书籍和资料，临睡觉时快凌晨3点，正准备关电脑，发现老师已经回邮件了。打开邮件一看，老师用word修订模式对我的论文逐字逐句进行了审阅和修改，每一页都是密密麻麻的红字。在我听着音乐自鸣得意的这三个小时里，老师从题目、框架、语句、格式，乃至进一步还要看哪几篇文献都一一提出了意见。那一刻我突然明白了一直以来我们心中的疑问：当时老师主持教育部人文社科重点研究基地厦门大学会计发展研究中心的工作，还承担着繁重的学科专业、教学科研任务，每天一大早还要送女儿去厦门外国语学校上学，老师怎么能有这么高的效率，处理好这么多事情？原来，老师是如此勤勉辛劳、治学严谨，一天只休息几个小时，再忙、再辛苦，也不会降低对我们的要求。

曲老师正直善良、淡泊名利、风趣幽默、乐天达观的风范影响了每位学生，我的"三观"就是在曲老师的熏陶下逐渐形成的。入校一年多时，我心中有一个想法，毕业后一定要去高薪的金融机构工作。进校后，曲老师经常给我们讲她自己的奋斗历程、对于事业人生的理解。2002年秋天，曲老师在一次国际学术会议上的风采让我又作出了关于职业选择的重大决定。那天，我提前20分钟到报告厅，报告厅里却早已座无虚席，只得在过道中勉强找了一个位置站着。因为听报告的人太多，许多知名专家学者也只能席地而坐听曲老师的报告。曲老师用流利的英语做了整场学术报告，还和国内外学者积极互动，亮点纷呈，满场生辉。我特别留意了一下整个会场，许多人和我一样，眼中充满了对老师的崇拜敬仰之情。那一刻我想：将来如果能够像老师一样这么有学问，能够影响那么多人的心灵，指引他们的人生，该是多么伟大的成就！那一刻，我改变了自己未来职业选择的方向，开始按照一名大学老师的职业要求来规划自己之后的学习生活。

◎ 曲教授开会间隙

2004年毕业那年，老师曾劝我留校任教，但由于家庭原因，我最终还是选择了离安徽老家较近的南京审计大学。在入校后不久的一次新进博士座谈会上，分管校领导还特地向大家介绍我，说我是从他最敬仰的大姐——曲晓辉教授那边专门要过来的，勉励我一定要像曲老师一样，严谨治学，踏实做人。会后我才知道，自从我决定来南京审计大学后，曲老师就同南京审计大学的相关领导谈了我的情况，但她从没当面和我说起。就像读书时，她得知我经济窘迫后，为了资助我，还要照顾我自尊，便经常让我参与一些课题，安排我利用暑假时间去公司兼职，不仅训练了我的科研能力，更大程度上也解决了我的经济困难。这种润物于无声的关爱、舐犊情深的呵护，一直持续到我工作以后。正是由于老师的引领关照，在南京审计大学工作的19年来，我的一切都非常顺利，事业有所小成，家庭幸福美满。

2016年前后，我有一个困惑：我曾经希望成为一位像曲老师那样学识渊博、备受尊敬的学者，但现在却逐渐走上了行政管理岗位，是不是偏离了教师的本心？我几次向曲老师汇报我的心态和困惑，老师开导我说："参与学科专业建设是每位学者不可推卸的责任，在学校做管理工作，可以直接推动学校的学科专业发展，提高人才培养质量，更好地服务社会。"她特别叮嘱："人生不易，有机会、有能力为社会、为他人多做一些，实乃幸事。一定要好好珍惜。"曲老师的引领再次坚定了我的选择，我安心地一边从事管理工作，一边开展教学科研。

这些年，我先后也带了几十名研究生。每年新生入校的第一堂课，我都会把自己在厦大的学习经历讲给他们听，把曲老师对我们的教导讲给学生们听，偶尔也会请老师给我们的青年教师和学生做专题讲座，让他们直接聆听恩师的教诲，感受名家的风采，也让自己还有亲耳聆听老师教诲的机会。今年我又将有6位研究生毕业，在给他们的毕业寄语中，我郑重写下了当年老师送给我的话：做人要正直正派，做事要严谨认真，待人要真诚友善，生活要乐观豁达。

◎ 曲老师及其博士生们

不惑之年的"程序员"
——记会计信息化先行者 庄明来老师 *

　　我是厦门大学1986级会计二班的学生，庄明来老师是我们班的班主任，因此我们班同学和庄老师的来往就多了一些。毕业后我曾在厦大建南集团公司财务部任职，其时公司使用的会计核算软件正是由庄老师主持开发的，同时，我还是庄老师指导的在职硕士研究生，曾经协助庄老师整理教学履历资料，因此，我比其他同学更为了解庄老师教书育人的事迹。

◎庄明来教授

------

　*　本文作者：胡晓明，厦门大学会计学系1986级系友。

一、敬业爱岗，担任多门会计课程的教学

庄老师是1968届高中毕业生，1978年考入厦门大学财务会计专业，1982年毕业留校。庄老师留校任教之时，经济系属下的财务会计教研室在职教师有19人，其中包括庄老师在内的助教仅有7人。1978—1985年，会计学系每年只招收一个本科班，从我们1986级开始，会计学系扩大招生规模，每年招收三个会计和审计本科班，同时还陆续招收审计专科班、财税干部专科班、石油部财会班和外事财会班等多个班。根据学校当时的规定，每门课程必须配备一名助教，如此一来，7名助教要承担十几个班的教学任务，可见当时助教任务之艰巨。1982—1986年，庄老师先后担任了"工业会计""基建会计""成本会计""管理会计""计算机在会计中的应用"等多门课程的助教。每一门课程庄老师都要随堂听课，批改和讲评作业，联系印刷厂油印作业和考卷，对学生的期中和期末考进行定点辅导。每次任课教师所布置的作业，学生们交上来后，庄老师需要在下一次上课前改完并分发到每一位学生手上，以便及时讲评。比起其他专业，会计课程的作业量更大。我印象最深的是工业会计、基建会计课程，几乎每次课都有很多作业，比如，工业会计中的成本核算一章，内容包括简单法、分批法、逐步结转分步法和平行结转分步法等多种方法，各种成本计算方法的作业繁多，各方法的单位成本所包含的料、工、费等项目的计算，都要精确到小数点后4位，一个班级的作业批改往往要一两天才能完成。面对同一学期多门课程的助教工作，庄老师总是任劳任怨，一丝不苟。在同学们眼中，庄老师对工作始终充满激情，而且倾心投入。

从1985年开始，庄老师先后讲授了"工业会计""基建会计""会计电算化""计算机审计""会计软件评析"等本科生课程，担任硕士、博士生导师之后，他仍然坚持每个学期为本科生上课，从不间断。庄老师把每堂课都当成自己的一件作品，备课认真得近乎苛求，他甚至将会计报表上许多项目的数字都熟记于心，讲课时深入浅出，从理论到实践，从基本方法到具体计算，都力求使学生充分理解、融会贯通。他的全身心投入得到广大师生的认可，1988年，他获得厦门大学经济学院首届优秀教学奖，此后，又获得厦门大学"清源奖"（1993年）、厦门大学"金鼎奖教金"（2000年）等奖项。

从1987年开始，庄老师一方面为学生讲授会计专业的其他课程，另一方面，他又开始探索"会计电算化"这门全新课程，当时国内高校没有统一的教学大纲，全靠各高校教师自己把握。庄老师独辟蹊径，认为会计凭证、账簿、报表数据之间的勾稽关系，不因处

理方式的不同而改变，要使学生了解计算机对这一勾稽关系的处理过程，最好的办法就是动手编写计算机程序并上机运行。为此，庄老师每次上课前，总是提前将凭证输入、账簿登录、报表编制等各模块的 FoxBASE+ 程序语句命令写在黑板上（当时没有 PPT），上课时再逐句加以讲解。对许多文科生来讲，理解每句命令、每个函数的基本功能，以及模块中的命令语句的逻辑关系，具有一定的难度，但由于庄老师对各模块中命令和函数的通透解读，大家都能较快地掌握会计核算子系统主要模块的基本编程原理，进而对会计电算化的数据处理流程有了更深的理解。正因为庄老师在这一课程的出色表现，他所承担的"会计电算化"这门课程，1995年被评为厦门大学优秀主干课程。

庄老师为会计信息化教材建设付出了大量心血，获得多项荣誉。庄老师和傅元略老师主编的《会计电算化》教材获厦门大学首届优秀教材二等奖（1995年）。除此之外，庄老师所主编的《会计电算化实用教程》（2005年）入选教育部"十五"国家级规划教材，主编的《会计信息化教程》（2007年）入选教育部"十一五"国家级规划教材，并获中国大学出版社第二届优秀教材一等奖（2012年）。同时，他和张铭洪、郭晓梅、郭丹霞、林涛和袁新文等老师主编的《会计学系列网络课程（电子教材）》获厦门大学2005年度"优秀教学成果"一等奖，并获福建省教育厅优秀教学成果二等奖（2005年）。

二、勇于探索，研发会计教学软件

会计电算化教学，离不开会计教学软件的开发与讲解，虽然在1980年代，会计学系李百龄教授已经开始讲授"微机在会计中的应用"这门课程，但其采用的是较为简单的BASIC语言。庄老师参编了由李教授主编的教材《微机在会计中的应用》，深知该程序语言用于会计软件编程的局限性。鉴于1990年代初我国许多商用会计软件已经开始采用dBASE数据库管理系统，庄老师认为高校的会计电算化教学就应当与此同步。该数据库管理系统涉及的命令、函数、语句和帮助手册全是英文，这对于已逾四十、在1978年高考中参加俄语考试的庄老师来说，难度极大，许多人劝他还是回到自己所教的会计专业课程上。但庄老师预见到信息化的重要性，决心开辟新领域，跨出会计教学软件编程的第一步。当时，经济学院机房仅有几台供教师用的IBM286型微机，僧多粥少，庄老师总是在机房开放前提前排队等候，抓住每一次宝贵的上机机会，编写会计核算各子系统的程序，并反复调试，直到取得正确的结果为止。我至今依然记得，有几次我们找班主任庄老师时，都要到经济学院机房才能找到他。如此日复一日、年复一年，庄老师终于在1994年完成了《会计电算化》教材的主编工作，该教材包括凭证输入、账簿登录、材料核算、工资核算、固定资产核算、成本核算、销售与利润核算、往来款核算与管理以及会计报表编制等子系统，对会计核算的电算化全过程进行了全面的介绍，还配备了相应的教学软件，进一步缩短了书本知识与专业实践工作的距离。正是由于这些特色，该教材在国内高校教学中被广泛采用，并多次再版发行。

"事考功，言考用"，为了检验会计教学软件的实用性，庄老师还和林开钦老师一起，在教学软件的基础上，共同为厦门厦顺铝箔有限公司（1992年）、厦门汇兴石材有限公司（1993年）、厦门建南集团公司（1994年）、厦门航空工业有限公司（1995年）等10多家企业开发会计核算软件。我当时在厦门建南集团公司财务部工作，使用的正是上述会计核算软件，庄老师对用户需求认真负责的态度，对会计和计算机两门学科的融合应用，以及在程序编写方面的娴熟处理，都给我留下了深刻印象，我至今还记得很多细节。

庄老师研究会计软件，但又不局限于会计软件。他曾撰文指出，鉴于数据仓库已广泛应用于管理软件之中，倘若仅让学生掌握会计软件的原理和操作过程，便难以胜任未来企业管理之需，因此，高校会计教育必须依托管理软件平台，建立以会计信息管理为主线的会计课程体系。

庄老师常谦称自己是"不惑之年的程序员"。三十多年前，庄老师就开始跨界开发会计软件，是当之无愧的会计信息化先行者。"亲其师，信其道"，我在本科阶段因为听庄老师的课而对会计信息化产生浓厚兴趣，硕士毕业论文《电算化会计信息系统内部控制研究》又有幸得到庄老师悉心指导，加入会计师事务所后，我也效仿庄老师，跨界开发审计软件，成为一位"CPA程序员"。

◎鼓浪屿上的庄明来老师

我的"神仙"老师
——记黄世忠教授*

黄老师是"神仙"，我们都知道。

首先，他授课异常精彩，论文极具启发性，为人尤其谦和。学院全体师生，不分性别、年龄、身高、种族和国籍，均视他为"男神"。

◎在毕业典礼上被"熊抱"的黄老师——那深沉的爱

其次，他无欲无求，修身养性，生活方式低碳、绿色。不需要睡觉，每天清晨5点起床工作；每天仅吃早餐（橙汁一杯和麦片一碗）和晚餐；不大吃肉，因为畜牧业碳排放高。

最后，他主张"天人合一""天下大同"，近年来，更是为了

* 本文作者：李诗，厦门国家会计学院。

人类与全生物的可持续发展而殚精竭虑、呐喊呼吁、笔耕不辍。我们读老师论文的速度远不及老师写论文的勤勉。据不完全统计，自2021年以来，老师仅在 ESG（environmental, social and governance，环境、社会和公司治理）领域发表的论文数量已超过30篇，此等"神"功非"仙"人不可有。

我每天都会站在自家阳台，远眺老师住所，吸取"仙"气，积蓄一日工作所需之"神"力。今日，当我自觉被"仙"气"笼罩"之时，耳边传来急促的电话铃声，母系——厦门大学会计学系将于2024年4月5日迎来百年系庆，邀请我在《厦门大学会计学科百年史：吾师·同学》中撰写文章回顾老师为人师表、培养学生的事迹。我才恍然大悟，这么多年来的"神"力哪是由空气传来的，分明来自与老师点滴相处中的言传身教。

My Happiest Moment——入师门

2009年，在家人的鼓励下，我决定回学校继续深造以突破工作中的瓶颈。那时，我的心中已有一位"梦想之师"。我通过阅读黄老师有关财务报表分析、财务舞弊识别的专著，听闻老师神奇的"教学—创业—返校"经历，对这位学贯中西、横跨商学两界的"大神"无比崇拜。然而，我绝不敢奢望老师能接受愚钝慵懒、研究经历匮乏的我。终于，在一位前辈的引荐下，我在老师办公室见到了他。初次见面，我就被老师有趣的灵魂、渊博的学识、严谨的学术态度和谦谦君子风度深深吸引。更令人喜出望外的是老师当场应允了我的读博申请，迄今回想起来，依然觉得那一刻如同梦一般。从小到大，读书烦闷时、工作疲累时、选择艰难时、生活琐碎时，总有一个声音在耳边回响"Your happiest day hasn't happened yet，but it's about to..."就这样，猝不及防地，"My happiest day just happened，my happiest moment just arrived"。

从踏入师门开始，老师多次在繁忙的工作中抽出时间与我讨论选题。老师虽是会计与财务领域规范和案例研究的泰斗，却深谙彼时学术界的"游戏规则"，更指明"遵守游戏规则"的方向，让我拾起从零学习实证研究的信心，更奠定了我今后安身立命的根、本。他总是叮嘱我实证研究要有"两真"：第一数据要真，要经常发问"经济数据和财务数据是否有假？要选择什么变量才能反映真实经济情况？"；第二理论要真，有些理论，虽然计量模型论证过程看似严谨，但是不一定与现实情况相符合。正因为老师对实证研究的独到理解，在他的指导与帮助下，我在写作博士论文的过程中，走出"象牙塔"，走进企业开展调查研究。这一充实的学习过程不仅让我的博士论文研究有了更坚实的现实基础，而且为我日后走上教学岗位，能够系统地讲授相关专题夯实了理论和实务基础。论文初稿完成后，老师更是逐字进行修改，他的细致严谨体现在我论文的每一个标点符号上。

My Luckiest Thing——授其业

博士临近毕业，有次在老师办公室修改论文时，老师主动关心起我毕业后的择业问题，当得知我有意从教但教学经验几乎为零时，主动联系学院的资深教授给予我细致的教学指导，甚至允许我旁听"偷师"几门最受欢迎的课程。就这样，在老师倾尽所能、有求必应的帮助下，博士毕业后，我很幸运地进入厦门国家会计学院任教，从此，电影中"漫步在学校绿树成荫的步道上，陶醉于凤凰花开一片红的美景中，在蓝天白云的海风中望着椰子树随风摇曳……"的画面成了我的"工作日常"。

◎与黄世忠教授、同事拜访都柏林大学——那满载的收获

刚进入学院时，学院只对教学硬考核，对科研没有具体要求。为此，老师特意将我叫到办公室，语重心长地叮嘱我"专心做科研"。当时的我虽懵懂，但怀着对老师无尽的崇敬，将科研放在了首位。回顾过往，若没有老师当年的那句"努力做科研"，现如今的我一定在上了年纪熬不了夜、数据收集慢、论文无产出、职称无指望、学术界无地位的漩涡里苦苦挣扎，每每课题申请获批，抑或收到论文录稿通知时，我都不得不钦佩老师当年的高瞻远瞩。

在国家会计学院的科研、培训、教学于我而言虽是一份充满挑战的工作，更是一份溢满幸福和感恩的神圣职业。感恩能"可持续"地向老师学习，在老师的指导和帮助下紧跟学术与实务前沿；感恩能第一时间聆听老师的最新讲座，拜读老师的学术成果；感恩能时时接受老师教诲，在老师这座灯塔的照耀下画出我为人处事的底线。

The Annual Event——中秋博饼

老师的生日临近教师节，亦临近闽南人一年中"最盛大"的节日——中秋，每逢此时，老师都会自备极品佳酿，组织大家聚餐和博饼。这时，黄门子弟齐聚一堂，虽然大家来自五湖四海、各行各业，但因为老师，同门之间并不觉得陌生。老师更常在小酌之后，分享一些令人捧腹大笑、忍俊不禁的趣事，例如如何靠一包大白兔奶糖成功俘获全班最高女同学——师母的芳心；如何与卖西瓜的小贩发生激烈争吵，最后被小贩操刀追赶只得躲进吴世农老师家"避难"；如何出一份极难的半期考卷致使全班挂科，不敢小瞧他这个初出茅庐的新老师……也是在这时，我们得以见到老师深藏不露的"顽童"形象。新春佳节，老师还总在微信群里慷慨派发红包，大师兄大师姐们纷纷加入，充分满足大家心理账户的需求。

◎ 黄门聚餐，情谊永存——那灿烂的笑容

The End

博士三年，共事十年，老师对我从未有过一次疾言厉色，总是用"润物细无声"的方式引导我，教会我热爱世界、热爱万物、热爱众生，不负时光、不负自己。我自知不是一个在学术上有天赋的学生，但老师从未放弃，也未曾有过无奈，让我永远保有自身的好奇与对新鲜事物的渴望，在我屡次犯错、屡次拖慢进度时，仍愿意给我机会，并想方设法为我考虑。作为一名会计学子，唯愿能传承老师的精神，编好人生的三大报表和 ESG 报告，从善向善，实现永续发展。

撰写这篇文章时正值凤凰花开季，年华似水，匆匆一瞥，回望十四年前，我的梦想从在厦门国家会计学院见到老师的那一刻开始。老师给予我的，不仅是知识和能力，还有眼界和情怀，是"莫听穿林打叶声，何妨吟啸且徐行"的豁达，是有目标、能够持久的、专注于丝丝细节并追求极致的一种坚持。而随着这篇文章的完成，老师已进入他人生的下一阶段，不再受行政事务的约束，全心投入学术。作为全国人大代表，履职的第一年他就提交了包括上市公司财务造假、税收优惠政策、注册制改革、金融业务再融资、产品过度包装、加快制定可持续发展披露准则、进一步加强政府综合财务报告编报工作、构建残疾人辅具智慧型政务数据管理系统等十份议案。

高瞻、远瞩、勤勉、尽职、尽责、重情、重义、宽容、大度、乐观、豁达、正直、率真、和蔼、可亲、幽默、睿智贯穿老师日常生活的时时刻刻，分分秒秒……

举头红日近，
回首白云低
——我们眼中的刘峰老师*

一

人生的轨迹都是两点之间的单程运动，但不同的是，在这个过程中，我们会遇到不同的人，会走出千差万别的线路。在我至今的人生轨迹中，首先感谢父母的养育，其次感谢我的老师——厦门大学会计学系刘峰老师。老师于2000—2010年在中山大学管理学院会计学系任教，我是这段时间里老师招收的博士生。2013年毕业后，我追随老师的脚步，入了教书的行当，现在在中国海洋大学会计学系工作了近10年。可能是因为相同的工作，也可能是因为年龄的增长，对老师的教导有了更深的理解。时而回想，感恩于心！

如果说有只无形的手在左右着我们的人生，我想那一定是态度。态度决定一切，不同的态度会导向不同的行为和结果。面对困难时，是退缩还是勇往直前；面对压力时，是屈服还是努力改变；面对诱惑时，是投降还是坚决抵制……态度总是悄悄地替我们作出了选择。如何养成积极的人生态度，不同的人应该有不同的方式。对我而言，很幸运，我在老师这里学会了跑步，没有什么事，是在跑了十公里之后解决不了的，真解决不了，那就再多

---

* 本文作者：程六兵（第一部分）、余佳（第二部分）。

跑几圈。

2008年初见老师之时，40多岁的他身体稍稍发福，但今年老师57岁，身材匀称，走路稳健有力，体能更是充沛。身体形态的改变，离不开十多年日积月累的跑量。我在2014年被老师带着参加了第一个半程马拉松——厦门海沧半程马拉松，此后便渐渐地养成了跑步的习惯。跑步能让我们获得什么？借用老师的观点，跑步可以排解负面情绪和压力，可以让大脑更加清醒，可以检验身体健康状况，可以锻炼意志……老师经常在不同的场合、对不同的朋友，鼓励大家跑起来。耳濡目染，现在，我偶尔也有这种习惯。当然，老师和我也是真心喜欢这项运动。跑步也遵循着付出与回报相匹配的原则。在一次50公里越野赛中，一开始我自认为比老师年轻一点，体能应该更好，所以主动请缨，提出要帮忙背东西，但被拒绝。尴尬的是，在几个小时之后，我率先出现了体力不支的情况，但老师仍平稳行进。很明显，他的体能比我好很多，这也是每月200公里与120公里跑量的区别。在这里并非推销跑步，而是希望能够通过运动的方式培养积极的人生态度，可以像老师一样，让年龄只是一个数字，只是跑步距离的计数。

◎江南越野

人工智能、网红、ChatGPT 等等，这些新鲜事物的出现和发展，都预示着社会时时刻刻的变化和进步。学术环境亦是如此。在财务、会计的研究上，则表现为研究话题和研究方式具有明显的时代特点。多变的环境容易产生压力，让人迷茫，甚至走向歧途。多年来，我尽力自娱自乐地做些感兴趣的研究问题，但偶尔也会迷惘。在我迷惘的时候，就会想起老师的教导："学术研究是尽我们最大的努力去探寻事物的本质，这一点在过去与未来都不应该改变。"所以在浮躁、迷惘的时候，我经常自问有没有把研究问题回答清楚，是否还存在未考虑到的地方。以此为尺，尽管会耗费更多的时间，牺牲了效率，但这应该是正确的做事方式。实际上，长期如此，自身收获也会更多。

抛开所有的复杂，明心见性，这是老师给予我学术研究上最宝贵的财富，就像高高的灯塔，始终如一，指明着前行的方向。不过，在这个问题上，我也犯过错。读博的时候，有一篇文章我做了很长时间，但每次拿给老师批阅，还会被指出存在一些问题，需要更多地考虑和修改。多次往复，在一次沟通的时候，愣头青的我忍不住道："老师，你看这个问题比较小，不考虑应该没关系，很多期刊上的论文都有一些问题。"老师严肃地跟我讲，别人怎么样与我们无关，搞学术研究应该"吹毛求疵"，不能放过任何一个你已经发现的问题。此后，我坚持着这个习惯并延续至今，有时候也被学生评价为"一个很折腾的老师"。对此，我欣然接受。

在工作中，老师对待学生是包容的。读博的时候，我曾茫然、挣扎过。记得在读博一年后，我对读文献、分析数据、写文章的生活感到枯燥，对专业研究的意义产生了怀疑，老师布置的工作任务也是应付了事，到后来甚至不做。内心苦恼、愧疚，但不愿动手。大半年之后，到了学期期末，老师给门下所有学生发了邮件，要求做期末总结。我记得那时广州的冬天稍微有点冷，那一天我怀着忐忑的心情，跟着其他同学一起来到办公室。但同往常一样，老师还是给大家泡上茶，边饮茶、边讨论。轮到我汇报的时候，老师没有责备，还是在我讲完之后，针对性地提出了指导和建议。我深深地被老师的包容感动，也下决心充分利用剩余时间尽力将工作补回来。毕业多年后，我也曾好奇老师当年为何没有"杀一儆百"，老师笑笑说道："这也是人生的一段经历，有所失亦有所得。"

在生活中，老师对待学生也有强硬的一面。一年暑期，我在厦门大学参加课程班的学习，由于天气太热，睡觉时空调温度调得很低，然后不出意外地着凉了。第二天早上起来头晕呕吐，就躺在酒店没去上课。开课之后，我接到老师的电话，说明情况，老师得出的结论是：一点着凉感冒就不来上课，有点矫情。随后一段时间内，我经常怀疑老师是不是终结者 T-800。除了亲身体会，我还听说，老师教人游泳就是把别人带到水里，让其发挥求生欲，自己使劲扑腾回来。这也是后来他多次提出教我游泳，我坚决拒绝的原因，总是担心自己万一扑腾不回来，人生的逗号岂不变成了句号。当然，老师对自己也很强硬。跑马拉松经常会遇到一个问题，在跑了几十公里后，脚会充血胀大，如果是新鞋子，脚就容易摩擦起泡。老师每次遇到这种问题，都坚持跑完全程，甚至抱着鞋子光脚跑，踩在小石子上，我想那感觉应该很酸爽。这种强硬是现代"吃苦耐劳"精神的体现，至今我仍达不到老师的程度。

2010年刘峰老师回到厦门大学任教后，我有幸成为他招收的硕士生，毕业后就职于一家金融机构。在我的眼中，老师是良师，也是益友。遇见老师，是一生之幸！

　　人生的际遇是很奇妙的。读书的时候，跟老师更多的交流的是学习、案例、论文，老师严谨、高标准的治学态度让人稍稍有点压力，生怕自己达不到老师的要求，砸了老师的招牌。还记得毕业论文初稿文献综述部分被评价为"一地鸡毛"，内心很是羞愧，整个推倒重来，直至毕业，仍觉得老师很好但有距离。因为跑步的契机，毕业后与老师有了更多的交集和相处，也越来越看到老师的多面性。生活中，老师很有松弛感，喜欢喝喝茶、读读书、写写文章，也喜欢跑步，尤其喜爱迎着朝霞，看着太阳缓缓从海平面升起，因此经常组织学生环岛路晨跑，共享喜悦。记得2018年新安江山水画廊马拉松，比赛当天烈日直晒，气温过高，30公里后我在弃跑的边缘挣扎，老师发现后索性带我们去路边的农家吃枇杷，充分休息后，顺利完赛。自此之后，我们的马拉松时不时就成了"吃喝玩乐"式马拉松。

◎ 海边日出

　　尽管毕业多年，在遇到问题时，我仍不自觉地向老师求助。有一次，我陪着老师在海边散步、遛狗，但因为遇到了挫折，心情比较低落。老师询问情况后，并没有直接给出答案，而是分享他自己的人生经历，延伸着话题，并建议我可以试着发展自己的兴趣爱好，找一项感兴趣，又能获得进步感的事情做。很幸运，我听取了这个建议，并在践行中汲取了广泛的能量和快乐。所以，在我眼中，老师是充满生活智慧的。

老师非常擅长鼓励人，我的跑马越野之路就是他"忽悠"造就的。作为体育劣等生，跑了人生第一个5公里后内心是雀跃的，当时觉得这对于跑全马的老师来说是不值一提的事，在我晒了记录后老师立马夸赞"很厉害，练一练就能跑十公里了"，给我立了一个小目标；人生第一场半马前，我最远只跑过15公里的距离，老师陪跑时说"已经过15公里了，现在你跑的每一步都是最远距离"，我淋着暴雨完成了半马；人生第一场全马报名前胆怯，老师又说"还有3个月呢，你肯定没问题的"，我就这么无知无畏地去挑战全马。跑步于我，收获的不只是健康，更是去标签化和发现自己的无限可能，不再随意地给自己设限，这全有赖于老师的一句句鼓励。

老师是博学的，逛博物馆和名人古迹时，可以解读相关典故，带我们穿梭历史长河；出行时，可以担当记录达人，构造一幅幅精美的图片。老师是不吝惜夸赞的，我常常听到他对别人的认可，即使是一点小成绩，他都真诚地给予肯定，慷慨地予以赞美。老师是乐于助人的，也正是因为这些美好的品质造就了老师阳光开朗的性格。他的豁达和成就别人的态度自始至终影响着我，力所能及时，我也愿意像老师一样，予人玫瑰。

以上种种，皆是我们眼中的刘峰老师。文字简短，只能略述一二，不及老师本身之宽广，然感恩之心真切，不能相忘。

◎胜利后的合影

"斜杠"阿杜
——记杜兴强教授[*]

一、吾师"阿杜"

韩愈《师说》有云:"师者,所以传道受业解惑也。""传道"指传授道理、道德传承,属于"立德";"受业解惑"指教授学业、解释疑难,属于"树人"。"立德树人"与"师道传承"烙印在吾师阿杜门下师兄姐弟妹每个人的内心深处。

吾师杜兴强教授,厦门大学会计学系教授、博导,兼任中国会计学会副会长等,因其姓氏,学术界昵称其为"阿杜"。吾师1974年生人,山西风陵渡人氏,自幼家境清苦,故深感"劳其筋骨,饿其体肤,空乏其身"之境况,遂立志求学,于吉林大学攻读数学专业学士学位。后奔赴南方之强厦门大学,师从我国会计学泰斗葛家澍教授攻读会计学硕士与博士学位,毕业后于厦门大学会计学系执教至今。吾师性格刚毅,集知识分子"忧国忧民""求真务实""凌傲"等特征于一身。与之疏远之人,往往有感阿杜沟壑之感;与其熟络之人,则实感阿杜之"真性情"。吾师礼贤下士,关爱学生并因材施教,师门博硕士学成者众,不少成绩卓越。

吾师思维敏跃,长期笔耕不辍,科研不息,育人不止。从事

* 本文作者:第一部分:修宗峰、周泽将、谭雪、殷敬伟、张颖;第二至第五部分:曾泉,厦门大学会计学系。

教学科研二十余载，吾师一直在"资本市场会计与审计问题"和"非正式制度、文化影响与会计审计行为"领域内深耕细作，已在国内外重要期刊发表论文多篇，出版专著教材多部，凭借自身的勤思与勤行，已成为具有国际影响力的高被引学者。同时，基于学术成就、教学业绩与社会贡献，吾师已入选多项国家高层次人才计划，主持国家自然科学基金重大项目课题和国家社科基金重大项目，获教育部人文社科优秀成果奖一等奖和福建省社科优秀成果奖一等奖。

"凡事预则立，不预则废"。吾师阿杜秉持使命情怀和责任担当，自2017年担任厦大会计学系系主任起，在学科建设、人才引进、国家级重大项目、中英文顶级期刊、教学成果、教材建设等方面高屋建瓴、谋篇布局，厦门大学会计学科成绩斐然。在众师生以及校友的共同努力下，厦门大学会计学系在国内外影响力式微之势得以扭转，母校会计学科正朝着先辈们缔造的辉煌不断努力。

吾师兴趣广泛，参加国内国际马拉松和慈善越野，亦为EMBA课堂璀璨之星。吾师重学生之发展，敦促博硕士服务社会发展、实现人生价值。毕业多年，师兄姐弟妹或齐聚厦大母校，或打卡网红长沙，或品阅徽商文化，或围炉长春夜话，又或纵览黄河之滨。如今，每年相聚，已成惯例。每次相聚，亦是人生一场旅行。师兄姐弟妹聆听吾师教诲，畅谈社会经历，坚定人生方向，实现个人理想。

阿杜常言"坐而谢，不如立而行"，引导我们"知行合一"；阿杜提倡"最后一公里"的决心和勇气，吾辈矢志坚持；阿杜强调"思辨明理"，我们追逐找寻之；阿杜尊崇"敬老慈幼"，我们铭记于心，时刻践行之。

值此厦大会计学科百年庆典之际，我们祝愿厦大会计学科"会当凌绝顶"！祝福吾师满城桃李、快意人生！

二、与阿杜老师结缘

初识杜老师，是在他给硕士研究生开设的"会计理论"课程上。当时我在财会研究院的实验班学习，培养方案中并没有杜老师的相关课程。但综合性大学的最大好处就是，学生选课、修课，甚至是蹭课都有更宽泛的选择。于是，每周二晚，我就与室友一起去蹭听杜老师的课，"偷师学艺"。杜老师授课一则诙谐幽默，时而引发大家会心一笑；二则旁征博引，授课内容常令同学们深思。同学们私下亲切地称他"阿杜"。杜老师对大家对他的这个"没大没小"的别称并不以为然。这便是我对杜老师的最初印象。

后来，我有志攻读博士学位，经强欣荣老师推荐，我才有了第一次与杜老师面对面交流的机会。时至今日，我仍清晰地记得，那是2009年5月，我们约好在化学报告厅前碰面。见面时我有些惴惴不安，一则是因为不知即将聊些什么，二则是因为我觉得杜老师课下似乎有些严肃。当然，我对杜老师"严肃"的印象，后来被证明是乌龙事件，因为杜老师轻度近视，但又从不佩戴眼镜，所以看东西时会凝眉紧蹙，故而显得有些严肃罢了。整个交谈过程中他的话并不多，与课堂风格形成了鲜明的反差。交谈结束时，他拍了拍我的肩膀，嘱咐我回去将硕士毕业论文发一份给他。这一刻，我终于放下了内心的忐忑。随后，承蒙杜老师不弃，我很幸运地成了一名受他指导的博士研究生。

第一次作为研究助手陪同杜老师出差，是在博士研究生开学后的第一个国庆节。出差地在北京，主要任务是与合作者一起讨论一篇文章。到达北京已临近晚上十点，我原本以为会先休息第二天再开展讨论。但是，老师与合作者均表示希望立刻看看结果，所以我们马不停蹄地开始了讨论。不出意外，意外就发生了。老师们指出目前结果中存在两个可能的偏差，这意味着之前的结果可能需要重做。我听到时顿感绝望和惭愧，但杜老师并没有批评我，而是当即主动表示这是他的疏忽，应负有主要责任。随即，他与我商量，尽可能地赶在第二天早上前将调整后的最新结果呈现出来。当晚，老师并没有休息，通宵通过MSN随时与我沟通。终于在第二天早上八点前，我们将新结果调整到位。

对于学术"小白"而言，进入科研领域就如同瞎子摸象，时常感到无力和无助，研究结果不甚理想时，会手足无措。我从科研"小白"蜕变，始于杜老师手把手的亲授。依稀记得那是博一下学期的一个下午，杜老师约我到他位于浅水湾的住所（老师迄今仍保持在家办公的习惯）讨论。我早早来到他家，心里有些慌，担心挨批评，因为近期研究不尽如人意，却又迟迟找不到解决办法。令我顿感意外的是，杜老师并没有责备我，而是直接让我到他二楼的书房，讨论问题时的语气比平日电话中的缓和了很多，让我有了些许放松。

印象中，杜老师家二楼的书房约十五平方米，中间是一张写字桌，桌后是一排到顶的书柜，写字桌、书柜与地板一个颜色，一看就知道是用心定制的。桌面上摆放有电脑和打印机，旁边摞着好几堆打印好的资料。有些资料从地板上叠起已超过桌面，似乎还有继续增高的可能性。书柜里面放着各类书籍和奖状。杜老师嘱咐我将笔记本电脑放在书桌旁边与他并排，我也瞥见了老师电脑桌面上还开着正在写作的文档。那天下午，他一边推进着自己的工作，一边指导我解决研究中存在的问题。在此期间，他不断提出新问题并思索搜寻着解决方案。待下午的讨论结束后，我原以为这项科研工作就此暂告一段落，可以放松一下了。然而，令我意想不到的是，在我回到宿舍后不久，杜老师通过"飞信"再次联系我，叮嘱要补充一些重要的检验。这一刻再次刷新了我对他科研投入和专注的认知，令我十分惊讶，印象极为深刻。随后多年，我发现这只是杜老师平日研究工作的一个缩影。

三、学生与阿杜的几件小事

临近博士毕业，我向几所高校投递了简历，均石沉大海，这让我对未来产生了迷茫。某天下午，杜老师询问我的近况和想法。我小声地在电话中问他我是否需要放低些要求，试着去投投更低层次的地方院校。他对我的目光短浅、缺乏志向表示了失望，并鼓励我说正在努力为我争取最好的结果。我逐渐在他的批评中找回了信心，坚定了继续从事科研事业的决心。多年来，我所目睹的，是杜老师面对困难时一直拥有的坚定的意志和直面困难的勇气。

◎ 与2005级首届博士生合影
［前排右起：于竹丽、聂志萍、杜老师、李宜；后排：张金若（葛家澍教授博士生）］

◎2013年博士毕业答辩合影
（前排左起：曾泉、李诗、倪敏、柯东昌、冯文滔；后排右起：杜兴强教授、陈少华教授、桑士俊教授、林斌教授、王竹泉教授、刘峰教授、高军）

　　杜老师对每位学生的关心并不停留在语言上，而是付诸行动。记得有天凌晨接到老师电话，了解到一位同门的父亲突发疾病住院，事发突然，老师获悉情况后立刻将手头可用现金借给同门救急，但担心不够，又联系了我。

　　留校任教后的第二年七月，我结婚了，夫人也是杜老师指导的博士生。结婚证领取后，我们第一时间打电话告知了老师。杜老师非常高兴，表达了祝福。随后，在每周一次的组会上，杜老师向同门传达了我们的喜讯，师弟师妹们欢欣雀跃，办公室里充满了轻松愉悦的氛围，夏日的酷暑也被驱散了不少。组会结束后，他将我俩单独留在办公室，送给我俩一个大大的红包，并祝福我们生活美满幸福。后来，当我和夫人准备在厦门购房时，老师与师母不止一次地询问我在资金方面是否有困难、是否需要帮助，并建议选择一个离厦大较近的小区。

◎2018年杜老师首届博士生毕业10周年聚
（第一排右起：聂志萍、雷小禾、杜修齐、谭雪、杜颖洁、侯菲；第二排右起：冯文韬、修宗峰、郭剑花、王丽华、杜兴强教授、张颖、周泽将；第三排右起：常莹莹、曾泉、于竹丽、陈政、雷宇）

◎2021年葛家澍教授百年诞辰纪念活动期间杜老师部分博士生合影
（右起：杜颖洁、曾泉、杜老师、师母、王丽华、于竹丽、常莹莹、郭剑花、雷宇）

四、嗜书、责任感、玩票马拉松和慈善越野

因搬家的缘故，杜老师从校内住所腾出了一些藏书，联系我去看看是否有需要的。很多书是杜老师担任葛老师科研助手时影印的宝贵资料，当时实属难得。对于书，我是格外喜欢的，于是我将这些书一股脑地全搬到了办公室。这些书有一个共同点，那就是皆为"豪华"精装，封面页和底页均为仿皮革包裹的硬纸，装订为线装而非胶装，纸张的质量上乘。由于收藏时间较长加之厦门气候潮湿，纸面略微有些泛黄。书籍涉及的主题颇为广泛，包括经济学、会计准则、会计理论等。特别是其中有不少影印的英文原版会计名著，如 MacNeal 的 *Truth in Accounting* 和 Canning 的 *Economics of Accountancy*。之后，我偶尔在办公室翻翻，受益匪浅。

收藏年代久远的专业书籍甚至古籍是杜老师的个人爱好。他时常与我们谈及收藏过程，并以此为傲。我曾经有幸进入老师的新书房"且住屋"，布置虽简单，但五六个满满的书架上面有序地摆放着各类书籍，多为从美国、英国、加拿大、澳洲、南非等国家和地区倾心搜集的英文原版经典会计名著。我记得历史最久远的一本距今已有近三百年。偶尔聊起这些旧书，杜老师总是不吝与我们分享他从书中获得的新发现，并言及他的不少研究思想正是起源于此。

杜老师极具责任担当和历史使命感。2017年以来，杜老师既需要完成个人和团队的科研任务，还需要负责和服务于厦门大学会计学系，为会计学系的战略发展与标志性教学和科研成果呕心沥血。葛家澍教授一百周年诞辰庆典前，作为葛老弟子的杜老师，耗时三年，利用繁重的行政工作和个人团队科研之余的时间，独自撰写完成了《葛家澍教授学术思想研究》一书，全书四十多万字，言传身教地为自己的博士生阐释了何为尊师重教，令人钦佩。每每回忆此事，我和夫人总要扪心自问一番：如果换作我，是否也能像老师那样担负起应有的使命？

◎《葛家澍教授学术思想研究》封面与版权页

杜老师还不断地通过"玩票式"的跨界来磨炼自己的意志。杜老师是国内首个徒步完成八百里"玄奘之路戈壁挑战赛"（甘肃瓜州到新疆哈密）的商学院教授，2016年5月22—25日完成"玄奘之路戈壁挑战赛"A段（戈11/24B091），2017年5月27日—6月4日完成"玄奘之路戈壁挑战赛"BC赛段（戈12/05038Q08）；完成北京、厦门与武汉全程马拉松以及50公里"善行者"慈善越野赛事，磨砺心智体。

◎跨界挑战"玄奘之路戈壁挑战赛"

◎ 杜老师参加399公里越野比赛的证书（照片）与马拉松比赛照片

五、结语

　　纸短情长，杜老师还有诸多轶事未能逐一呈现。尽管如此，寥寥数件就已令我思绪万千。老师对待学术专注且严谨，行事雷厉风行，对待生活乐观、幽默，面对困难意志坚定，极具责任担当和使命感，给予了学生诸多关怀和帮助。

　　如上回忆，仅仅是与杜老师相处的一些短暂时刻，但印象深刻、铭记在心。

缅怀桑士俊教授 [*]

　　收到桑士俊教授驾鹤西去的信息，我正在从甘肃敦煌到新疆哈密的"暴走"途中。前25公里脚下生风，余下的路程虽短，但因脑海中过电影般地忆及与桑士俊教授交往的点点滴滴，脚步逐渐迟滞，甚至"举步维艰"，几近放弃。随后不久，微信、短信、电话不断，均为咨询相关事宜，朋友圈亦惋惜之声不绝。

　　多年来，我是厦门大学会计学系教师中与桑老师接触较多的人之一。我感到应当将我所了解的桑士俊教授记录下来，权作回忆与纪念。是以有《缅怀桑士俊教授》这一小文。

一、桑士俊教授简介

　　桑士俊（1965—2021年），1995年7月厦门大学经济学院会计学系硕士研究生毕业，获得经济学（会计学）硕士学位；1998年7月厦门大学经济学院会计学系博士研究生毕业，获得经济学（会计学）博士学位；博士毕业后留厦门大学会计学系任教，2001年晋升为副教授，2007年晋升为教授；2000年1月至2008年9月

　　* 本文作者：杜兴强，厦门大学会计学系。本文写作于2021年5月。桑士俊教授为厦门大学会计学系2008年10月至2017年2月期间的系主任。本文首发于2021年5月24日的"厦大会计"公众号，点击量超过7.0万次，为"厦大会计"公众号自创办以来点击量之最。此次刊登，仅修改错别字，其他内容保持原貌。

担任厦门大学会计学系副主任，2008年10月至2017年2月担任厦门大学会计学系的系主任，为厦门大学会计学系的稳定和发展发挥了重要作用。2021年5月21日，桑士俊教授离开了一生钟爱的教学和科研事业。

桑士俊教授的博士学位论文为《论企业分部财务报告：理论与实务》，他是我国在这一领域最早进行研究的学者之一，相关研究成果发表于《会计研究》等知名学术期刊，并

出版相关研究专著1部。桑士俊教授曾主持教育部人文社科基地重点研究项目与福建省本科教改项目多项。

桑士俊教授的教学领域侧重于中级财务会计与财务报表分析，与杜兴强教授一起主编厦门大学会计学系列教材《中级财务会计》（辽宁人民出版社，2009年第三版）。此外，值得一提的是，桑士俊教授作为副主编出版的《中级财务会计学》（中国人民大学出版社，2003年第二版、2007年第三版，主编为葛家澍教授与杜兴强教授）曾获国家级教学成果二等奖与福建省教学成果一等奖。

◎ 桑士俊教授

二、临危受命、呕心沥血

2008年10月，桑士俊教授开始担任厦门大学会计学系的系主任。第一，此前8年左右的会计学系副主任的经历，已让桑老师感到了压力。尽管桑老师并未明确言及，工作中仍儒雅地保持微笑，但我仍觉察到他内心深处对"自由"的向往和对天马行空思考的渴望。第二，厦门大学会计学系历史悠久，是厦门大学的"大"系，难免成为校内校外同行和相关学科的关注焦点。负重前行，所背负的期许和责任可想而知！第三，彼时厦门大学会计学系士气和趋势也并不在上升期，接手这样一个历史悠久、但需要竭力重塑的系，"压力山大"！

但，桑士俊教授终归是接任了厦门大学会计学系系主任一职。就此，我曾与桑老师进行过交流：

我问："Why？"

桑老师："没办法！"

一问一答虽简单，但我从桑老师清澈而坚定的眼神中能够读出他的坚毅。因此，桑

老师2008年10月接任厦门大学会计学系的系主任，并非基于私，而是因公。

桑士俊教授非常谦虚地称他对学术圈并不非常熟悉，希望我能在必要时协助他。我当时直言直语，给出的建议是，尽可能地在彼时政策和条件允许的情况下寻找机会，引进年轻教师，把"水"搞活。此后，在会计学系最为困难的时期，会计学系进了几位年轻教师，至少改变了外界认为厦门大学会计学系保守这一不利印象。

2008年10月到2017年2月期间，桑士俊教授以其温润的个性和儒雅的处事风格，使厦门大学会计学系与各个方面保持较为良好的关系，并使得厦门大学会计学系度过了较为平稳的一段时期。这期间，厦门大学会计学系的教学和科研虽然举步维艰，但仍然取得了一定的成绩。譬如，厦门大学会计学系多次获得国家级教学成果奖与福建省教学成果奖一等奖，中文论文也屡屡发表于国内顶尖和知名的学术期刊。

三、品行高洁

在担任系主任与系副主任期间，桑士俊教授品行高洁、克己奉公，恪守学术道德与职业道德，学风和作风正派，为厦门大学会计学系诸位年轻老师作出了很好的表率。

桑老师招聘年轻教师时，我也参与了面试，他亦比较诚恳地问及我的意见。桑老师总是说："（招聘的）年轻人，有优点和缺点，很正常。"虽然不能排除个别年轻教师在快速成长后对会计学系有些微词，但桑老师总是一笑了之，并未深究。这一点就十分值得我学习。

蔡宁教授曾言及桑老师对她的帮助和照顾之情，尽管蔡老师和桑老师并非熟识。正是由于桑老师的关心，蔡宁教授才得以为会计学系的本科生讲授主干课程"中级财务会计"，一定程度上实现了会计学系教师的资源整合，学生也得以受益。

我和桑老师曾共同主编《中级财务会计》（辽宁人民出版社，2009年第3版）。彼时桑老师已经是系主任了，且常年讲授"中级财务会计"，因此担任第一主编也合情合理。但桑老师指出，厦门大学会计学系的"中级财务会计"特点是理论性比同类教材更强，所以建议由我担任第一主编；此外桑老师还指出，他年龄长我接近10岁，为了厦门大学会计学系列教材的传承，由我担任主编亦合情合理。最终，桑老师说服了总主编葛家澍教授，也说服了我。

正是从如上平凡的事例中，我们可以管窥到桑士俊教授

◎《中级财务会计》（第3版）封面

儒雅、不争与高洁的个人品质。

四、功遂身退

2016年底至2017年初,桑士俊教授多次向当时管理学院的领导请辞系主任。经后期交流,他解释原因如下:第一,他感觉若再继续担任系主任,会对会计学系的长远发展不好;第二,他感觉厦门大学会计学系应由一位更具执行力和具有学术影响力的人带领;第三,他身体不好。

此后,我多次向桑士俊教授就会计学系的某些问题征求意见,他往往微笑,并不发表具体意见。仅就这一点,我认为就好过了我们大家平时司空见惯的,离开某个岗位后仍不时地"主动"对继任者指指点点的人。我印象中,桑老师唯一的建议是"多招年轻老师",这与我的想法不谋而合,也和我当年给桑老师的建议如出一辙。然后,我们相视而笑!

当我开始替厦门大学会计学系的奠基人、老一辈会计学系教师与广大系友守护厦门大学会计学系这一份"基业"之后,我才切身地感受到桑老师当年所面临的前所未有的压力和责任,也对桑老师的不易感同身受,更感佩桑老师基于对会计学系的感情而多年坚持。

五、教学成绩斐然

桑士俊教授在厦门大学从教23年,教学领域侧重于中级财务会计与财务报表分析等。桑老师的授课风格和风细雨,但重点突出、例证翔实,深受学生好评。"中级财务会计学"课程的学生们普遍反映,桑老师的授课使他们逐渐喜欢上了会计这一学科,并愿意毕业后继续从事会计工作。学生们亲切地称其为"阿桑"、厦门大学会计学系"四大男神"教师等。基于良好的私人关系,我也曾给桑老师起了不少的绰号,其中"桑朝伟"被厦门大学会计学系的学生一级一级地传承下来……此外,桑老师也曾为厦门大学EDP与EMBA讲授"财务报表分析"与"非财务经理的会计学"等课程,亦深受来自实务界学员的好评。

此外,桑士俊教授主编或副主编的中级财务会计教材也深受厦门大学会计学系的学生与国内其他高校学生的好评。其中,桑士俊教授作为副主编出版的《中级财务会计学》(中国人民大学出版社,2003年第二版)曾获国家级教学成果二等奖与福建省教学成果一等奖。

我想，以桑老师授课的受欢迎程度，以及其在中级财务会计与财务报表分析领域因深耕细作而获得的良好声誉，若申请厦门大学、福建省，乃至更高级别的教学名师，机会还是不小的。但是，桑老师并未"抓住"这些机会，而是乐见年轻教师喜获各种教学名师荣誉。但是，在我心目中，如果要从厦门大学会计学系的教师中遴选教学名师，桑士俊教授至少应是其中之一。

◎《中级财务会计学（上）》（第三版）封面

六、结语

桑老师于教学领域成绩斐然，且在分部财务报告等研究领域有所专长。更重要的是，桑老师担任会计学系的副主任与主任期间，品行高洁，学风和作风正派，为厦门大学会计学系诸位年轻老师作出了很好的表率。

谨以该小文纪念桑士俊教授，一位当浓墨重彩于厦门大学会计学系百年系史中的教师。

桑士俊教授千古！

我们的"桑帅"
——记桑士俊教授*

云山苍苍，江水泱泱，先生之风，山高水长！

在学生们眼中，桑士俊教授无疑是一个近乎完美的人。"关于先生的标签，一直是会计学系师生津津乐道的话题，他是'准则专家''炒股达人''颜值担当''狗粮制造机'。"（2009级硕士陈昕）学生们亲昵地称呼他为"桑帅""师父""师父大人"等。"'桑帅'，是我们对桑老师的美称，一方面是他人长得帅，谦逊儒雅；另一方面，他就如一个球队的统帅一样，带领着我们这帮弟子一往无前。"（2009级硕士柯宇立）"那会儿学生们对桑老师的昵称是'桑帅'，女生都花痴得不行，所以他的学生里面女生特别多；男生大概也花痴的，杜兴强老师给我们上课的时候常常挂在嘴边的就是'我和桑老师的故事'。"（2009级硕士俞妍鋆）

先生为人低调，可是即使人不在江湖，江湖里也处处都是他的传说。

* 本文作者：张金若，重庆大学；孔思齐，中国邮政集团有限公司江苏省分公司。

一、学术与教学达人

（一）实证研究尝鲜者

先生是我国采用实证研究方法展开会计学术问题研究的"吃螃蟹"者。他的硕士学位论文《中国股票市场效率和上市公司信息披露的实证及规范研究》采用实证研究方法检验我国股票市场效率，是较早探索将实证与规范两种研究范式相结合的学位论文（1995年）。

"客观上说，当时实证研究在我国刚刚起步，国内发表的实证会计论文屈指可数，相关参考书籍也非常缺乏，数据收集更是极不便利。先生敢于在硕士期间就选择啃'硬骨头'，着实令人钦佩。"（2002级硕士张金若）

学 位 论 文

中国股票市场效率和上市公司信息披露
的实证及规范研究

桑 士 俊

指 导 教 师：	蔡祓嵘教授
申请学位级别：	硕　　　士
专 业 名 称：	管 理 会 计
论文提交日期：	1995 年 月 日
论文答辩日期：	1996年 月 日
学位授予单位：	厦 门 大 学
学位授予日期：	1996 年 月 日

©桑士俊教授硕士论文首页

（二）分部报告先行者

先生学术嗅觉灵敏，是我国研究分部报告的先驱学者之一。他的博士学位论文《论企业分部财务报告——理论与实务》是我国在该领域最早进行系统研究的学位论文（1998年）。随后，先生又先后在《会计研究》发表两篇相关论文：《关于企业分部财务报告》（2000年）呼吁财政部尽快发布分部报告会计准则及具体操作指南；《分部报告的分析与利用》（2002年）深入探讨了如何在财务报表分析中利用分部报告信息。

（三）报表分析及中级财务会计课程深耕者

先生能被评为厦门大学会计学系"四大男神"之一，除英俊潇洒、温文尔雅的原因外，更是源于他厚实的专业功底和斐然的教学成绩。"他授课时的挥洒自如、旁征博引，常让我们有茅塞顿开之感。"（2009级硕士柯宇立）

先生理论功底深厚，始终坚持深耕财务报表分析和中级财务会计的研究与教学。先生的书房储藏了多本经典英文原版财务报表分析书籍，先生也经常对此津津乐道，经常跟弟子们强调阅读报表的重要性，先生自己也是国内较早将公司战略分析框架引入财务报表分析的学者之一。先生在会计学系素有"炒股达人"之称，估计与其深耕财务报表分析密切相关。同样，先生在中级财务会计课程的研究与教学也颇有影响力，长期"霸课"厦门大学会计学系本科的"中级财务会计"课程，其与导师葛家澍教授及同门师兄弟杜兴强教授合作编写的《中级财务会计学》教材曾于2005年获得福建省教学成果一等奖和高等教育国家级教学成果二等奖。毫不夸张地说，他的"财务报表分析"和"中级财务会计"等课程深入浅出、讲解通透，受到学生们的广泛赞誉，很多学生也因此喜欢上了看似枯燥的会计专业，甚至吸引了不少其他学院慕名而来旁听的学生，有的还因此鼓起勇气并成功跨院跨系考取了厦门大学会计学的硕士研究生。

二、传道授业

（一）积极引导，做学生的学术领路人

先生鼓励学生认真思考，端正学习态度。"清晰记得当时先生给我们讲授长期股权投资会计准则的前世今生、国内外动态，各个知识点信手拈来、滔滔不绝，彻底征服了同学们。虽一晃二十年，先生授课时神采奕奕、面露标志性微笑的神态仍历历在目。下课前，先生还抛出问题'长期股权投资会计至少有十个争议点'供同学们讨论。也许是受到课堂氛围感染，平时腼腆的我也鼓起勇气跑到讲台，揪住先生，询问到底是哪十个问题。先生依旧微笑地问我是否已经认真思考，怎么这么快就想从老师手中寻得答案，这种求学态度不对。其实，本科阶段我已对会计准则情有独钟，喜欢钻研会计准则的各种问题，加之陈少华老师的启发式教学，我之前也已比较熟悉股权投资会计准则，并有了一些粗浅思考，但苦思冥想也凑不齐十个问题。于是我如实跟先生汇报了我的想法，没有想到他听后非常满意，主动询问我是不是唐丰的同学（唐丰是我们同级'学霸'）。此次互动，我与先生给彼此都留下了比较深刻的印象。正因如此，硕士研究生期间在选导师时，我向先生表达了希望拜于先生门下的想法，他也欣然同意。当时，我还不知道我有幸成了先生招收的第一个研究生。"（2002级硕士张金若）

先生因材施教，根据学生的兴趣爱好量身打造学习方案。"他注意到我对会计准则和会计理论饶有兴趣，所以除了鼓励我在该领域继续深耕，还经常提醒我不仅应该关注会计信息生成及生成的理论基础，也应该关注会计信息的分析与应用，即财务报表分析，并时常邀我至家中，指点我应该选择哪些书籍、如何阅读。他还将家中珍藏的许多书籍借予我

学习。正是这些资料，在我的硕士毕业论文选题和写作中发挥了关键作用。"那段时间，因为常有机会去先生家中，并未觉得自己有多幸运，有时还有点惶恐，生怕被他责怪学习进度不佳。后来才知道先生其实是一个很喜欢安静的人，要不是先生偏爱弟子，我是难有机会多次至先生家中打扰的。"（2002级硕士张金若）

（二）牵线搭桥，支持学生继续深造

先生十分支持学生钻研学术，继续深造。"硕士即将毕业，我有攻读博士研究生的想法，特别渴望有机会攻读学界泰斗葛家澍教授的博士，但因为自信心不足，担心入不了葛老法眼，一直不敢找机会直接与葛老师表露想法。先生知道我的想法后，多次鼓励我积极主动与葛老师联系，还告诉我他已经跟葛老师介绍了我的情况并推荐了我。虽心中多次演练如何打电话给葛老师，但我始终担心表现不好便丧失机会，久久未敢开口。先生知道了这事，一天专门打电话再次嘱咐我，他刚刚又跟葛老师推荐了我，让我趁热打铁联系。因此，在顺利通过入学考试后，我终于如愿拜读于恩师葛老师门下攻读博士学位。"（2002级硕士张金若）

（三）授人以渔，鼓励学生大胆尝试

先生一直鼓励学生多加锻炼，大胆尝试。"恰逢2006年版本企业会计准则发布并催生大量培训需求，中国内部审计学会工作人员想通过我联系先生，询问他是否愿意为他们组织的企业会计准则培训班授课（先生授课邀约较多，他们可能是担心直接联系他可能被推脱以致尴尬，想通过我投石问路），先生却借此机会推荐我去上课。当时我比较腼腆，不善言辞，要面向企业会计人员授课，内心其实诚惶诚恐，也担心给先生丢脸，但他反复鼓励要多锻炼、多尝试。从此，接下来一段时间我时常有机会在外授课，这不仅直接解决了我的经济压力，让我在后续学习期间可以安心于学术探索，也让我通过钻研对新会计准则体系的把握更为透彻。更为重要的是，这段经历还让我积累了授课经验，体会了教学相长，并由此增强了我毕业后进入教师行业的信心，也让我在博士毕业求职时屡次试讲都顺风顺水。"（2002级硕士张金若）

◎桑士俊教授与学生们合影

三、生活益友

除了在学业上给学生传道授业解惑，先生也十分关心学生的生活，时常给予学生无私的帮助和无微不至的关怀。

"硕士学习期间，我身体出现了一点小状况并在厦大医院做了一个小手术，因为家庭比较困难，我并未跟父母提及。先生获悉后特意请师母到医院看我，还塞给我五百元钱，基本解决了我当时自付的住院费用。攻读博士期间，先生特别嘱咐我葛老师年龄大了，千万不要让他操心我的经济问题，有困难直接找先生。""在知道我有中意的女朋友之后，先生爱屋及乌，也非常关心她的学习，并接受了我的推荐，让她成为我的同门师妹。后来跟师母提及此事，师母揣测先生是希望我与女友能够修成正果，如果同门学习，无疑有助于增进感情。""博士毕业后我离开厦门到重庆大学工作，先生依然非常关心我和太太的工作和生活。记得有一次，他出差重庆给EMBA班授课，特地抽空与我们在火锅店小聚，关切地询问我们在重庆的工作和生活情况，其间相谈甚欢，还与师母通了电话。事实上，了解先生的都知道，他喜欢安静，不喜出差，不爱聚会，身边熟识的朋友亦不例外，这又让我感受到了先生的偏爱。"（2002级硕士张金若）

"在平时生活中，老师和师母会带我们打牙祭，给我们报销一些书籍费，让我们这些在外求学的学子感受到了家人的温暖。"（2009级硕士柯宇立）

"入学不久，爸爸便查出来罹患肺癌。老师得知后，主动提起师母认识很多厉害的专家，让我把爸爸的病历复印后带到学校，请师母找专家帮忙看看。同时表明可以帮助我提前毕业，早点工作减轻家里的负担，但爸爸担心提前毕业会影响我的学业，个人权衡后也觉得读书期间可以有更多的时间照顾家里、陪爸爸去医院，所以最后还是在学校'赖'满了三年。""老师一直鼓励、支持学生多读书，每年都会拨款给师兄师姐买书，到了我们这一届，赶上电子书流行，老师也'赶时髦'，特意委托师母给我和同级的另一个女生各买了一个 Kindle，这部电子书阅读器我至今还在使用。""上学期间，老师经常带我们去打牙祭，定点的场所是学校门口的必胜客。同学们知道后都开玩笑说'男神'就是不一样，虽然必胜客产品跟肯德基差不多，但需要用到刀叉，更为精致。"（2012级硕士孔思齐）

◎桑士俊教授和同学们在一起

学生们毕业后，"可能是发现弟子工作和生活都步入正轨了，很难再有机会单独与先生见面和长谈"，"同门微信群在一定程度弥补了这方面的遗憾"（2002级硕士张金若）。先生在微信群里少有发言，但逢年过节时，面对大家送上的美好祝福，先生总会总结性地回复一句"谢谢同学们，佳节同乐"，兴起时还会慷慨派发红包，总能掀起一阵欢腾。

四、多才多艺

鲜有人了解，先生除了热衷于会计专业，还十分热爱生活，属于能文能武的全能型选手。他擅长歌舞，工作之余还喜欢品茶论道，对《红楼梦》也有着较深的研究，年少时更有习武经历。提及先生的这些才华，师母难掩骄傲。遗憾的是，先生的这些本领我们之前未曾获知，现也已不再有机会见识。

先生留给我们的美好回忆还有很多，他的儒雅、睿智永远烙印在我们心中！

初心不改

——记孙丽影老师 *

◎孙丽影老师

孙丽影，女，1990年获厦门大学文学学士学位，1999年获厦门大学管理学硕士学位，2009年获厦门大学管理学博士学位。曾获厦门大学第二届"我最喜爱的十位老师"荣誉称号。

一、三尺讲台二十余载

自1990年毕业留校任教，孙丽影老师的教龄已超20年。对于孙老师而言，教书真可谓其一生无悔的事业。

从事任何职业都需要某种缘分，孙丽影老师早在学生时代就通过担任家教体会到了教书育人之乐趣；求学期间老师们的言传身教更促使她最终选择了教师作为自己奉献青春的岗位——尽管这对当时的她而言并非最有"钱"途的工作。

孙丽影老师留校任教后首先教授的是英语精读课程，三年后

---

* 本文来源：厦门大学教师发展中心网站，2014-11-20。作者：林聪、罗敬霖。

开始担任班主任。在一般人眼中，班主任的工作琐碎繁杂，显得"毫无意义"，但这其实是个不可或缺而又难以做好的岗位：一个学生从大一入学到大四毕业，从一个懵懂的孩子到初入社会的职场新人，在生活和学习上有太多太多问题需要班主任的指导与帮助。

这个对耐心、责任感有着极高要求的岗位似乎正是为孙老师量身而设的，因为她曾这样描述过她崇敬的教师形象："他是我大学时候很敬仰的一位老师，但是我不记得他的名字，甚至也不记得他教什么课。但我始终记得他很质朴，不知道是否学识渊博，但对自己的专业知识钻研深刻，对待学生不骄不躁。很符合我认为的为人师表的形象。"

孙老师无疑也在这个岗位上做得如鱼得水。管理学院2013级本科生沈逸川曾这样评价孙老师："孙丽影老师的班会课别开生面，从军训前对我们大学新生活中可能会遇到的困难的无微不至的提醒，到开学后对我们无论是学业、生活，还是情感的体贴关心，都让我们倍感温暖。我们随时都可以找她去谈心，去交流，去解决生活中遇到的不顺、学业中遇到的困难。能拥有孙丽影老师作为我们的班主任，我倍感幸运。"

对学生来说，她已经不只是个老师，更是和蔼可亲的"丽影姐"。在第二届"我最喜爱的十位老师"颁奖典礼上，台下"丽影女神管院永远和你在一起"的呼喊无疑是对孙丽影老师二十余载教职岁月最大的肯定和褒奖。

二、莘莘学子漆园史

也许并非所有教师都能对学生倾注全部心力，亦无法完美平衡科研、教学、行政工作三者之间的关系。学生与老师的双重经历使孙丽影老师更能理解教师无心教学的现象："教师无心教书，应该是学校的激励政策有问题。教学是个耗时耗力的过程，科研也是，两者不容易兼顾。如果学校的激励政策更多与科研有关，则必然导致教师将更多的精力放在科研上，虽然不至于导致教师无心教学，但在教学上力不从心恐怕是不可避免的。"

在平衡科教任务上，孙丽影老师却有自己的一套时间管理方式。在教学任务重的时候她就全身心服务学生，科研任务则选择在假期等教学任务较少时加紧完成。学高为师，身正为范。其实何止是科研，即使是怀胎十月，孙丽影老师也不忘莘莘学子；即使是病痛折磨，她仍不舍讲台天地。

2012年4月，孙丽影老师忽然查出身患重病，医生要求立刻进行手术，并且表示手术过后至少需要休养半年。由于事发突然，无法找到代课老师，孙老师决定在两个星期内将2011级国际会计专业"会计学原理（F3）双语"剩余的课程完成。对此，孙老师感慨的不是抱病上课的艰辛，而是"感谢当时的那些学生，尽管高密度地上课十分辛苦，但他们毫无怨言地配合了我的安排，在当时的情况下，这对我也是一个莫大的心理安慰。"学术、责任、温暖、坚持，在孙丽影老师的身上展现得淋漓尽致。

但孙老师对自己的要求显然不止于此，每个学期结束，她都会反思是否可以将知识点以更简洁、更轻松的方式传授给学生。深厚的学术背景、对国际会计准则深刻独到的见解，让她能带领学生走进会计的神奇领域，在中外会计准则中自由转换，并且根据不同专业学生的需求制定最符合他们的教学目标。

仅以孙老师教授的三门课程为例，"会计学原理、会计学原理双语和西方财务会计这三门课都是财务会计课程，在内容上颇为相似。但是，三门课的授课对象是不同的。在针对非会计专业学生的会计学原理课程中，我的教学目标是引导学生看懂会计信息，并且利用会计信息作出一些经济决策；在针对会计学系一年级学生的会计学原理双语课程中，我的教学目标是让学生了解会计信息是如何生成的，并且让他们体会如果不能正确地形成会计信息，将对信息使用者产生什么样的损害；在针对会计学系三年级学生的西方财务会计双语课程中，我的教学目标则是引导学生深化已掌握的财务会计知识，努力培养、提高职业判断的能力。"

莘莘学子漆园吏，孙丽影老师对教学的热情与专注，以及对学生的关心与负责，无不体现了学海无涯"师"作舟的名师典范。

三、不骄不躁求诸己

作为一名优秀的教学工作者，孙丽影老师获得了很多荣誉，但是她显得很淡然。对于获得厦门大学第二届"我最喜爱的十位老师"的荣誉称号，孙老师只是莞尔一笑地说道："我很高兴能够当选，这说明学生是认可我的工作的。作为一名老师，学生的认可总归是件令人欣慰的事。"

对于学生，孙丽影老师也提出了殷切的期望："在管理学院，优秀的学生应该具备多方面的特质：学业优秀，有主见，有思想，能够与人融洽相处，并且具有领导力。"她建议学生"将学习生活分成两部分，一部分为提高自己的素质而学习，一部分为更好地就业而学习。最好在大一、大二阶段，就要对自己未来要从事哪个职业有个清晰的概念，作出有针对性的学习计划"。这样可能可以更好地处理学习与就业之间的关系。

不骄不躁，始终按照自己所坚持的默默耕耘，也许正是这份淡然和责任成就了孙丽影老师吧。

吾师亦吾友

——记我的导师蔡宁教授*

一、缘起

坐在南强二的教室里在电脑上刚敲下标题时，我忽然盯着讲台出了神，恍然想道：初见蔡老师，便是在这样的一间教室里。本科时我偶然旁听过蔡老师的一节中级财务会计课，她逻辑严谨、条理清晰地讲解着当时新颁布的金融工具准则。她当时讲到三类金融工具账务处理的差异、差异背后的理论解释以及对报表的影响，最后以雅戈尔案例作总结。那是我第一次感受到，账务处理并不是支离散乱会计科目的简单堆砌，其背后其实蕴含着严密的会计逻辑，会计原本就是一门理论与实践并重的学科。

这节课也让我在心里默默记住了蔡老师——一位如春风拂面般温和而生动的师者。多年以后，我常常会回忆起这节课，那时的我并不知道，未来这位老师会成为我研究生阶段的导师，会影响我对生活的思考、对学术的探索、对人生的规划。如果那时就知道两年后有机会读研，我一定会第一时间找到老师："请问我可以成为您的学生吗？"

---

* 本文作者：罗沁，厦门大学会计学系2021级硕士研究生。

◎蔡宁教授与学生们在一起

二、初入师门

大四得知可以保研本校后，我立即给蔡老师发了邮件，询问是否可以接收我作为她的学生。由于每位导师指导的学术型研究生名额很有限，所以发出邮件后的每天，我都在焦急地等待老师的回复，甚至与同学相约到南普陀寺祈愿。南普陀寺与厦大一墙之隔，承载着莘莘厦大学子的美好期待，也见证着无数厦大学子得偿所愿。幸运的是，我是其中一员，九月下旬就得到了老师的肯定答复，从此加入"宁静致远"大家庭。

加入师门后，老师便开始对我们进行系统的学术训练。第一学期侧重学习计量方法、统计软件，第二学期开始阅读文献、讨论研究话题。老师将研究团队分为若干小团队，每个小团队的几位同学共同负责一个领域，大家的合作分工包括搜集文献、建立手工数据库、讨论研究设计等。团队里既有高年级同学也有低年级新生，比如我刚入门时就在师兄的带领下进行股东大会研究，现在我也能带领师弟、师妹们探讨高管行为特征等方面的话题了。这种"老带新"的方式让我们能够迅速把握研究话题、开展研究工作。除此之外，老师还会在每周进行一对一的研讨来推进研究进度。我们在科研工作上遇到任何困难，总是能及时和老师探索解决方案，有任何想法都可以和她沟通讨论，同时老师也给予我们充分的自主空间。正如老师常说的："良性的师生关系应该共同学习、互相成就。"

犹记得刚入门时，我对研究工作适应得并不好。每推进一步都会遇到各种各样的问题，迷茫、焦虑和自我怀疑也随之而来。老师当时很快发现了我的状态不对，把我叫到办公室了解情况。她告诉我，能发现自己的不足就是机会，但更重要的是如何弥补差距，要学着不断走出舒适区，将终身学习作为人生的目标。我很感谢老师当时的一席话，她的激励和肯定像一剂强心针，将我从疲惫的状态拉出来，学着正视和改进自己的不足。我想，这就是老师之于学生的影响吧，她总是能在学生迷茫、困顿时给予我们指引和力量。

三、传道授业解惑

研究生阶段，我主动担任了老师的本科课程"中级财务会计"的助教，从幕后视角看到了老师为上好一门课所付出的努力。老师的课堂总是轻松活泼的，她非常注重与学生的互动，总是通过不断提问、讨论的方式，调动学生参与的热情。她鼓励同学们畅所欲言，因为"大学的学习没有绝对的对或错"，有的只是角度和出发点不同。老师上课还非常强调"知其然，更要知其所以然"，因为只有搞清楚账务处理背后的会计逻辑，才能真正学懂会计。"你们终究是要离开学校的，我希望未来会计准则每次变更后，你们都能通过自我学习来更新知识体系，这才是大学教育的意义所在！"

研究生时我还修习了老师讲授的"公司财务理论"课程。老师以"法与金融学"研究的兴起为起点，介绍近年来公司财务领域正式制度、非正式制度问题的一系列研究，梳理文献发展脉络的同时，也强调制度背景对理论变迁的影响。课堂上老师对各类文献旁征博引、侃侃而谈，同时也倾听大家关于研究的不同见解，讨论可能提炼的研究话题。师兄师姐说这门课程已经开设了十余年，一直都是热门选课。课堂氛围好、大家积极参与讨论、能为研究提供思路，这些都是同学们喜欢这门课的原因。2017级师姐告诉我们，也正是他们那一级上这门课的同学，将蔡老师选为2018年厦门大学"我最喜爱的十位老师"之一。

◎蔡宁教授荣获2018年厦门大学"我最喜爱的十位老师"称号

我入门时老师已开始承担部分行政工作，闲暇时间变得有限，我们没法再像师兄师姐们那样可以随时在办公室找到老师，但老师在科研和指导学生方面毫不懈怠。一周一次的组会有序推进；研究中遇到任何问题，只要提前约，老师都会尽快安排时间和我们面谈；常有素不相识的本科生、研究生请教老师，老师总是尽力答疑解惑……也许对老师而言，师者的"传道授业解惑"不仅在学生的学业上，也在工作、生活的方方面面。

四、师生情谊

老师的世界不是只有科研和工作，她常说："工作是为了更好的生活！"老师热爱美食，常与我们分享她收藏的宝藏餐厅，还三不五时带我们去品尝地道的厦门美食。有一次组会快结束时，可能因为讨论时间比较久，大家都有些疲惫了。老师就通过外卖下单了一家有名的炸鸡，让我们也一起尝尝。一场严肃的文献讨论，就这么变成了轻松愉快的夜宵时刻。老师热爱户外活动，每年毕业季欢送毕业生，都会组织大家一起远足或短途旅行。老师还非常注重生活中的仪式感，在中秋节时会组织师门一起聚餐，让我们这些外地同学也体验到了闽南地区的传统民俗活动——博饼。大家往红色大圆碗中掷色子，在欢声笑语里和"当啷当啷"的脆响中期待着"状元"。还有一次组会，老师得知当天是一位师弟的生日，当即邀请大家一起为师弟庆生。我想，毕业多年后，师门的每位同学都会记得老师曾和我们一起唱生日歌、吹蜡烛、切蛋糕……对于习惯了本科被"散养"的我而言，师门的氛围让我第一次在厦大体会到了"家"的归属感。

◎蔡宁教授与学生们聚会

研究生一年级结束后，我们便站在了人生的一个重要岔路口，面临着未来的多种选择。于我而言，我开始思考是否要在学术的道路上继续前行，父母表示尊重我的选择，但已不能给出更多的建议了。我主动到办公室找到蔡老师，说明了我的困惑和问题。老师听后，没有立即给出读或不读的建议，而是向我说起她的过往经历。老师表示她在我们这个阶段时也面临着同样的迷茫和焦虑。读博是一个持续坐冷板凳的过程，要耐得住寂寞、经得起考验，但也是学术道路上重要的积累和成长阶段。她并不会轻易建议大家都要选择这条路，但"如果生命能够重来，我想我的选择不会改变"。于她而言，高校教师是一份能够让人保有宁静的内心、自由的思想、蓬勃的求知欲，能让人最大限度遵从内心意愿走完人生旅程的职业，那又何以不喜欢、不坚持呢？或许正是老师提到这份职业时眼中迸发的光芒感染了我，让我坚信这虽是一条少有人走的路，但也很有可能是一条能最大限度探索自己内心世界的路。

五、后记

行文至此，我在脑海里回忆起与老师相处的点点滴滴，仍会觉得心头一暖。于我而言，老师不只是学业上的引路人，更是人生道路上的明灯。在她身上，我深切感受到了"温暖而有力量"这句话的含义，温暖是共情和关怀，力量是帮助他人的能力。小时候我常会想，长大后我会变成怎样的人呢？现在我明白了，我就是要成为像老师这样"温暖而有力量"的人！

厦园里的"宝藏"

——记杨绮老师 *

◎ 杨绮老师

　　国际会计方向有这么一位灵魂教师，她总是在思考如何将困扰无数会计人的"高级财务会计"课程讲好，总是在思考如何让国际会计方向的学生明白中国会计准则与国际财务报告准则的异同，总是在思考如何让班上每一位学生都成为积极阳光的大学生。她，就是我们可敬可爱的杨绮老师。作为2020级会计学专业国际会计方向的班长，我有幸与担任我们班班主任的杨绮老师结下深深的缘分，也能从更多的视角为大家介绍这位深受同学喜爱、教学质量顶尖的教学名师。

　　初识杨老师是在大二上半学年分班结束后的第一场班会，我第一眼见到杨老师就觉得很有亲切感，在没正式开始班会前她就笑着跟前排的同学聊着最近的生活、学习情况。杨老师那张和蔼的脸，就与大多数人对慈祥邻家阿姨的印象一样，从杨老师身上看不出一丝学者的架子，反而充满一种生活的气息。但班会开始后，杨老师便在讲台上展示出了她作为一名高校学者的素养。她有条不紊的自我介绍、重点突出的国会专业介绍、恰如其分的未

　　*　本文作者：陈之源，厦门大学会计学系2020级本科生。

来期许在抑扬顿挫的语调中徐徐展开，一众同学在台下听得痴痴入迷而不知时间已逝。当杨老师宣布今天班会就此结束时，班级里的同学个个都精神抖擞，对未来国际会计方向的所学以及前景都有了十足的了解，也对自己的未来规划有了较为清晰的认识。

在初次班会后，杨老师并没有淡出我们的生活成为"甩手掌柜"。她加了我们班每位同学的微信以便于平时常常联系，把我们班每位同学都当成了朋友，还让我们班每位同学把个人照片和个性特点简介发给她，这样一来，即使是在路上偶遇，她也总能第一时间叫出我们班每位同学的名字。杨老师还会在每个月特别安排一整个上午作为面对面的线下"班主任谈心日"，给班上的同学提供排解内心之忧、理清未来之路的个性化咨询服务。前去谈心的主要是对考研保研、考试规划、考试复盘、职业方向、人生意义等事情有所困惑的同学，杨老师往往都会事无巨细地给予详细的疏导和讲解，在把控大方向并结合学生具体情况的基础上给前来咨询的同学列出一条条切实可行的规划和一个个可以达到的小目标，从而帮助前来咨询的同学走出迷茫、找到方向。

除了"班主任谈心日"这个途径，杨老师还经常通过班委们了解同学们的学习生活状态和心理健康状况。她经常向笔者了解同学们的生活状态："大家最近考试多不多啊？""实习有没有什么困难？""你们最近压力大吗？"几乎一有突发事件发生，杨老师就会通过笔者了解到同学们对事件的反应并且毫不吝啬地给予力所能及的帮助。笔者印象最深刻的是2023年1月，国内全面放开后新冠正处于大爆发阶段，大部分同学都在返乡的过程中陆续地感染上了新冠。笔者刚下飞机的第三天就检测出阳性，而杨老师因为每天都会向我了解同学们的情况，很快就知道了我的情况，她每天都会关心我"病情是否有好转？""有没有家里人照顾？""有没有充足的药物？""需不需要暂停上课？"并且不断鼓励我不要害怕新冠，要有积极的心态，这给予了我极大的心理慰藉。除了笔者外，班内众多同学也都在感染新冠后第一时间收到了杨老师的关心。杨老师就是如此一个心中时刻

◎杨绮老师和学生们在一起

念叨着学生、希望能为学生提供力所能及帮助的好老师。

杨老师还掌握着极其深厚的会计功底和强大的教学能力。杨老师教授我们班级"财务报告（下）"和"战略企业报告"两门双语课程，对应的就是中文课程中的高级财务会计专题，涵盖了所得税会计、企业合并会计、合并财务报表、租赁会计、外币报表折算等诸多"会计难题"，无数会计人在这个领域折戟，但我们因为有着杨老师的"保驾护航"反而显得游刃有余。

杨老师讲授课程时并非简单地沿袭教材，而是结合她多年以来对会计理论的思考、丰富的教学经验和扎实的实务经验，自成体系地给我们娓娓道来那晦涩难懂的高级财务会计知识。比如所得税会计专题，杨老师不会直击现行的资产负债表债务法，而是先从会计利润、应税利润等基本概念讲起，接着转入流尽法、利润表债务法和资产负债表债务法的对比，阐释所得税会计处理的"前世今生"，然后在此基础上对知识点一一拆分并梳理成环环相扣的知识点线索，从而带着我们一步步地走入"硬核"的递延所得税确认、计量、报告的深度学习。杨老师将复杂知识点拆解并拓展会计知识点内涵和外延的教法，使我们感受到每次课的学习难度似乎并不艰深，到最后课程结束时能很容易地掌握这些高深的高级财务会计专题，不但知其然，而且真正做到了知其所以然。杨老师之所以能将复杂的会计知识进行适宜的拆分和得当的拓展，源自其对高级财务会计教学多年的思考和感悟，也源自其作为厦大会计人深厚的理论根基，杨老师的教学让我们看见了厦大会计的金字招牌背后的专业性和理论性。

杨老师优秀的教学效果，除了来自其对教学内容恰到好处的"起承转合"，还来自其不断探索研究的别出心裁的"翻转课堂"教学改革创新。"翻转课堂"实质上是一种通过激发学生学习的主动性，让学生更多地参与课堂，从而使学生在主动思考与互动探究中潜移默化地深化自身对复杂知识点理解的新型教学模式。杨老师在"翻转课堂"教学改革上倾注了大量心血，搭建了用于课前预习和课后复习的"高级财务会计"MOOC课程等优质教学资源，并对课堂的各教学环节特别是学生参与环节做了独具匠心的设计，从而成功营造了同学们课前自主学习、课内积极参与、主动思考探究的深度学习氛围。她会选择基础但重要、有难度但刚学过原理的知识点作为探究主题，让我们课前就以小组或个人的形式报名准备，提前对我们的思考进行个性化指导，然后在课堂上让我们发言和讨论。在课堂上充满趣味的互动式参与环节中，每位同学都有机会走上讲台，或是将研究性学习的内容互相分享，或是以分步探讨的形式剖析复杂案例，或是以正反方的探究讨论来揭示问题本源。正是在这样活泼的课堂互动环节中，我们会听到其他同学不一样的见解，会在讨论的过程中辨析诸多似是而非的概念并逐渐理清思路，会在不知不觉中就触碰到了问题的关键，从而实现真正意义的深度学习。进一步地，在课堂上的拓展延伸学习环节中，杨老师会进一步抛出新问题，鼓励我们每个同学自己举手主动发表自己的观点。对于站起来发言但准备不够充分的同学，杨老师从不会因为同学的错误回答而生气；相反，杨老师会循循善诱地激发同学的思考，不断引导同学接近正确的答案，直至同学理清了解题的思路。这样的方式让杨老师课上的所有同学都不再害怕回答问题而习惯于主动发表自己的观点，因为他们知道杨老师抛出的问题都是可以用前面学习的原理解答的，并且就算自己的思考有所不足也会被杨老师最终引到正确答案上。显而易见，这种充分调动学生积极性的"翻转课堂"，也是杨老师能够让同学们都真正理解高级财务会计课程中晦涩难懂知识点的重要原因。

让杨老师教学能力更加出色的是她对高级财务会计教学的敬业精神和对会计人才培养的满腔热情。杨老师在课下展现的是一个亲切的形象，但只要站到了三尺讲台上，她便会变成思维缜密、条理清晰并富有激情的样子。每个上过杨老师课的同学都会被其课堂上的激情所折服，许多原本对课程学习不感兴趣的同学受到杨老师授课激情的振奋后也都大受鼓舞，紧跟杨老师的脚步一起深入到深奥莫测的高级财务会计学习当中。甚至杨老师还是我们与国际会计方向已毕业校友的联系纽带，无论是已成为公司高管的校友还是在高校任教的校友，他们心中"印象最深刻的老师"总有杨老师的一席之地，他们总是会问到"杨老师是不是还是那么充满激情？""杨老师有没有给你们也把高财讲明白？"这也足以见得杨老师的教学水准和授课热情始终贯穿她近二十年的国际会计方向教学生涯。

◎杨绮老师在课堂上

对这样一个教学水平高、时时挂念学生的亦师亦友的好老师，从2004级至我们2020级共十七届的国际会计方向校友和在读同学都给予了极高的评价。笔者也相信杨老师能够在会计学系百年历史上留下浓墨重彩的一笔，她传承自厦大老一辈会计人身上严谨治学、关爱学生的优良传统也必将在会计学系百年历史上历久弥新。

温暖有趣，专业严谨

——记我们眼中的严晖老师[*]

严晖老师自毕业留校任教以来，一直在三尺讲台上默默耕耘，带领一届又一届的学生感受审计的奥义，也与学生们建立了深厚的师生情谊。

1999年秋，怀揣着对教书育人的敬畏之心而留校的严老师，带着一丝青涩懵懂站上了讲台，与学生们一同成长，在学生眼中是亦师亦友的存在。

2002级学生眼中的严晖老师

2002年夏天，我被厦大会计学系录取，从此走入会计殿堂，开启了会计学学习旅途。经过初呈经济世界的宏微观，学罢"童蒙养正"的会计学原理，"死磕"完循规蹈矩的企业财务会计，我一边为合并报表左右互搏，一边却发现了一堂有趣的课——审计。

在上大学之前，就有长辈对我说审计很好，不但实用，也好找工作，这是"六便士"的一面；但审计的有趣和"月亮"的另一面，却是严晖老师在审计课堂上带领我们发现的。

严老师给我们的第一印象，是清秀的漂亮姐姐，鹅蛋脸、长

* 本文作者：第一部分：刘晓棠，厦门大学会计学系2002级会计2班；第二部分：魏舒凡，厦门大学会计学系2009级会计2班；第三部分：李来顺，厦门大学会计学系2018级会计2班、2022级全日制MPAcc。

马尾、苗条身形，一身素雅连衣裙或是 T 恤牛仔裤，福建口音，自带一股认真和可爱劲头，虽然是老师，但感觉喊一声师姐似乎也不过分。

严老师给我们的第二印象，是专业，有点"严"，有股子认真劲在身上。认真不只是对学生的要求，更体现在教学计划、教学方法上。老师的教学节奏永远让人感觉张弛有道，教学方法也很讲究，连环追问多、课堂互动多、小组讨论多，案例教学更是一大亮点。一系列精心挑选的案例点亮课堂，又成功把其他财务会计课程内容整合到了一起，颇费心思。及至2022年夏天我们本科入学20周年聚会时，老师居然拿出了已然泛黄的班级成绩单，这番认真让大家感动不已。

严老师给我们的第三印象，是有趣。严老师之有趣，首先在于自己有趣，一面端庄大方地教授专业知识，一面和同学自在交流各种有趣话题，"端庄"与"不端着"浑然一体，想来也是颇为神奇。严老师之有趣，其次在于鼓励学生有趣。大三上"审计案例"课时，大家以为案例就是"根据题目内容分析以下问题"，没想到与题目同时下发的往届作业差点亮瞎我们的眼——有赛事报道，有焦点访谈新闻联播，还有戏剧小品等等，不一而足。我们自然也不敢懈怠，除了内容保证过硬，展现形式上也下足功夫，相声小品、电影选段、新闻主播、百花齐放，堪称大学期间最有趣的学习经历。有此经历，这两年再听闻老师带领"Battle King"（2019年）、"变秃也变强队"（2022年）勇夺 MPAcc 案例大赛桂冠时，不免会心一笑：有才且有趣，还得看我厦大会计！

回想当年上学时，纵然学得有趣，乐在其中，却不明白为什么；等到步入职场，才知道原来除了专业，学会展现自我更为重要；等到步入中年，才知道比有用更难得的是有趣。

◎2002级会计2班入学20周年合影留念（2022年7月）

六便士可贵，而月色实美，如能躬耕事业还不忘仰望月光，便是人生两全。等到此时，才领悟老师对学生所爱之深沉——既为传授可用之知识，也为成就圆满之人生。

祝我们热爱的严老师永远健康美丽。

褪去青涩懵懂的严老师在研究领域愈加深入，拥有了更丰富更成熟的专业知识和教学体系，老师认真严谨的模样也成了学生心中的榜样。

2009级学生眼中的严晖老师

大一学生的眼里，有个理想中老师的样子

从高中试卷海洋中被打捞出来时，我曾想过大学里老师的模样。她会和高中老师一样用粉笔头砸醒上课偷偷睡觉的我吗？会像网上说的除了点名考试就啥也不管吗？还是会像老学究一般一边上课一边摇头晃脑？

那天，我拿着AK47也不能一枪打穿的审计教材当枕头，趴在管院教室的座位上时，第一次见到了严老师。

第一眼看，她应该是严谨的，黑边眼镜下的眼神透露出认真、守规、分寸感。

第一耳听，她或许还是活泼的，她说不仅要教我们学会审计的知识和技能，还要点燃我们对审计的热情。

第一次上课，她一定是专业的，各种复杂的公式理论总能被她穿针引线地解说清楚。

第一次课间，她居然还是浪漫的，她为我那杯放着麦片的酸奶起名为"风吹麦浪"。

流水的会计二班，铁打的审计严老师，她是多面的，像一束光透过三棱镜有多种光芒，她又是不变的，她是我们最喜欢的严老师。

审计小白的眼里，有个职场中专业的样子

2012年的管院，大挑、小挑、毕马威案例分析大赛可以算是顶流，但在这些比赛之外，还有一个没有投资人、没有冠名商、没有硝烟，但热度极高、竞争分外激烈、脑洞堪称巨大的"编外比赛"，就是严老师的期末考试——民间"审计案例大赛"。

这个比赛，模式任选、形式随意，中英文不限，仅有一个要求，用今年课上所教所学，配合人民群众喜闻乐见的表演形式，深度解剖一个上市公司的企业财务状况。初生牛犊不怕虎，当年的我们还是一群审计小白，在她的鼓励引导下一头扎进图书馆的审计著作中，就这么大胆地看起了上市公司的年报数据，比对数据、查看公式、制作图表，故作专业地

开始分析。

毕业10年，我们之中出了不少专精的会所业务达人，当审计已成为不在话下的工作日常，我们总会想起，在厦大会计审计课堂这个"新手村"里，我们郑重接过严老师给我们配备的第一把剑、第一面盾。

20岁女生的眼里，有个梦想中30岁的样子

坐在严老师课堂上时，我只有20岁，对未来充满憧憬但迷茫，我早早地期待毕业后的生活，也早早恐惧以后作为一名女性，要面对的个人、家庭、学业、工作交织的矛盾。

◎ 2012年6月，严晖老师与2009级会计2班魏舒凡合影

直到我看到严老师时隔10年在同一个地方的一组照片。"2004年，在英国纽卡斯大学学习，2014年，同一个地方接受ACCA师资培训"，十年，书包变提包，少女变成妻子、母亲，但眼睛里的光、嘴角的笑容都没有变化，那时候20岁的我有了一个梦想中30岁的样子，"走更多地方，见更多人和物，爱世间温暖万物，沿途为晚霞停留。"今年我已年过30，大约和严老师给我们上课时差不多了吧，回顾毕业10年，我虽碌碌谋生，但却谋我所爱，既心怀浪漫，也珍惜日常，借此，我想对她说上一句感谢，感谢她给20岁迷茫的女生一个未来10年能成为的样子。

现在的严老师，有了更多的人生阅历，除了专业知识的讲授，也注重培养学生正确的价值观，希望学生能够成为更好的自己。

2018级学生眼中的严晖老师

大一大二的我只会埋头学习，从未想过自己的未来会是什么样子。2020年上半年，突如其来的新冠疫情更是让我陷入了迷茫中。直到2020年秋天重返校园，在审计课堂上遇见了严老师后，我的思想才开始发生巨大的变化。

严老师总是用最生动形象的语言来帮助我们理解，让我们能快速理解并记忆枯燥无

趣的知识点。在学习 RMM 模型时，严老师将 RMM 模型的计算公式生动地比喻成"过筛子"，通过不同层级的筛子筛选，帮助我们仔细区分固有风险、控制风险等概念，这让我们一下子就建立起了审计风险相关知识点的框架。当我们都越来越"卷"，只盯着眼前的GPA 的时候，严老师告诉我们未来并不只有保研一条路，工作、考研、留学等途径也是很好的选择，专业课程的学习远比考试的结果重要，认真学好知识点对我们来说才是受益终身的。严老师最适时最适当的教诲帮助我们一下子打开了思维格局，让我们从更广阔的角度来看待学习，摆脱了对成绩的依赖。

除了直接的知识讲授，严老师也会引导我们自己探索。在"审计案例"课程中，老师知道我们刚刚结束了在事务所的实习，便通过布置作业的形式让我们把在事务所当中所学到的知识展示出来。在做这个作业的过程中，我们小组的成员不断地回忆自己在实习过程中的经历，总结在这个过程中我们的工作与所学的专业知识是如何紧密结合的，收获了哪些感悟，反思在哪些方面存在着不足，在下次实习的时候需要有哪些改变。通过这次作业，我们真正将这段实习经历内化为我们自己的理解与感悟，为后续的学习与工作做好铺垫。在最后的汇报上，严老师针对我们的实习收获，给予了中肯的点评，让我们更深刻地意识到未来要如何改进自己的缺点，使自己成为一名合格的会计人。

大三下学期，当学院让我们班级推荐"2021年厦门大学我最喜爱的十位老师"时，我们班同学一致推荐严晖老师。在颁奖典礼现场，我和场下的同学们一起伴随着锣鼓声高喊"严师益友，晖光日新，严晖老师我们爱您"，表达我们对严老师深深的爱意。屏幕上播放着这么多年来同学们写给严老师的信件，一下子把我的思绪拉回了严老师的课堂，耳边又回响起了老师的谆谆教诲。

在研究生阶段加入严老师的师门后，我感受到了师门乐观友好、团结进取的精神的传承。刚加入时，师兄师姐们热情地迎接我们，让内向的我快速地融入了这个大家庭。在中秋博饼会上，与严老师和师兄师姐们深入地交流研究生阶段的学习情况与学习方法，也让我理解了研究生与本科生的差异，转变了自己的学习思维与学习方法。到了研一下学期，我们2022级的同学接过师门的接力棒，负责师门毕业晚宴的举办。严老师一直鼓励我们放手去做，让我们按照自己的想法实施，不要有任何顾虑。在老师与师兄师姐们的帮助下，我们完成了对自己的挑战，2022级的同学们也在这个过程中建立了更深厚的友谊。

很幸运遇到这么慷慨的老师，不仅教会了我许多专业知识，更是教会了我如何为人处世。很感恩遇到了严老师，让我成为更好的自己。

◎ 2021年5月，"审计案例"课堂上严晖老师与2018级会计学系同学合影

　　值此厦大会计百年之际，我谨代表严老师的各位学生向老师表达深深的感激之情，感谢严老师的谆谆教诲。祝愿老师在未来的日子里一切顺遂！

厦门大学会计学科的
一百年 *

厦大会计学科成立至今将要一百年了。一个技术性很强的专业，在一所综合性大学里能坚持一百年，而且越办越好，受人尊敬一百年，实在太不容易了。

一百年的坚持需要几代人的努力，每代人都作出了自己的贡献，但在大学困难时期能咬牙坚持的前辈无

◎苏锡嘉

疑是最令人钦佩和感念的。厦大会计学系的三位前辈——葛家澍教授、余绪缨教授和常勋教授是最让晚辈感佩不已的。葛、余二位是厦大的同学，对厦大有着天然的感情，把一生奉献给母校是很容易理解的。常老师毕业于上海的圣约翰大学，出身于完全不一样的教育体系，但殊途同归，和葛、余二位的无间合作，给中国会计界留下了一段佳话。厦大会计学系的声誉与葛、余、常三位教授的个人魅力和学术建树有密不可分的关系，像我们这样的厦大会计学系学子，都是他们恩泽的受益人。

当年我辈入读厦大会计学系，多少是因为当年的重点大学中几乎找不到会计学系的踪影。有的传统会计强校如上海财经学院，

---

* 本文作者：苏锡嘉，中欧国际工商学院。

学校不复存在，需要重新建校；有些名校如北大、清华、复旦、交大，会计专业被"赶尽杀绝"，重整旗鼓谈何容易。历尽风波而绵延不绝，师资队伍维持不散不断，是厦大会计学系得以维持优势地位的一个重要原因。现在讲投资，都说要有复利概念和长期意识，其实无论做什么事情莫不如此。在看不见希望的时候坚持，在捉襟见肘时用最少的资源活下去，伟大的事业都有令人唏嘘的低谷，挺过来的都是英雄。

1978年我们进厦大时正是百废待兴的年代，许多课连像样的教材都没有，只能用油印的讲义。教学的内容也很不成体系，国外会计学术和实务的近况老师也知之甚少。这种情况在临近毕业的时候才有所改变。可见，当时的老师也在努力追赶，他们付出的努力超出我们的想象。记得在实习时和常勋教授住在一起，极其简陋的宿舍里常老师每天挥汗如雨，不停地翻译、研究国外的文献，真正到了手不释卷的程度。葛老师和余老师的勤奋一点也不比常老师逊色，其他我们不是很熟悉的老师在勤奋努力方面都是我们学习的榜样。说起来惭愧，我这一辈子似乎都没这么勤奋过。现在开始勤奋不知是否还来得及？

厦大地处东南一隅，城市偏小，大学偏大。本地没有势均力敌的竞争对手，于是不少喜欢在大学安心做研究教学工作的，一家老小都在厦大，在厦大出生，在厦大就学，在厦大成家，在厦大退休。他们对厦大的感情远不是我辈可比的。但这种情况时间长了对厦大却未必是好事，容易产生近亲繁殖的、错综复杂的局面。近年来，会计学系的主政者对此有充分的认识，不遗余力地从其他大学招聘贤才，努力让会计学系多元发展。可惜厦门的地理位置稍显不利，吸引人才需要比别人付出更多的努力。但我相信，坚持数年，用诚意善意打动别人，用良好的待遇吸引别人，一定会有更多的人才加入厦大会计学系。

今天厦大学生的生活环境和条件真是令人羡慕。有山有海的厦大在国内经常被评为最美校园，如今俨然已成为旅游的热门景点。老实说，在这种环境中读书是要有点定力的。今天厦大的环境不适宜苦读，更适宜花前月下、谈情说爱。我们当年之所以还能埋首书本，回想起来，一是因为穷，没有闲钱去享受生活；二是因为笨，没有开窍，没有想到生活可以这么浪漫、美好。希望后来的学弟学妹在享受美好生活的同时把书读好，厦大会计学系的金字招牌没有砸在我们手里，当然也不能砸在你们手里。现在的年轻人比当年的我们聪明得多，厦大会计学系的未来还是要靠他们。对此我充满信心。

一百年可以很长，也可以很短。前人的辉煌可以是激励，也可以是包袱。今天的中国大学，会计学系遍地开花，各家都是瞄准了国际一流标准发奋努力。厦大会计学系没有资本躺在百年历史的功劳簿上享受岁月静好。希望厦大会计学系的历届校友明白一个道理：我们的学位值不值钱，取决于厦大会计学系能不能越办越好。从这个意义上说，我们都有责任为厦大会计学系的发展作出贡献。

从清水湾边的夜出发

——记我的导师许尤洋教授[*]

从清水湾边的夜出发，是一次内心的追寻和探索。午夜的湾边吹拂着微弱的海风，带来阵阵清凉。回复完导师许老师的邮件从办公室走出来的我，沐浴在寂静的月光下，感受着它如银河般洒落的柔光，仿佛置身于幽静的梦境中。然后，老师的回复邮件来了。

◎许尤洋教授

每年的七月是毕业生向大学说再见的时候，看似漫长的学生生涯与校园生活一转眼就结束了。作为老师，我送走了一批又一批的年轻学生，回想自己过往的博士学习生活，心里感慨万分：有欢乐，也有悲愁；有成功，也有挫折；有踌躇满志，也曾彷徨徘徊。世事多变，在清水湾的日子里始终不变的是师生情，因为它是我成长的源泉和指引。

作为曾经的学生、现如今教师的我来说，许老师给予我的，可能与许多没有从事教师职业的学生相比更加特别。这里的特别不仅仅是老师在专业领域方面对知识与技能的具体指导，更是一

＊ 本文作者：王仁诚，新加坡管理大学会计学院副教授，师从许尤洋教授。
注：许尤洋教授为厦门大学会计学系毕业生。

段温暖的人生与经历。它随着时间的推移与工作阅历的累积变得越来越具体而不抽象，也越来越让我体悟到其中别样的意义。

具体来说，我与许老师之间的师生情更像是传统的学徒制度。这种关系通过师傅的悉心教导以及其和学徒在工作和生活中的紧密互动，直接传承了一整套具体的思想、技艺、品质和实践，从而培养出新一代的专业人士。这种关系不仅仅是专业技能的教育和学习，更是一种将一个人的人生传承给另一个人接下来的人生的接力。师傅以身作则，通过言传身教，与徒弟在工作和生活中互动与互助，这在徒者成为师后依然清晰可辨，并且让我愈发强烈地感受到曾经记忆中的点滴与当下自己工作生活中的际遇之间的那种相似之力的存在。在每一次这样的相似相遇时，即使是微小的细节，我都会感受到这种关于连接与传承的力量，从而激励自己也一定要像当时师傅那样为人处世。渐渐地，你会发现，这样的连接与激励之间的互动变得愈发自然，愈发密不可分。

一个地方的美，对于我来说，总是因为人。这也是为何清水湾边成了我内心的栖息地，无论我身在何处，记忆中的它都让我远离尘嚣和纷扰，让我的心灵得以平静。从清水湾边的夜出发，之后我也踏上了一段寻觅自我、为人师表的旅程。我闭上双眼，深深呼吸着想象中空气里的咸涩味道，感受着回忆中许老师的点滴。在这个时刻，我不再是一个因为琐事繁忙不顺而气馁的人，而是一个舒展的灵魂，在一个自由的世界。在那些个日日夜夜，我从与老师的学习、探讨和互动的点滴中发现了自己内心最纯粹的声音，它们指引着我前进。我将带着这份沉静和激情，继续向着自己的梦想前行，也与自己的学生一起前行，从清水湾边的夜出发。我希望，他们也找到属于自己的世界，有一天，也会写一篇这样的文章。

以行教人，育人育心
——记谢德仁教授[*]

　　谢老师博士毕业于厦门大学会计学系，在厦门大学完成了他从本科到博士的完整教育，现在是清华大学经济管理学院会计学教授、博士生导师。

　　初见谢老师时，只觉其目光睿智、严肃认真、一丝不苟，举手投足间学者范十足；熟悉起来后，更觉谢老师是一个严谨又和蔼、深刻又真诚的人。作为谢老师的学生，我们不仅从谢老师的身上感受到了一位商学院教授特有的精神气质和一名知识分子求真务实的学术底色，更能体悟到一名师者至亲至善、诲人不倦的教育情怀。无论是教书之道、育人之道，还是治学之道，谢老师都有他自己独到的见解，他总是能用最朴实的语言来诠释最有深度的人生哲理，向学生们传递他的人格力量和精神魅力。

教书之道：理论通透，实践性强

　　谢老师不仅是一位著作等身的学者，更是一位春风化雨的领路人。

　　谢老师教授的"会计学""高级财务会计""财务会计专题研

　　* 本文作者：史学智，厦门大学会计学系2015级本科生，清华大学博士生。
　　注：谢德仁，在厦门大学获得经济学（会计学）学士学位（1993年）、管理学（会计学）博士学位（1998年），现任清华大学经济管理学院会计学教授，博士生导师。

究""国际财务报告准则"等课程总是能够启发我们的思考。听过课的学生们都会发现，谢老师的课上总是金句频出，且句句在理。在其授课过程中，谢老师会以超越会计学科工具本身的思索和丰富的实践经验，外加幽默风趣的教学方式，来帮助我们更好地理解会计学。例如，谢老师会将资产负债表的左边形容为"色"，右边形容为"空"，向大家解释为什么会计是能够让人清晰和透彻理解商业生活的重要滤镜：因为从资产负债表左侧的"色"穿过去，清晰可见资产负债表右侧的"空"；而要理解资产负债表右侧的"空"，又得穿过资产负债表，回到其左侧的"色"，从看似无边的活色生香之"繁华"中去悟"空"。然后，他会以婚姻与资产负债表的关系（夫妻互相进入对方的资产负债表，想想是资产大于负债还是负债大于资产）来进一步强化大家对于资产负债表的理解。此外，他还将大家学会计的过程形象地归纳为"看山只是山，看水只是水；看山不是山，看水不是水；看山还是山，看水还是水"的三重境界。

可以看到，一届又一届的学生们都折服于谢老师的思想高度，并一致认为谢老师的授课能够从根上帮大家建立会计学的哲学逻辑，更有同学因谢老师的会计学课而第一次体会到会计之美。有不少同学听完课后在微信朋友圈写道：

"最好的会计课，最好的会计老师，没有之一！"

"得遇良师，何其有幸！颠覆了曾经对会计学的浅薄认知！"

"会计的艺术，哲学的人生！谢德仁教授，中国最好的会计学老师！"

"会计结课，从全新的角度感受到了一种从未体会过的美感。仿佛在听宏大美妙的意大利歌剧，虽然没完全听懂，但不妨碍去享受它！"

"第一次体会到会计不只是一种单纯的财务工具，更是公司治理的思想体现和参透商业本质的不二法门。作为小白，不知道这算不算被师傅领进了门，但必须强推谢老师的课，大道至简，春风化雨！"

"上谢老师的会计课，和跟着绝世高手练武功一样，既有招式，又有内功。学了四天，比抱着书啃几个月管用N倍。折服！"

"谢老师教授的会计学课是听过的最好的会计学，不仅以教授的角度去讲理论，还结合自己在证监会、多家上市公司做独董的工作经历，以及最新的案例，把会计学讲得活灵活现、很生动、很有趣，大家

◎ 谢老师在授课中

听得懂，用得上！"

正因如此，从教近25年，谢老师开设的课程一直颇有人气且深受好评。他曾两次当选清华大学"良师益友"，并三次获清华大学教学优秀奖。有同学真切地形容，"谢老师每上一次课，就涨一次粉，每次课程都满分，堪称奇迹！"

纵然深受同学们喜爱，谢老师对于教师这份职业的评价依然十分平实质朴，并未人为地给它笼罩上诸多让人艳羡的光环。于他而言，教学是一种快乐，工作则是其兴趣所在。站在讲台上的谢老师，除了希望自己的学生能够多掌握一门知识外，更是希望大家把知识打通，形成一种思维。谢老师也会有意无意地将自己对人生对世界的各种感受传递给大家，因为他觉得，将知识传授给他人后对自己来说也有一种快乐，当我们从不懂到懂，真的领悟了之后，他的内心深处也会产生一种特别的喜悦。

育人之道：人生导师，成长之友

谢老师既是博学的教授，更是敬爱的导师。课堂上他循循善诱、诲人不倦，生活中他关心学生、尊重学生，与同学们亦师、亦友、亦亲人！

首先，谢老师关注课题组内每一位学生的科研进展，并有针对性地提出指导意见。对于每位博士生，谢老师除了要求大家从学术源流上搞清楚相关研究问题的学术思想发展脉络，追求理论和方法上的通透境界，还始终要求密切结合中国实践，研究具有创新性和重要性的真问题。自2007年招收第一位博士生以来，谢老师除了和每位博士生日常单独讨论外，还坚持每月找一天进行近十个小时的组会。每次组会上，他都认真投入，亲自点评相关文章，并结合理论和中国实践提出有价值的研究问题，供学生们参考，拓展大家的科研思路。这一习惯一坚持就是十多年。可以说，直到现在，谢老师投入教学与学术的精力也丝毫不亚于任何一名学生。他办公室的灯，哪怕是在周末或节假日的深夜，也时常亮着。

其次，谢老师也十分关心研究生的生活和工作。除了帮助解决大家在课程学习和论文写作方面的问题外，谢老师还会就生活和工作方面的困难提出建议。而对于博士生，谢老师不仅会提供科研上的指导，也会帮助其分析就业市场。在师门微信群里，除了新鲜的市场资讯、前沿的学术观点和学术探讨外，还记录着谢老师和学生们的生活日常，这在一定程度上超出了传统意义上刻板严肃的师生关系，而逐渐柔化成了亦师亦友的温馨。

每年毕业季，谢老师都会为他的学生们送上如下五个词："第一个词是善良，无论环境如何变化，我们一定要做一个善良的人，不害人是底线；第二个词是包容，胡适先生说包容比自由更重要，面对巨大的不确定性，包容是一味良药，我们一定要包容和尊重不同的观点，包容甚至意味着无需去做同情性的理解；第三个词是常识，常识代表着不确定性中的确定性，我们应该基于常识来思考和行动；第四个词是事实，把事实判断和价值判断区分开来，不要基于价值判断来选择乃至建构事实判断；第五个词是美好，我们一切的努力都是为了人世间更美好，也要相信我们的努力会使得人世间更美好。"

◎ 谢老师和同学们在一起

对我们来说，谢老师教给大家的不仅有课堂上的知识，也有人生的哲理，他是我们人生路上的榜样和领路人！

治学之道：乱读书，学而思，体系化

在治学方面，谢老师会借用王阳明的心学来解释他对学术研究的态度，而"乱读书，学而思，体系化"是谢老师从事学术研究多年的经验总结，以及对我们的告诫。

将"乱读书"置于治学之道的首位，是因为谢老师相信，没有乱读书，很难做到学而思和体系化。在融合式研究发展趋势下，只有"乱读书"，才能不断获得新的概念和方法，以将其作为思维工具从新的视角切入自己所在学科的研究，在对研究主题有新的认知的基础上，进行交叉学科研究，从而取得研究突破。而"乱读书"的前提是多读书，所以，谢老师有时也会开玩笑说，当我们有新的研究想法时，十之八九意味着该静下心来读书了，因为很有可能只是书读得少，才把别的学者早已提出的观点当作自己的新想法。

"学而思"是谢老师希望我们能够敢于挑战成见，敢于否定，然后勇于提出新的学术观点。比如，谢老师有时会跟大家说，教材上的内容与他提出的观点可能都是"错"的，希望我们要敢于批评。当然，除了敢于挑战成见，"学而思"中更为重要的是学会深入思考，直抵本质，论述通透。所以，谢老师也经常鼓励我们通过"乱读书"和多读书的方式来思考事物的本质，并牢牢抓住模糊的思索和新观点，最终形成系统、严密、通透的逻辑论证。

"体系化"是谢老师希望我们要善于把学习到的知识体系化，从而便于理解、记忆和边际性创新。同时，谢老师也希望我们能够专注于某一细分领域的研究，在做深做透后有序延展开来，逐步形成自己的一个创新性研究体系。于谢老师而言，一个成功的学者，并非广泛涉猎各个研究领域但缺乏精品文章的学者，而是在某个具体领域深耕且一辈子能出至少一篇精品论著的学者。

◎谢老师手捧鲜花

与谢老师相处，我们既感受到了一位学者在思考时自由超脱的一面，也感受到了一位师者在工作时尽心尽责有着执着追求的一面。俗话说，亲其师，则信其道；信其道，则循其步。谢老师执教近25年以来，已经培养了13名博士研究生和150多名硕士研究生。他的学生们，或已成长为所在高校的科研教学骨干，像谢老师一样进入教书育人的人生篇章；或在企业和政府中担任重要管理岗位，于各自的领域发光发热。而谢老师，他从资本市场的实践中来，返璞归真悟出最简洁的理论；又到财务报表的数字中去，集其大成参透"色"与"空"的朴实。严谨的治学是他对会计理论的登峰造极，风趣的教学是他对人生路途的开明乐观。数十年间他亲力亲为，传道授业，是求学路上的良师，更是人生路上的益友！

幸遇良师，师泽如山，绵长致远

——记包琰教授二三事 *

古人云："学贵得师，亦贵得友"，吾师即是我成长中的良师益友。在漫漫人生中，读书的美好时光稍纵即逝，但得遇良师却是一生幸事。我很幸运地成为包琰教授的学生，并且获益良多。回顾十几年来学习、生活中与包老师共同度过的点滴，我深深体会到了师生关系的珍贵和独特。在她的悉心教导下，我不仅在学业上取得了进步，思维能力和解决问题的能力也得到了提升。她教会我如何独立思考和表达观点，令我终身受益。她对教学的严谨态度、专业知识的传授、对学生的关心和帮助，无不展现出她作为一位良师的品质和使命。

一、良师之大爱，是求学路上的"指路明灯"

包老师除了在学术上传授专业知识和技能之外，更可贵的是她特别有责任心，在我学习最困难的时候，是她给予我指导和支持，并且付出大量的时间和精力，一路为我保驾护航。

我2011年大三那年因为学校的中美合作研究生项目初识包老师，最初只知道她是美国马里兰州 Frostburg State University 商学院

---

* 本文作者：洪思琼。
注：包琰教授为厦门大学会计学系毕业生。

负责合作项目的教授，厦门大学会计学系本硕连读，后出国继续深造并留在美国任教，专业功底特别扎实。因为有时差，我们基本靠邮件联系，直到大四，我第一次上她的财务会计网课才有了更深入的接触。因为我没有商科背景，所以并未掌握基本的财会知识，而班上的同学大都是有着丰富工作经验且母语是英语的职业经理人，第一次上全英文会计课的我感到"压力山大"，忐忑不安，生怕自己在第一课就要打退堂鼓。然而包老师上课时严谨的教学态度、扎实的专业知识、线上授课的贴心设计以及课后对我"小白"式疑问的耐心讲解完全打消了我的顾虑，最终，我的财会课拿到了Ａ！这个小小的成就也让我对接下来在美国的学习信心倍增。

二、良师之大爱，是内外交困时的"雪中送炭"

包老师不仅在课堂上传授知识，更在生活上给予我帮助和支持。包老师用她的智慧、关怀和爱心，引导我注重培养关爱他人、乐于助人的品质，让自己和身边的一切走向更好的未来。

2012年8月，我终于正式动身前往美国读研。不知是不是老天爷故意戏弄，第一次独自出国的我就遇到了航班取消加延误，原本只要飞10多个小时的行程硬生生让我30多个小时没有合眼。当我拖着疲惫的身体来到大学宿舍，看到房间里只有一张光秃秃的木板床时，更像是压倒骆驼的最后一根稻草，让我几近崩溃。包老师得知情况后，连夜开车带我去旁边小镇上的超市购买了日常生活用品，并叮嘱我，以后如果需要帮忙的话可以随时找她，这让远离家乡、身在异国的我一下子安稳踏实下来。

◎本文作者和其他中国留学生在包老师家做客

美国的大学非常自由开放且多元化，学生在选课及毕业规划上有很大的自主权。周围的很多留学生因为不能适应这样的"自由"导致不能准时毕业甚至辍学，而我在刚到美国的第一学期也经历了这种文化冲击，导致体重3个月内暴增了20斤。包老师虽然平时工作繁忙，但细心的她看出了我的焦虑，她耐心地开导我，并邀请我和同学们周末到她家做客，放松心情，大快朵颐地道的中国菜，这让我第一次在大洋彼岸也感受到了家的温暖。

包老师"永远在那里"的支持让我很快适应了留学生活，找到了自己的定位和自信。之后三年的求学生涯中，我顺利拿到全额奖学金，并在大学的国际学生管理处获得研究生助理的工作职位。

三、良师之大爱，是人生抉择时的"妙计锦囊"

在美期间，我不仅从包老师身上学到了学术知识和专业技能，更重要的是学到了正确的人生态度和价值观。她教会我要遵从本我、勇于挑战世俗的精神，她的榜样和教诲将一直激励着我在未来的道路上继续成长和进步。

在我即将毕业进入职场时，我曾陷入对未来的迷茫和选择困难之中。包老师用她丰富的人生经验和智慧，引导我明确自己的兴趣和目标，并鼓励我勇敢追寻内心的声音。她告诉我，人生的路途上不需要从众，而是要找到符合自己价值观和激情的方向，并坚定地朝着目标前进。临近毕业，选择困难焦虑症再次来袭，到底是留美还是回国？包老师再次坚定地告诉我要遵从自己的内心，不要受外界的干扰。于是，拿到MBA和教育学双硕士的我并没有像当时众多前辈一样留美，而是坚决地选择了回国。至今，我也从未后悔过当时的决定。

◎毕业典礼时本文作者与包老师合影留念

四、良师之大爱，以身作则，是我辈的"人生楷模"

我在美读书期间，包老师由于工作出色，多次获得大学的教授成就奖，为华裔教授之表率。她带领 MBA 项目的教授们完成了 100% 线上教学的转型，并通过学院、大学、州级学术委员会的批准；她在 MBA 财务会计课程教学中的创新实践，得到学生的高度认可，被评为"最好的会计学教授"；她开设了"Impact China"暑期中国访学课程，带领数十位美国学生拜访中国知名的商业及教育机构，游历代表城市，深度了解、体验中国；她还深度服务社区，在当地小学，出任沉浸式中文教学项目的董事会成员，指导项目落地、发展。2015 年，包老师获得大学提名，荣获马里兰州州立大学系统（共12所高校）董事会"教授杰出成就奖"，是董事会授予教职人员的最高奖项。我一路见证并参与包老师的各种教学创新以及社区公益服务，为她的努力和成果感到无比骄傲和自豪。

◎包老师和"Impact China"的学生在上海访学

2018 年，包老师在美国高校深耕 20 年，已是终身正教授，却为了自己的梦想毅然放弃国外舒适的生活，回到国内从事私募股权投资工作，重新出发。这种遵从自己内心的勇气和选择，更是令我钦佩不已。

如今，我已步入职场多年，也从事高等教育的相关工作。我仍然保持着与包老师的联系，每每遇到工作上的挑战或是职业发展的困惑，还经常会去叨扰她，听取她的意见及建议。她从我学业上的老师逐渐转化为我的人生导师和朋友，成为我可以信任和依靠的人。与包老师相遇相知，对于我来说，是莫大的幸运和福气。

最后，我要衷心感谢包老师对我的悉心教导和关怀。她的智慧和榜样力量让我受益匪浅，正是她的教诲成就了今天的我。我将继承并传承她的爱与帮助，努力成为一个有影响力、有责任心、有担当的人，回报她和其他良师的付出。

吴东辉教授 [*]

◎吴东辉教授

　　吴东辉教授是会计研究领域全球知名的华人学者和权威专家，深耕于以中国为背景的会计、审计与财务问题研究。吴东辉教授在厦门大学完成会计学本科及硕士教育后，获得香港中文大学的会计哲学博士学位。他目前担任香港中文大学商学院的教授，兼职暨南大学客座教授。近年来，吴东辉教授在这些领域取得了丰硕的兼具理论创新和实践价值的研究成果，在国际顶级会计学及管理学期刊 *The Accounting Review*、*Contemporary Accounting Research*、*Journal of Accounting and Economics*、*Journal of Accounting Research*、*Review of Accounting Studies*、*Management Science* 等发表论文二十多篇，这些论文处于研究领域前沿，题材涉及财务会计、管理会计、审计、税务与公司财务。作为中国研究的先驱者和实践者，吴东辉教授既推动了众多关于中国的研究问题登上国际学术舞台，也促进了这些领域的本土化理论研究。

　　吴东辉教授的研究有很强的创新性与影响力，有数项标志

---

* 本文作者：吴东辉，厦门大学会计学系毕业生，现任职于香港中文大学商学院。

性研究成果。根据美国杨百翰大学2022年度全球会计学者引用数排行（http://www.byu-accounting.net），吴东辉教授在审计研究方向排名第4位，在会计的所有研究领域排名第56位。而根据发表于Abacus的一篇文献计量学研究"Twenty Years of Accounting and Finance Research on the Chinese Capital Market"，在中国资本市场金融和会计领域，吴东辉教授在发表于顶级学术期刊上的论文数量与论文引用次数方面分列全球第2与第3名。因其杰出的研究贡献，吴东辉教授获得香港中文大学最高级别的学术奖励Research Excellence Award（2016—2017年度）及港中大对青年模范学者研究成就的奖励Young Researcher Award（2016年）。

吴东辉教授的研究除了在学术界具有影响力，其成果也为实务界所引用，并对美国上市公司会计监督委员会（PCAOB）制定Release-2015-008的披露要求产生了一定影响。香港大学教育资助委员会（University Grants Committee of Hong Kong）于2020年对香港所有公立大学开展研究评审工作（Research Assessment Exercise 2020），其中Impact Case Studies考核科研成果对实务所产生的影响，吴东辉教授所提交的研究成果获得该项目的最高分。

多年来，吴东辉教授致力学术研究的同时也热心服务学术界。他于2008至2011年期间担任China Accounting and Finance Review执行主编，自China Journal of Accounting Research于2008年创刊后担任该期刊的副主编。2022年，吴东辉教授应邀担任Contemporary Accounting Research的编辑，是大中华地区唯一担任这一会计顶级期刊编辑职务的学者。2023年，香港中文大学、南京大学与上海财经大学联合创办《会计学季刊》，吴东辉教授是这一学术期刊的创刊主编之一。

吴东辉教授有丰富的教学经验，曾任教于香港岭南大学与香港理工大学，并于厦门大学、上海财经大学、厦门国家会计学院、上海国家会计学院等院校授课。近年来主要教授财务报表分析与企业估值方面的课程。除了教授本科与硕士课程之外，吴东辉教授也指导博士生，博士生毕业之后任教于BI Norwegian Business School、上海交通大学、中央财经大学、暨南大学与香港理工大学等。行政方面，吴东辉教授目前担任港中大公司制度与治理中心主任、博士生课程主任以及与上海国家会计学院合作的高级财会人员专业会计硕士课程的港方主任。

会计作为通用的商业语言，对促进资本市场运作乃至经济发展起着重要的作用。目前，吴东辉教授正开展如何利用财务与非财务信息识别会计舞弊、评估上市公司质量以及提高资本投资回报等一系列研究。同时，吴东辉教授也继续在推进审计领域的研究，一方面，利用社会网络理论，在会计师事务所与个人审计师之间界定出审计团队这一新的组织层级，考察审计团队成员之间如何合作及其对审计后果的影响；另一方面，利用产业组织与经济地理学理论，研究中国审计市场结构如何应对管制要求与市场需求的变化而发展。

附：博士生毕业临行写的致谢信

吴老师：

转眼我已经在香港中文大学度过了五年，马上就要离开我的象牙塔了。我回想了一下这五年，我最感谢的还是您。刚来读博士的时候，我没有什么研究背景，也没有导师教过我应该怎么做学术。博士前两年的时候，我感觉学术是个圈，而我就是那个圈外人。但是自从选了您为导师，我慢慢地感觉自己好像找到了个小门。

跟您每次交流之前，我都是紧张的，我害怕自己不懂，害怕自己做得不好。但是就算是这样忐忑的我，也得到了您的很多支持和鼓励。在很多次的讨论之后，我发现您的研究哲学、您的建议，全部都是由您自己宝贵的经验得来的，很多事情都看得非常长远。您是真实地希望自己的学生能在学术这条路上走得更远，甚至没有想过任何回报。

我非常庆幸您是我第一个也是唯一的导师，我慢慢地学到了一些研究的态度，一些研究的逻辑，会支持我在学术的漫漫长路走下去。每次不管您有多忙，也不管我的问题大小，您都能抽出时间来跟我讨论。这种学术上的安全感是导师能给我的最宝贵的东西。如今我将带着您的这份礼物离开学校，向外迈出第一步。虽然我们之后还是会经常见面，但是我想我的感谢还是要及时说出口。谢谢您五年以来的支持和教导！希望您身体健康，万事如意！

学生们眼中的林蓓昕教授[*]

　　林蓓昕博士，1998年以专业成绩第一名毕业于厦门大学注册会计师专业本科，同年赴美；2004年取得罗格斯新泽西州立大学（Rutgers，the State University of New Jersey）的会计学博士及工商管理硕士；2003年加入蒙特克莱尔州立大学（Montclair State University）商学院成为会计学系助理教授；2008年获得终身制教授并晋职成为副教授；2016年升职成为商学院最年轻的正教授。林蓓昕教授在本科和研究生的教学中，先后主讲过"会计学原理""中级

◎林蓓昕教授

　　*　本文作者：玛丽亚姆·斯凯雷克、婕罕·阿巴伊汗、埃迪·雷耶斯、克里斯汀·莫肯豪普、德鲁·海姆利奇、萨尔·法里诺、阿姆恩·马哈穆德；翻译：林蓓昕。
　　注：林蓓昕教授为厦门大学会计学系毕业生。

财务会计""当代会计问题""高级财务会计""管理人员会计学"等等课程。过去20年她培养的学生成为各大会计师事务所、公司财务部和管理层，以及投资管理咨询公司的中坚力量。在迎来母校会计学科百年庆典之际，林教授邀请她的几位学生来记录和分享师生之间相处的一些美好回忆。

玛丽亚姆·斯凯雷克：

我叫玛丽亚姆·斯凯雷克（Maryam Skairek）。我今年5月从蒙特克莱尔州立大学毕业，获得了会计学学士学位，并将于9月继续攻读会计学硕士学位。目前我正在毕马威（KPMG）做商业税务实习。非常感激能够借此机会回忆在林教授卓越指导下的学生时光。我对她的专业知识和坚定的奉献精神深感钦佩，我很高兴能够分享一些让我记忆深刻的片段。

我有幸成为林教授的两门课程的学生："会计学当代问题"和"高级会计"。其中，"高级会计"在我的心中占据了特殊的位置，因为它巩固了我对这个专业的热爱。尽管这是我在大学里面上过的最具挑战性的课程之一，但也证明是最有回报的。从我踏入她的教室的那一刻起，林教授的才华就闪耀出来。她不遗余力地充分备课，为学生提供充满多样实例的笔记资料，还有额外的作业和练习题，并始终表示乐意提供帮助。

林教授有着使复杂概念变得简明易懂的特殊能力。她巧妙地融合了现实世界的例子和实际应用，使我们能够理解会计的复杂性。其中我最喜欢的一个例子是她在高级会计课上解析的 AOL 和时代华纳合并对业务的负面影响。她的教学风格是将理论与实践无缝结合，这使我认为她是我们会计学系的黄金标杆。

林教授的影响远不止于课堂。每当我遇到困难时，她总是与我仅隔一封电子邮件之遥，能迅速回复并给予详细的解释和指导。然而，真正使林教授与众不同的是她对会计的热情和感染力。她每堂课都充满热情，吸引着我的注意力，激发了我的好奇心。她激起了我心中对这门学科的真正热爱，总是激励我进一步探索。她坚定不移的支持和指导对我以最高荣誉毕业并获得无债务的本科学位的成就起到了关键作用。

林教授，您的奉献、才华和激情在我作为一名会计学生的旅程中留下了难以磨灭的印记。您激励了许多像我这样的女性以坚定的激情和决心追求会计事业。我渴望有朝一日成为像您一样的人。能成为您的学生是我永远感激的荣幸。您是一位激励人心的导师，对厦门大学会计学系来说是真正的财富。

在厦门大学会计学科百年庆典之际，我们必须向像林教授这样的杰出教育者致敬。

婕罕·阿巴伊汗：

我的名字叫婕罕·阿巴伊汗（Jehan Abayhan），2021年会计学士毕业，目前在普华永道审计部（PwC）工作。大学对所有学生来说都是一个有趣的时期，因为在这个时期内青年人第一次可以为自己创造一条道路。和其他许多学生一样，我刚进入大学时充满困惑和不确定，不知道未来会怎样。在我的求学之旅中，我进入了商学院，渐渐地一切开始变得清晰。回顾我的经历，我可以自信地说，如果没有我在大学期间有幸结识的几位教授的影响和指导，我今天不可能处于现在的位置。其中一位在我生活中具有重要影响的人是林教授。与许多同行不同的是，林教授超越了教育者的角色，同时充当了每个学生的导师、榜样和朋友。

我修林教授的高级会计课程时，是在一个非常不可预测的时期——新冠大肆流行。即使在那时，林教授也能够为所有学生提供最周到的学习经验。在非常不理想的"Zoom时代"学习期间，林教授不放弃她的学生，无私地为我和其他同学提供最具互动性的课堂体验。她把我们班分成两组，设计了线上线下的混合教学模式。从学期的第一天到最后一天，无论是线上还是线下，林教授都会为学生提供帮助。我回忆起我和其他同学在课后留下来向林教授提问与课程相关的问题的时光，很快我们的对话就会从课程内容向外拓展延伸。

林教授的温暖和她提供的安全感帮助学生们获得了在课堂内外都能成功所需的教育知识。蒙特克莱尔州立大学非常幸运能拥有像林教授这样的教育工作者和领导者，因为她投入了时间、爱和精力来关心她的学生。尤其对于我这样的对未来感到困惑的大学生来说，林教授帮助我学会热爱我自己所创造的道路，这激励我拥抱她课堂之外存在的所有可能性。直到我踏入林教授的课堂，我才真正理解一个教育工作者所拥有的影响力有多大。

埃迪·雷耶斯：

我的名字是埃迪·雷耶斯（Eddie Reyes），2021年会计学士毕业，2022年12月取得会计硕士学位，目前在摩根士丹利（Morgan Stanley）上班。我很荣幸能够有林蓓昕博士作为我"当代会计问题"和"高级会计"课程的教授。直到今天，我依然认为林教授是我在整个学业过程中遇到的最杰出的会计教授之一。她能够逐步向学生解释复杂的会计和财务概念，并通过真实的案例使我们更好地理解这些内容。我是在疫情期间上的这些课程，在那时，林教授不仅要应对教授一门难度较高的课程的挑战，还要在这个艰难的时期保证学生的参与度和学习积极性。林教授会深入讲解作业问题，并关心我们对所给问题的理解。她不断地将行业的知识传授给我们，并愿意花时间在课后辅导我们，为我们讲解考试做错的试题以便我们从中吸取经验教训。我最喜欢的一个学习单元是政府会计。林教授会向我们展示不同政府实体最近财政年度的预算，这帮助我们作为学生更好地理解整个会计行业，包括政府和非营利组织。最后，林教授在课堂之外还通过帮助学生获得奖学金和就业机会来提供支持。由于林教授出色的教学，我在本科一毕业紧接着读研期间就顺利通过了注册会计师的所有考试。总的来说，林博士将永远是我最喜欢的会计教授之一，她不仅在专业上培养了我，让我顺利进入职场，也在个人层面上对我进行了培养，让我能够更好地面对毕业后的世界。

克里斯汀·莫肯豪普：

我叫克里斯汀·莫肯豪普（Christine Mockenhaup），2012年获得蒙特克莱尔州立大学的会计学学士学位，2014年获得工商管理硕士学位。我对跟随林教授学习的时光怀有非常美好的回忆。其实我的大学道路并不传统，二十出头时离开学校，没有完成大学学业，怎么也想不到会在三十多岁时重返校园。我热爱会计学，林教授是我回到学校并选择会计学专业时的头几位老师之一。我一直很欣赏她回答问题时的周到与认真。当我们课后留下来有问题需要解答时，她总是愿意帮助我们，确保我们对所学知识点理解清晰。

有趣的是，今年我的女儿高中即将毕业时有机会参观我的母校。碰巧那天林教授也在学校开会，所以我有机会把她介绍给我的女儿。女儿对会计专业不感兴趣，所以当我介绍时，我说："这是林教授，但是你没有运气上她的400-level的会计课！"这些年来，我很幸运能与她保持联系。在蒙特克莱尔州立大学的这些年里，她是我印象最深刻的教授。听到她将作为杰出会计教师代表被收录进《厦门大学会计学科百年史》时，我感到非常高兴，这是一项实至名归的荣誉。

德鲁·海姆利奇：

我的名字是德鲁·海姆利奇（Drew Heimlich），目前在 Guggenheim Securities 担任常务

董事（Managing Director），我是2012年毕业的。我感到非常幸运，在大学的大二和大四期间都能得到林教授的指导。林教授在中级财务会计课程中为我介绍了会计学，而在高级财务会计课程中，她则向我传授了CPA考试和真实世界中的高级的会计概念。林教授始终以热情和亲切的态度对待学生，我记得我是在她上的中级财务会计课里找到了对会计的热爱。林教授非常细致和耐心，总是确保学生正确理解概念，她让会计变得易于理解。在更高级复杂的课程中，林教授营造了一个充满活力的环境，让学生可以辩论思想并探索和解决复杂的会计问题，例如公司合并报表。回想在MSU的日子，林教授无疑是我最美好的回忆之一，而且在毕业后的这些年里能够与她保持联系真是太好了!

萨尔·法里诺:

我叫萨尔·法里诺（Sal Farino），于2021年获得会计学学士学位，目前，我在毕马威担任高级审计助理。我第一次与林教授见面是在大三春季学期，在她的中级会计课上。说实话，一走进教室我最初的想法是，我能听懂这位可能带着外国口音的教授的讲课吗？五分钟后，我就明白了为什么她在我们会计学系备受尊敬并获得许多学生的好评，我知道我要确保抢到林教授教的所有课程。她上课的方式和引导班级讨论的能力让你能够感受到她如何全心全意准备教学内容，并致力于确保所有学生都能取得成功。跟随林教授学习感觉非常轻松，随着我们学习的深入，我对会计的热爱不断增长，我被激发出探索更深问题的求知欲。课堂内外，我提出的问题总是得到热情的回应，她的激情很有感染力，激励我在课余时间投入辅导其他学生的工作中。即使在我作为毕马威的审计师的职业生涯中，我仍然会回想起她的课程，并记得那些学到的知识，因为她花时间帮助我和同学们将中级会计与高级会计课程的知识相连接，并正确把握会计准则的原理。正是因为有像林教授这样的教授，我在毕业那天充满信心地踏上我梦寐以求的职业之旅，并且为实现我梦想的伟大事业做好了准备。我深信有一天我会回到母校成为教育下一代的会计教师。

阿姆恩·马哈穆德:

我的名字叫阿姆恩·马哈穆德（Amun Mahmood），今年刚毕业，即将在德勤（Deloitte）工作。我有幸拥有林教授作为我三门会计课程的教授。大学的最后一年，我连续上了两门林教授的课！我非常感激她关心学生的职业发展和学术发展。林教授会安排时间邀请嘉宾演讲，讲述他们的职业生涯并介绍更多的就职机会。这帮助并鼓励学生提出问题，从而了解更多关于会计领域的知识。在大三的一门课上，我们有机会听到来自毕马威（KPMG）合伙人的分享，他们讲解了面试技巧和他们公司所提供的各种职业发展项目的信息。我深感有幸能听到毕马威的分享，因为我希望能获得他们的面试机会。我非常感激林教授为学生提供这些机会。

第二年，当我发现毕马威提供的面试时间与一门考试冲突时，非常担心，因为那是唯一可选的面试时间段。幸运的是，林教授很好心地帮我安排在面试后当天参加考试。当天考完试后，我接到了我首选公司德勤给我发放工作 offer 的电话。我记得当时我尖叫了，这让林教授非常担心！能与林教授分享这段找工作的经历，并看到她以我为豪，真是太棒了！然后第二天，我收到了在考试那天面试的毕马威会计公司给我的 offer。如果不是林教授让我参加面试，这是不可能实现的，我非常感激她对学生的支持和关心，我永远不会忘记。

◎林教授与学生在一起

得遇明师，沿途有灯

——记程仕军教授*

　　得遇明师，如沿途有灯，让人能看清来处去处，明白到底要如何前行。程教授是我博士的导师，更是我人生旅途中一直指引我的那盏灯。我有幸成为程教授的学生，至今已经整整十年了。在这十年工作生活中的每个关口，我都会不自觉地以老师为榜样。欣闻厦门大学会计学科要修百年史，能够为我的老师写几句话，是学生之荣幸，也很自豪能有机会让更多人了解吾师为人师表的风采。

　　初识老师是2013年的秋天，那时候我刚刚辞去了在业界的工作，一门心思转型投入学术研究。但是懵懵懂懂中的我并不知道，美国商学院的博士项目有意设置得极具挑战，每一个阶段都有自己独特的关卡。而且我刚刚入门，学术的流派复杂，千头万绪，根本不知道从何入手。万幸的是，我刚刚开始抓耳挠腮，就开始了程教授的公司治理专题课程。也正是

◎本文作者与程教授合影

＊　本文作者：曹毅。
注：程仕军教授为厦门大学会计学系毕业生。

在这门课上，老师为我打开了学术的大门，让我学到了如何才能去繁从简，用好研究的标准来指导自己的工作。学术和其他任何行业一样，有不同的学者怀着或长期或短期的目标进行研究。有些短线研究虽然一样会有成果，但是在学术贡献上差别很大。

程老师生活当中非常随和，但是在研究和工作中观点犀利，研究的品位和标准极高。他常说的一句话就是，如果仅仅找一个公司特征做自变量，再随便找一个公司现象做因变量，做这样拼起来的矩阵研究不如留着有限的时间去做点真正有意思有影响的课题。当我们找到一个新的课题去找老师，他的第一个问题往往是"这份研究会不会真正对学界和业界有价值"，而在选定课题之后开展工作的讨论中，他都能在具体问题上抽丝剥茧，每一次的点拨都直指关窍，严谨求实。在他犀利通透和严谨细致的学术价值观影响下，我在毕业选题的时候慎之又慎，往往一个课题还没有提交老师讨论，就没能过得了自己这一关。到了提交选题的最后关头，仍然没有头绪，我的压力很大，研究也停滞了。老师在这个时候反而和我交流更多，不断开导我的同时，还建议我用好自己的业界背景，可以先放下手中的工作，暂时去业界看看，说不定会有灵感。在老师的鼓励和帮助下，我在美国证监会下属的上市公司会计委员会访问了几个月。果然在调整状态的这段时间中，我也从业界的公司运营中找到了毕业论文的课题。以此为契机和灵感，老师和我的研究团队几年之后的一篇论文成功发表在会计的国际顶级期刊 *Contemporary Accounting Research* 上。可以毫不夸张地说，这篇文章见证了我们的师生情谊。老师通达的学术观与海纳百川的学术态度深深折服了他的每一个学生，也正是因为他的因材施教，才能让师门百花齐放，大家在不同国家、不同文化中延续着老师治学和人生的精神，这也是老师给我的最宝贵的财富。

程老师不但是一位治学严谨的学者，更是一位人情通达的智者。对我来说，老师如师、如父、如友，在我人生遇到困惑和挫折的时候，我总是去寻求老师的帮助和指引。博士的最后两年，我在生活中遭遇到许多从前没有遇到过的困难，加上学业的压力，心中数度萌生退意。老师在了解我的情况之后，几次约我长谈，而正是这几次交流，让我感受到了老师这样一位智者对生活的透彻感悟，以及如父亲一样对学生的关心爱护。他的帮助让我跳出当时迷失在纷繁复杂中的情绪，重新冷静地审视自己，也正视生活中的这些困难。在毕业前夕寻找教职的过程中，老师不厌其烦地帮我把申请材料中的每一个细节都反复推敲。而在我最终决定尝试回国工作几年，去询问老师看法的时候，他如父亲般欣慰，只说了一句让我至今难忘的话："只要让你满意的选择，我都会全力支持！"我工作后才从其他渠道得知，在我投出简历后，老师向很多他在学界的朋友都曾大力推荐过我，而在我决定回国放弃其他大学的访校机会后，又是老师去和朋友一一解释，帮助我维系好与同仁的关系。

但是这些付出他自始至终从来没有和我提过。我深深感怀于老师对我无私的关心帮助，也是老师的为人师表，让我更加坚定要以老师为榜样，努力做好学术，带好学生，把老师的治学和教育的精神传递下去。

在深圳工作的几年，每次老师来访，我都如小孩子一般开心。我想这大概是老师和学生之间相处最舒服的状态。提笔千言，也难细述十年师生情谊。大学之为大，正因为有程教授这样的明师，在教与育中，与学生结下了不解之缘，也培养出了一代代社会的基石。而厦门大学会计学科成立已煌煌百年，更是百花齐放的沃土。撰此小文，记录吾师风采，也以此文贺厦门大学会计学科百年庆。

"文"以载道，温润如"霞"
——记渥太华大学葛文霞教授[*]

古人云："经师易遇，人师难遭。"何其有幸，读博生涯中能够遇到葛文霞教授，跟随其深耕会计学研究。葛老师总是面带笑容，给人以如沐春风之感。她治学严谨，授课时总能循循善诱。对待科研，她更是勤勉认真，一丝不苟；对待学生，葛老师亦师亦友，平易近人，和蔼可亲。

◎葛文霞教授

温文尔雅，如沐春风

与葛老师初次相识的场景至今仍历历在目，那是一次线上视频，我内心带着巨大的忐忑：英语口语的不自信、研究方向存疑、留学计划不明朗……但所有这些不安和担忧都被葛老师温柔的语气、温暖的笑容化解了，其间，我充分感受到被肯定和认可，也看到了出国求学的希望。因不可抗力因素，我的加拿大签证迟迟未下，是葛老师第一时间通过微信和邮件安慰并给了我很多非常

---

*　本文作者：陈蓉蓉，北京交通大学博士研究生，渥太华大学访问博士生；罗立之，渥太华大学博士研究生。

注：葛文霞教授为厦门大学会计学系毕业生。

可行的建议，比如向加拿大学校的负责人发邮件询问是否可延迟入学，向各位任课老师发邮件询问是否可以延迟上课等。我的签证在开学一周后终于拿到，葛老师也是马上发邮件叮嘱我一些订机票和通关等注意事项。第一次正式见面是在葛老师办公室，最先映入眼帘的仍然是葛老师暖暖的笑容，让人倍感亲切。起初我还有些拘谨，但葛老师的亲切随和让我逐渐地放松下来。葛老师了解了我初到加拿大的生活状况，热情地分享了很多加国生活经验，还一同讨论了彼此感兴趣的研究领域，她还亲切叮嘱我要注意安全、劳逸结合。葛老师举手投足之间温文尔雅，让人如沐春风，给人以恬静、舒适之感。依稀记得走出办公室时，尽管寒风扑面，但我内心满是兴奋和激动，这正是葛老师给予身处异国他乡的学子的温暖和归属感。

严谨治学，循循善诱

葛老师授课时注重整体框架、条理清晰，深入浅出、循循善诱。葛老师讲授 Introduction to Accounting Research: Special Topics and New Development 这门课，通过该课程，我们不仅对会计学研究的经典领域有了整体清晰的认识，还学习了思考问题的方式方法。葛老师总能够通过生动有趣的小例子让我们深刻理解经典的会计理论，在讲述逆向选择（adverse selection）的时候，葛老师又引入 "Used cars market: a peach or a lemon?" 的小故事，让我们对逆向选择有了清晰具体的认识。葛老师不仅讲授经典的会计学理论，还通过最新权威的论文给我们传授里面的一些实证方法，比如多元线性回归（multivariate linear regression）和多重线性回归（multiple linear regression）的区别，如何解释双重差分法（DID）的效应，工具变量（IV）是如何运用的，经济效应是怎样计算得出的，等等。在葛老师的课堂上，每位同学都有展示发言的机会，同学们的展示内容不同、风格不同，葛老师总是认真地倾听，不时记录同学们的发言和问题，并对同学们的 PPT 提供有价值的建议。葛老师还鼓励我们积极提问，大家一起参与讨论，课堂氛围时而严谨，时而活泼，常有思想的火花迸发，她清晰的思路和启发式教学总给人醍醐灌顶之感。课堂上，葛老师不仅教授系统的会计前沿研究，包括经典理论、研究逻辑、实证计量等，还非常热心地帮同学们解答各式各样的问题，并激发我们的创新精神，令我们受益匪浅。

勤勉致知，一丝不苟

葛老师对待科研更是一丝不苟，常年耕耘在科研一线，即使忙碌之极仍然关心学生的科研，为学生的科研选题把握方向。她总能充分结合选题的研究贡献、新颖度、现实意义等为学生提供建议；同时，她对待学生的研究论文也是严谨认真，大到研究定位、文章结构和研究逻辑，小到文献引用、句式表达和英语语法，她都会逐字逐句修改和提建议，让我们在不断的学习和完善中提升科研能力。同时，葛老师还会和我们分享学术会议的信息，建议我们积极参加学术会议，多聆听、多学习、多问为什么，进而启发思维。在撰写学期论文时，她鼓励我们多寻找自己感兴趣的主题，因为她始终认为，兴趣才是我们在读博这条漫长的求学之路上能够坚持下去的不竭动力。选定主题后，她会建议我们多问问自己"做这个研究的贡献是什么，谁会来关注这个研究，是学者、实践者，还是政策制定者？"她说："一个有趣的主题才能吸引期刊评审继续读你文章后面的内容。"

跟随葛老师学习以来，在科研方面除了上述获益外，还有两大收获：一是在梳理论文逻辑的时候，首先要说服自己，其次要通篇逻辑自洽；二是在分析实证结果的时候，不仅要关注实证结果所体现出来的"What"，还要详细论述产生实证结果的"Why"。与此同时，在与葛老师的沟通和讨论过程中，能够感受到她对科研的强烈热爱，每次她和我们分享论文时，眼睛里总是洋溢着兴奋与喜悦。葛老师对待科研严谨细致的要求、一丝不苟的态度、发自内心的热爱都深深地影响着我们今后的科研之路。

平易近人，和蔼可亲

教学和科研中的葛老师细致专业、严谨认真，生活中的葛老师与我们亦师亦友、平易近人、和蔼可亲。在做留学行前准备时，葛老师主动和我们分享了很多租房攻略；在申请留学签证时，葛老师热情地帮助我们联系学校各行政部门，帮我们准备相关材料；初来加拿大时，葛老师给我们的学习、生活提供诸多建议和帮助；渥太华暴雪、冻雨来袭前，葛老师也会关心问候我们，让我们提前备足物资，减少外出；葛老师还建议我们劳逸结合，和我们分享了加拿大很多好玩的地方，让我们在学习之余，也好好体验生活。依稀记得，刚来学校时，葛老师为我们办理相关手续忙前忙后的身影，希望我们能够尽快安顿好；也记得和葛老师一起踏着冰雪，走进中国饭馆，品尝美味的荠菜馅大馄饨，开心地唠着家常……葛老师的热心、和善及帮助，给予了我们在渥太华所感受到的最大的温暖。

从葛文霞老师身上，我们感受到的是春风细雨般的温柔、认真授课的严谨、专注科研的热情、对待学生的和蔼……感恩在自己的学习生涯中能够遇到葛老师，她的温暖平和、与人为善、科研态度和谆谆教诲令我们受益终身。

师生情　一辈子
一起走 *

周海燕：

时间总是过得太快，一晃眼母校的百年生日已过，还没回过神，我们的百年系庆也到了。在这样的日子，总是想留些文字作为纪念，否则白驹过隙，雁过无痕，很多回忆将要消失在历史的长河中。在此谢谢会计学系的杜兴强和蔡宁两位主任的盛情邀稿，给我机会打开记忆的大门。

印象最深的是1994级注册会计师班的学生们，有好些学生至今还有联系。我就写写他们的故事吧。

首先恭喜陈华晶同学升任 Villanova University 终身教授，这是个认真学习认真做事的好姑娘。我们不仅是师生，还是师姐妹。记得当时在 Temple University 读博士三年级时，正好导师名下有个博士生的名额。据说是录取的那个学生签证没有通过，于是导师 Heibatollah Sami 问我可不可以直接联系上陈华晶同学。记得那是开学前的第一周了，我正在办公室干活。Sami跑过来敲门问可不可以帮他打个电话，我说行啊。他说："我需要这个学生下周来报到，你负责游说。"我说好。于是一个电话打过去就把华晶同学的人生轨迹给改变了。现在想起来有点对

---

* 本文作者：厦门大学会计学系系友周海燕、陈华晶、林凯、胡海峰、钟莉红。

不起母校，少了个优秀的硕士毕业生。于是她就成了我的师妹。如今导师快退休了，华晶同学荣升正教授，真是后浪推前浪。

钟莉红同学是没事经常找我的那个同学，是个机灵的小妹妹。毕业后去了在厦门的外企。几年后据说是觉得厦门不够大，又去上海滩混得风起云涌。十几年前我去上海时，她还只是世界五百强在中国的CFO。前些年请她来达拉斯玩时，她已经是五百强全球杰出女领导人和亚太地区的CFO了，连升几级，佩服佩服。前一阵又听说她"不安分"，跑到东南亚去驰骋商界、扭转乾坤了。我也在盘算着明年去那给几个学术刊物找个开会地点，争取和她在南洋"会师"。

全班第一个成为CFO的据说是林凯同学。他是个又帅又有才的精英，这么多年我们经常听说他的精彩故事。林凯同学一毕业就去了一家国企，一去就派到海外成了CFO。我们很多同学是CFO，可是还是没有谁有这样的火箭速度。后来他又去了圆通做CFO。我在2017年与浙江财经大学共同举办《亚洲会计评论》国际会计研讨会时，有幸邀请到他做特邀嘉宾。林凯同学在来自国内外的数十名会计教授面前侃侃而谈，引经据典，向我们展示了厦大优秀校友的气魄和胆识。至今我还欠着给他的奖品呢。前一阵听说他换到另一家大公司当COO了。希望林凯同学永远旗开得胜，捷报频传。

还有一直没有机会见面的胡海峰同学，我的小老乡。本来是有好多同学，从我离开厦大出国读博后一直没有见过面，为什么提起海峰同学呢？因为我离开厦大时正是海峰同学找工作的时候，我曾带着他去常勋老师的家里请求常老师为他写封推荐信。记得当时他想去深圳的一家大会计师事务所求职，知道常老师认识那事务所的合伙人，但又惴惴不安，不敢贸然登门拜访，就找到我这个青年教师外加江南老乡给他带路。常老师听说来意，马上修书一封，大力推荐。迄今想起这件事，仍觉得历历在目。常勋老师为我出国读书的推荐信原稿我依然保存着，不知道海峰同学是不是也存留着常老师的墨宝。听说海峰同学后来没有去深圳，而是回江南水乡办会计师事务所了。最近的消息是他募集了几十亿的资本又开始IPO了。希望海峰同学事业更上一层楼，在意气风发的时候，不要忘记向常勋老师学习，提携年轻人，推荐年轻人哦。

还有许多可爱的同学们，如笑意盎然的刘小南同学、文静热心的蓉贞同学、干练大方的吴美丽同学、秀外慧中的李雯同学、一起出国读书的林蓓昕同学……还有许多写不完的往事和情谊。祝同学们展翅高飞，也祝母校和会计学系再创辉煌。

◎厦门大学会计1998届注册会计师专业毕业留影

陈华晶：

很开心也很荣幸有机会写写我眼中的周海燕老师。首先，祝福厦大会计学科成立100周年。没有厦门大学这块土壤，没有那么多教过我的老师们的辛勤工作，给我打下坚实的基础和塑造我的品格，就没有今天的我。我很荣幸成为会计学系的一员，很怀念当时大家一起上课、一起自习，甚至一起夜宵的美好情景，现在回想起来都心里无限温暖，很荣幸能被许多老师们教过，在此表示由衷的感谢。

出了校园，才发现我们学到的会计知识是多么的扎实，当年的积累都成了我今天授课的根基。尤其感谢周海燕老师兼师姐，她于我亦师亦友。周老师教课内容居于前沿，方法新颖，而且生动形象；课外她又像个知心的好姐姐，助我申请到 Temple University 的博士班，让我有机会不仅当她的学生，也成为她的师妹，成为终生的好朋友。犹记刚到 Temple University 读书时，海燕老师一家热情接待了我，我在她家小住直到找到自己的住处，这让在异国他乡求学的我有了家一样温暖的感觉。不管是我学业上的任何困难，还是毕业论文、选题、答辩，找工作，抑或是和同学相处中遇到问题，海燕老师都非常热心尽力帮助我。她的勤勉和精益求精也令我印象深刻，遇到任何困难她总是迎难而上，积极乐观对待。她毕业后在 University of Texas 系统继续她的教职工作，早早升任正教授。我两年后也加入 Arizona State University，后来又加入 Villanova University 教书，有幸成为她的同行。她还是一如既往帮助我，分享她的经验和看法，让我受益匪浅。后来我有幸和海燕一起合作发文章，一起开会，一起为杂志审稿，她早已成为我生命中不可缺少的重要组成，我也为此深深感恩。

◎周海燕（后排右二）和陈华晶同学（前排右一）

林凯：

高中时代，厦门大学是我唯一的奋斗目标。所以，当我在1994年夏天收到厦大录取通知书时，不禁欢欣雀跃。然而，注册会计师专门化究竟是啥？不得而知。稀里糊涂地，我来了。很快我们发现，这个临时增加出来的注册会计师专门化班居然有多达51个可爱的兄弟姐妹！我们从军训初识，一起上课、自习，上图书馆，一起喝酒、唱歌、吹牛，一起看 NBA 和世界杯，到一起压马路、看凤凰花开，一切都那么美好！

很快我们就感受到中国最好的会计学系的强劲实力。葛家澍老师、余绪缨老师和常勋老师等会计行业奠基人培养了中国会计/审计行业所有第一的博士/博士后，也为我们配备了最强的教师团队——亲爱的班主任黄京菁老师、和蔼可亲的刘峰老师、有点搞笑的傅元略老师和美丽智慧的周海燕老师等。他们不仅传授知识，培养思维模式，还教给我们做人做事的道理。

我深刻感受到，厦大的影响力无处不在，厦大会计学系更深刻地影响了我的人生和职业生涯。记得2010—2011年我帮助公司从新加坡退市和在香港重新上市时，中介团队里厦大师兄弟们给我的巨大帮助；我记得2014年陈箭深老师献计献策，为公司融资和上市奠定坚实基础；我至今难忘2017年受周海燕老师邀请参加《亚洲会计评论》国际会计研讨会时，冷汗直流地在数十名会计教授面前班门弄斧；我也记得2018年在北京偶遇傅元略老师并受邀参与财政部数字货币方面的课题，但遗憾因工作原因中途退出；我还记得刘峰老师带师弟师妹们到公司现场教学，再次感受老师的博学和个人魅力！在我职业生涯的关键时刻，老师同学们给了我无数谆谆教诲和鼎力支持！没有你们，不会有今天的我。哪怕远隔重洋一别经年，永不敢忘！

而今，母系即将迎来她的百年生日。怀着自豪感恩的澎湃情感，我热烈祝福我们母系越来越好！厦大会计，百岁生日快乐！

胡海峰：

2023年春，江苏省财政厅组织去厦国会培训，我赶紧抓住机会回到母校所在地，报到第一天就迫不及待进母校转一转。

毕业已25年，我虽身处外地，但因工作或度假原因，基本上隔几年就会到厦门，而每次回厦门，去母校是必须的行程，因此对于母校的变化还不算陌生。从白城进入学校，习惯性来到芙蓉十一楼前，看着眼前熟悉又陌生的宿舍楼，20多年前的大学生活浮现在眼前。

当年青涩的年轻人本着"离家远一点"的宗旨择校，懵懂间选择了厦大，受长辈职业的影响又糊里糊涂地选择了会计专业，却在不经意间有幸进入了代表会计学界最高水准的学府。入学后，不断有惊喜：第一天发现入住的芙蓉十一居然尚未最终完工；又意外发现居然是全校唯一一座男女混住的宿舍楼，女生占据楼上三层，男生"屈居"下四层，虽然是不同楼梯出入，已经是全校最能接近女生的距离；更加惊喜的是入学后才获悉自己有幸成了国家首届"注册会计师专业"的一员。

大学期间的我很不成熟，回首那四年，其实留下诸多的遗憾，尤其是身在被称为"最美校园"的厦大，没有利用得天独厚的资源，留下风花雪月的回忆。不识庐山真面目，只缘身在此山中，当时在学校学习时，虽然知道有葛家澍教授、余绪缨教授、常勋教授等国内最顶尖的会计学者，但没有清晰地了解这意味着什么，并没有意识到所在的厦大会计学系的强大，直到走出校门踏上工作岗位，才慢慢体会到这段经历对我一生的影响和帮助有多大。四年看似平平淡淡的学习生活，却在潜移默化间奠定了我扎实的专业基础，厦大会计学系的学术声誉更是为我后来的职业生涯持续助力添色。

上学时希望逃离家乡的我在毕业后还是选择回到了家乡，本着学以致用、专业对口，我先是进入了会计师事务所，不久又转换赛道加入了本土的一个上市公司。家乡是个小县城，我所在这家上市公司原本是乡镇企业出身，业务做得不错，但人才相对缺乏。我加入后即参与其借壳上市的过程，厦大会计学系训练出来的专业素养让我在该过程中表现相对突出。没过两年，机缘巧合下，我即被任命为上市公司财务总监，当时的我仅仅25岁，是当时国内上市财务总监中最年轻的，这也是我人生中小小的高光时刻。其后我几次工作变动，基本上都是从事国内资本市场相关财务工作。在厦大会计学系打下的理论底子，让我在国内首届高级会计师考评结合的考试中取得了江苏省第一名的好成绩，后面又顺利考入国家和省级财政部门组织的"会计领军人才集训班"。

20多年的职场生涯，不论走到哪儿，不论何种的经历，"毕业于厦大会计学系"一直是我最自豪高光的标签，出门拜访新伙伴时，在自我介绍或者被他人介绍时，往往一提到"厦大会计学系"，就会有意外的效果，不时就遇到了校友，拉近了距离。

在学校时有幸近距离领略葛家澍教授、余绪缨教授、常勋教授等老一辈顶级会计学者的风采，更有幸得到常勋老师为我一个普通本科生找工作亲笔写的推荐信；当时为我们授课的青年教师黄京菁、傅元略、苏新龙、周海燕等现今都已成为会计知名学者；我的同班同学也已成为会计学系的骨干教师。值此厦大会计学科百年之际，愿厦大会计学系越来越强！

钟莉红：

跟极少部分同学一样，我是稀里糊涂地进了1994级CPA班，从此不仅成了著名的"吓大的"一族，仗着校友走天下，而且还在鼎鼎有名厦大会计学系的光环下，左右逢源，可谓三生有幸。

感谢周海燕老师的邀请，让我有机会认真地坐在书桌前，对厦大会计学系直抒胸臆。

回忆总是美好的，更何况我们有火红的凤凰花、安静的芙蓉湖和幽幽的情人谷。刚入学时的我有点叛逆，固执地认为这么好的环境，哪里都放不下一张安静的书桌。直到后来映雪成了我的最爱，旁边的林荫大道也是心头好。对了，画面中还有坐在自行车后架上浅笑盈盈的周老师，在校园里飞驰而过。那时候她是我们管理课的老师，说实话当时学了些啥已经不记得了，只记得这个江南的女子总是柔柔弱弱的，说话细声细气的，像极了戴望舒诗里撑着油纸伞的女子。没想到后来这个江南女子嫁给了山东大汉，山东小伙是生物系的博士生，也算是强强联手了，果然他们的孩子个个是"学霸"。因着相仿的年龄，又同样来自江南水乡，我们这些年从来没有断了联系，疫情前那个夏天有幸在周老师达拉斯的豪宅度过了一个愉快的周末，至今仍历历在目。

记忆的闸一旦开启，当年各位老师的风姿便源源不断地浮现在脑海，竟让我久久不能自拔：

帅帅的陈箭深老师在新生欢迎会上声情并茂一曲"Sealed with a Kiss"开启了我的大学时代；黄京菁老师那会儿也刚毕业吧，作为班主任的她对我影响至深，美丽的大眼睛仿佛要把人看穿，"你想继续做学习委员还是尝试下文体委员？"的问题着实让我惭愧；还有温柔而坚定的陈纹老师，让我的审计课得了整个大学期间的最高分，小小地自我膨胀了一番；当年喜得贵子的苏新龙老师，还记得我们送上的纸尿布吗？满口福建腔的傅元略老师，毕业后我后知后觉才知道傅教授也是一方学术大家；当然还有肖华老师，记忆中的柳叶眉和烈焰红唇相当的洋气，不愧是教原版财务会计的；至今仍记得曲晓辉教授在我们的毕业讲座上说，假如今天我不能在厦大教书了，那么我就在校门口开个修鞋铺，保证价廉物美，这已然超越了会计的借和贷；还有黄世忠老师跟我们分享他有钱有文化的境界，让我们叹为观止……会计学系每个老师各有特色，个个都才华横溢。我唯一的遗憾是少了跟系里几位会计界泰斗的近距离接触，所幸他们的徒子徒孙个个传承了老先生们的才和德，使我们虽身遥而心迩。有时候突发奇想，哪天要是能重返校园，听各位老师再上一节课，那必定是极美的，我也定能受益匪浅……

◎周海燕与钟莉红合影

值此会计学科100周年之际，遥祝母系历久弥新，再创辉煌！

在厦门看世界

——会计学系研究生生涯
对我的影响[*]

1996年，我从厦门大学经济信息管理专业考入了会计学系，从山脚下的芙蓉二搬到了半山腰的凌云二，开始了我作为硕士研究生的学习旅程。在会计学系的三年时光里，我有幸接触到了当时中国最先进的会计学教材，并聆听了许多杰出的会计学者，包括老一辈的葛家澍教授、常勋教授和吴水澎教授，以及青年才俊如黄世忠教授和陈少华教授的专题讲座。同时，在学习之余，我还有机会参与中国注册会计师行业先行者之一姚立中老师领导的数家企业股份化改制的审计工作。这些宝贵的经历让我在厦门这座南方小城接触到了当时中国最前沿的会计学理论、研究和实务，为我打开了看世界的窗口，激励我走向更广阔的舞台。

1990年代是一个巨大变革的时代，中国全面转向市场经济，重新建立证券市场，大批国有企业开始了股份化改制。与此同时，会计行业也经历了根本性的变革，一方面企业开始采用应计制会计制度，另一方面注册会计师行业的地位日益重要和队伍日益壮大。为了适应和服务这些改革，厦门大学会计学系推出了一套全新的会计学教材系列。这个系列是在会计学前辈葛家澍教授、余绪缨教授、常勋教授和吴水澎教授的主持下，全系师资力量共同参与编著的。他们大量参考了西方国家最新的会计理论和实务，

---

*　本文作者：杨志锋，厦门大学会计学系毕业生，现任职于纽约大学石溪分校。

并结合中国的实际情况进行了精心编写。我在考研准备阶段和研究生学习阶段认真研读了这些教材，从中受益匪浅。

其中，《中级财务会计学》这本教材内容全面、翔实，紧跟国际公司实务和会计处理的最新发展。比如，当时在中国尚未广泛流行的经济业务，以及应收账款转让和固定资产的融资/经营租赁等的会计处理，该书中都有详细的介绍。由于我曾经精读过此书，所以在《中级财务会计学》第一版面世六七年后，我在加拿大参加CFA考试，在考生普遍认为最困难的财务会计部分，我复习时毫不费力，答题时亦游刃有余。另一本教材《企业理财学》则非常全面地介绍了西方公司财务的理论和实践，包括资本结构理论、股利政策、资本资产定价模型以及投资组合管理等。这些专题在当时对大部分人来说都是闻所未闻的，但却深深地吸引了我，甚至直接影响了我后来出国读博的专业选择。当时中国的证券市场刚刚起步，大部分老师所受的会计学教育还是那套适应和服务于计划经济的苏联会计制度，因此对于从证券市场和股份公司发展出来的实务和理论都还非常陌生，同时中外交流也远没有今天这样活跃和便利。可想而知，诸位老师在编写这些教材时的超前理念和付出的辛勤努力可见一斑。

会计学系的老师们勇于求新、求变，青年学者黄世忠、陈少华等翻译并出版了瓦茨和齐默尔曼原著的《实证会计理论》。当时中国主流的会计研究都是规范性研究，而厦大会计学系则是国内规范性研究的重镇。实证研究和规范性研究的出发点和方法有所不同，在某种程度上可以说是对立的。会计学系的老一辈教师都是规范性研究的代表人物，但他们能够支持年轻教师翻译并出版《实证会计理论》，充分展现了他们宽广的胸怀。这本书深刻地影响了当代中国的会计和财务研究，以至于国内一直将"empirical research"翻译成"实证研究"。可以想象，这本书也对包括我在内的许多厦大的毕业生产生了深远影响。我和其他一些厦大毕业的学者的研究，尤其是我们研究生涯早期的论文，都明显带有这本书的痕迹。例如，我个人早期的几篇论文都是研究股票发行监管规定及其变迁对（准）上市公司和其他市场参与者如审计师行为的影响。

会计学系的三年生活中，最难忘的经历莫过于参与"查账"，即企业财务报表审计的工作。当时，随着外资的涌入和国企股份化改制的快速发展，中国注册会计师行业迅速崛起。作为国内一流的会计学系，厦门大学会计学系自然而然地参与到建设和发展新兴的注册会计师行业中。几乎所有当年的会计学研究生都或多或少地参与了一些审计工作。他们一般会参与自己导师领导的审计业务，形成一种师徒合作的组织模式。每年的年审季节，清晨时分，大南校门口经常可以看到会计学系师生三五成群，等待客户派车来接他们前往公司所在地进行现场审计。

我当时较为频繁地参与审计工作，暑假的大部分时间都跟随我的导师姚立中老师参加一些企业股份化改制的审计工作。参与审计实务不仅让我将书本知识应用到实践中，实时掌握会计规则和市场监管规定的变化，还让我有机会观察、感受宏观层面的法律法规以及微观层面的公司治理如何影响经济人的动机和行为，这给我未来的学术研究也带来了很大的帮助。当时的审计队伍基本上呈扁平结构，在从事业务的日子里，整个审计小组的成员几乎都和姚老师一起外出，共进午餐和晚餐，并一同返回校园。姚老师富有个人魅力，口才极佳，谈话风趣幽默；他思维活跃，博闻强记，阅历丰富，聊天中不时地引用历史掌故和趣闻轶事，我们都深受感染。姚老师的业务遍布全国各地，跟随他的学生因此有机会游历各地，这对于当时很少有机会旅游的学生们来说，是非常宝贵的认识国家、开阔眼界、了解各地风土人情的机会，例如如今因烧烤经济而走红的淄博，（不无得意地说）在二十多年前我就曾到那里进行审计工作。姚老师的人生经历颇为传奇，会计原先并非他本行。他本科毕业于厦门大学中文系，因调动到会计学系从事政工工作而和会计结缘。人到中年，多数人忙于柴米油盐、安于现状，姚老师却勇闯新领域，开始学习当时被视为冷门的会计学科知识。记得姚老师说他是和自己所带的本科班的学生一起坐在课堂上听课学习的。姚老师的这份决心、勇气和远见以及谦虚学习的精神令人钦佩不已。经过短短几年，姚老师便精通会计理论和实务，并成为厦大会计师事务所的主要创办人之一。随着时间的推移，厦大会计师事务所几经合并、重组和更名，如今成为中国排名前几位的知名大所。姚老师不断求新、勇于改变和从不懈怠的精神一直激励着我和其他同学。

◎硕士入学十周年作者回母校在南强二留影

◎留学加拿大生活照

◎夏威夷大岛旅行照

会计学系的三年生活在潜移默化中影响了我未来的职业生涯。我时常回想起会计学系的诸位老师们勇于改变自己、接受新挑战和尝试新事物的精神，这也激励着我不断进步、寻求积极的变化。自我从厦大硕士研究生毕业，在上海短暂工作后远赴加拿大攻读博士学位。在会计学系接触到的企业理财学让我对公司财务产生了浓厚的兴趣，所以我选择了财务学作为博士专业。会计学系的学习和实务工作经历使得我的研究偏向会计和审计，最终让我成为一名会计学教授。在香港工作了十年后，我移居美国，开始了在另一所高校的教职生涯。厦门大学会计学系的许多毕业生都选择出国攻读博士学位，并在海外高校任教，我们常常在不同场合相聚，每每谈起母校的老师们时，我们都怀着相似的感慨和感恩之情。值此厦大会计学科百年之际，衷心祝愿厦门大学会计学系在下一个百年再创辉煌。

吾师童一杏 *

◎童一杏

在昆士兰大学，有一位备受学生喜爱的会计学讲师，她就是我们敬爱的童老师。作为一位财务会计课程的授课教师，童老师以她的亲和力、耐心和组织能力，赢得了学生们的敬爱和信赖。让我通过一些生动的故事，来向大家介绍童老师这位令人难忘的导师。

在课堂上，童老师总是以她温暖的微笑、和蔼可亲的态度迎接我们。我记得第一次走进她的课堂时，她主动与每个人握手，并询问我们的名字和兴趣爱好。这种亲切的举止立即拉近了师生之间的距离，让我们感到她是一个易于相处的人。

童老师的组织能力和课程准备也令人钦佩。她每一次上课前都会认真准备，并确保课程内容的结构和逻辑清晰。她使用丰富的教学资源和实例，帮助我们将理论知识与实际应用相结合。她及时更新课程内容，与会计行业的最新发展保持同步。这种高效而有序的教学方式让我们能够更好地理解和掌握会计知识。她还

---

① 本文作者：匿名。
注：童一杏老师为厦门大学会计学系毕业生。

以她独特的幽默感和耐心解释复杂的会计概念，使得枯燥的课堂变得生动有趣。

除了在课堂上的互动，童老师对每个学生的尊重和关怀也令人难忘。无论是在课堂上还是在课后，她总是愿意倾听我们的想法和困惑。记得有一次，我在课后给童老师发送了一封邮件，询问了一个关于会计伦理的问题。令我惊喜的是，童老师在几个小时内就给我回复了。她不仅简单地回答了我的问题，还给我提供了一些额外的学习资源和建议。她的回复让我感到非常受重视和关心，也让我更有信心面对学习上的困难。

童老师深知理论知识与实践的结合对学生的重要性。为了让我们更好地理解会计原理在实际工作中的应用，童老师经常安排企业访问和实地考察。记得有一次，我们班级组织了一次参观当地一家知名企业的活动。童老师亲自带领我们参观，并向我们介绍了该企业的财务管理实践。在参观过程中，她不仅仅给我们讲解，还鼓励我们与企业员工进行交流。她带着我们走进企业的财务部门，让我们亲眼见证了会计理论如何应用于实际工作中。这次参观不仅让我们学到了许多知识，还增强了我们对会计职业的兴趣和对未来职业发展的信心。

童老师对我们的影响不仅仅局限于课堂教学，还包括社会实践和学术交流。她组织学术研讨会和行业讲座，拓宽我们的视野，并让我们有机会与专业人士交流。她还鼓励学生积极参与学术竞赛和项目，提高我们的专业素养和竞争力。童老师总是对我们充满信心，激励我们追求卓越。

童老师不仅在课堂教学方面有着出色的表现，在学生论文指导方面也尽心尽力。作为导师，她帮助学生们找到优秀的研究课题，掌握重要的统计技能，提高写作能力。我有幸成为她的学生之一，在她的指导下，我学会了如何开展独立的研究并撰写学术论文。童老师耐心地指导我们进行文献综述、数据收集和分析，她注重培养我们的批判性思维和解决问题的能力。在童老师的悉心指导下，我的研究能力得到了极大的提升。童老师经常组织"布朗袋午餐研讨会"，鼓励学生们展示自己的论文成果。她相信每个学生都有独特的见解和研究成果值得分享。在这些研讨会上，我们有机会与同学和教师们交流讨论，互相学习和启发。童老师通过这样的平台激励着学生们对学术研究的热情，培养了我们的演讲和表达能力。还有一次，在准备我的毕业论文时，我遇到了一些困难，特别是在统计分析方面。我对一些统计软件不熟悉，不知道应该如何正确地分析我的数据。当我向童老师请教时，她立即给予了我帮助。她不仅详细解释了统计方法的使用，还与我分享了一些学习资源和在线培训课程。此外，童老师还在每周安排了专门的时间来指导我进行数据分析，并对我的论文提出了宝贵的建议。她的支持和鼓励让我克服了困难，成功完成了毕业论文。

这些只是童老师帮助学生的众多例子之一。她一直在鼓励学生们积极参与学术活动和课外项目，并提供帮助和指导。我记得有一次，我参加科研研讨会，这让我感到非常紧张。然而，童老师在我演讲前给予了我极大的鼓励和支持。她为我提供了指导，帮助我准备幻灯片和提炼主要观点。在研讨会上，我成功地呈现了我的研究成果，并得到了同学和教师们的肯定。童老师的鼓励让我克服了自我怀疑，展现出自己的能力。

在全球受到新冠疫情影响的这一个特殊时期，作为学生，经历了很多心理和情绪上的挑战。然而，幸运的是，我们有这位出色的导师童老师，她不仅在学术上指导我们，还给予了我们宝贵的心理支持。面对新冠疫情期间的压力和不确定性，童老师始终与我们保持联系，不仅仅交流学术上的事务，还关心我们的身心健康。她定期组织线上会议，与我们分享心理健康的重要性，并提供应对压力和焦虑的方法。童老师鼓励我们保持积极的心态，与家人和朋友保持联系，寻求支持和帮助。她分享了一些心理调适的技巧，如冥想和放松练习，帮助我们保持平静和专注。

除了提供心理辅导，童老师还在新冠疫情期间给予了我们许多课前和课后的热情帮助。她意识到疫情对学生学习的影响，因此积极采取措施来支持我们。在每节课之前，童老师会发送邮件给我们，提前提醒课程内容和准备要点。她还分享了一些额外的学习资源，如教学视频和参考书目，帮助我们更好地准备课堂和复习。

在课后，童老师经常留时间与学生进行一对一的讨论和辅导。记得有一次，我在复习会计准则的过程中遇到了一些困难，于是决定向童老师寻求帮助。她热情地接受了我的请求，并为我安排了一个线上辅导会议。在会议中，童老师耐心地解答了我的问题，并提供了一些实际的案例和应用技巧。她的指导帮助我更好地理解和掌握了复杂的会计准则，让我在考试中取得了出色的成绩。

童老师以她的专业知识、热情和关怀赢得了学生们的尊重和爱戴。在新冠疫情期间，她不仅在学术上支持我们，还在心理上给予我们力量。她的课前课后帮助和指导让我们感觉受到重视，增强了我们的学习动力。在童老师的带领和帮助下，我不仅学到了会计知识，还提高了团队合作、分析思考和解决问题的能力。她的关怀和支持让我感到温暖，受到鼓舞，激发了我对学习和职业发展的热情。我相信，童老师不仅在我个人的学术生涯中扮演着重要的角色，也为昆士兰大学的学生们树立了一个榜样。我非常幸运能够拥有童老师这样优秀的导师，她将继续引领我们走向成功的道路！

吾师张飞达 *

张飞达（Frank Zhang）老师是昆士兰大学商学院会计学系备受学生喜爱和尊敬的教授。他以出色的研究水平、高超的教学能力和培养学生思考能力的方法而闻名。张老师善于培养学生的思考能力，他通常不会直接给出答案，而是鼓励学生先自己独立思考，然后和现有的会计实践对照，理解其中的底层逻辑，从而提升自己。

◎张飞达

在学术领域上，张老师广泛涉猎会计相关的研究课题，其中包括企业治理、会计信息质量、国际会计准则等。他的研究成果在学术界产生了积极的反响，多次发表在国际顶尖的学术期刊上。他的研究旨在推动会计领域的进步和发展，为实际业务决策提供可靠的理论支持。不仅如此，张老师还积极参与学术会议和研讨会，与同行学者进行学术交流，促进学科的前沿探索。他的学术造诣为昆士兰大学商学院会计学系增添了光彩，同时也为学生们带来了最新的研究动态和行业见解。

---

① 本文作者：匿名。
注：张飞达老师为厦门大学会计学系毕业生。

张老师的研究成果不仅丰富了学术界对会计领域的理解，也对实际业务和决策产生了积极的影响。张老师的学术研究也影响了周围的老师和学生。他是一位坚韧不拔的人，总是以热心帮助他人的态度给予我们支持，无论是在学术上还是在个人成长方面，都始终不遗余力地支持和引导我们。

令我印象深刻的是，每当我需要修改论文时，他总是非常仔细地帮我改进。他对细节的关注和耐心的指导，使我在写作和表达方面有了长足的进步。他总是提供宝贵的建议和指导，让我能够更好地表达自己的思想和观点。

我博士一年级的时候，做了一次报告，发音出现了一些问题。他一边听，一边非常细心地将我发音出错的单词逐一记下来，最终汇总发给我。这样的细致关注和个人指导让我备受感动和鼓舞，也让我意识到学术研究中细节的重要性。

除了对学术的关注和指导，张老师还总是站在更高的高度看问题，并非常注重细节。他经常能够给予我们独到的见解和观点。他总是鼓励我们深入研究，去探索更多的知识，不仅在学业上给予我们帮助，还通过自己的言传身教让我们学到了为人处世的道理。

能够拥有这样一位优秀的老师，我感到非常幸运。他不仅在学术上给予我指导和帮助，更在为人处世方面给予我许多启示。他的谦逊和热心助人的精神深深地感染着我，让我明白成功不仅仅是个人的事，还要以积极的态度和真诚的心去帮助他人。

除了在学术研究方面取得的杰出成就，张老师在教学实践中的贡献也是不可忽视的。他教授的课程涵盖会计学的多个领域，从初级课程到高级课程，涉及不同年级的学生。张老师精心设计教学内容，力求将抽象的理论知识与实际应用相结合，使学生们能够在学习中体会到会计学的实际应用和重要性。他的课程设置灵活多样，既包含经典的理论讲解，又融入大量案例分析、小组讨论和角色扮演等教学活动。这样的教学方法不仅丰富了学生们课堂内外的学习体验，而且激发了学生们的学习兴趣和主动性。

在课堂上，张老师注重学生与教师之间的互动。他鼓励学生们提出问题，表达观点，积极参与讨论和交流。通过与学生的互动，张老师深入了解学生的学习需求和困惑，并及时给予指导和支持。他以开放包容的态度倾听学生的想法，鼓励他们勇于表达自己的观点，培养学生的批判性思维和自信心。在课堂讨论中，张老师经常引导学生们思考会计实践中的伦理问题和挑战。在课堂上，张老师展现出灵活性和创造力，运用案例教学方法激发学生的学习兴趣，提高他们理论联系实际的能力。他善于选择丰富多样的案例，这些案例涵盖各种实际会计场景和挑战，涉及不同的行业和组织，包括跨国公司、中小型企业、国有企业等。通过案例教学，学生们能够直接面对真实的会计问题，并积极思考和分析解决方案。这些教学方式，使得学生们不仅能够学习会计理论，还能够培养道德意识和职业操守，为将来成为合格的会计专业人士打下坚实的基础。

在案例教学中，张老师特别注重与学生的互动。他鼓励学生们参与讨论和分享他们的观点。通过小组讨论和角色扮演，学生们有机会运用在课堂所学的理论知识，分析案例中的挑战，并提出解决方案。这种互动的教学方法使学生们更加主动参与学习，增强了他们的批判性思维和解决问题的能力。除了传授理论知识，张老师还注重将案例与实际会计实践联系起来。他鼓励学生们思考案例中所涉及的会计原则、法规和伦理问题，并帮助他们理解这些问题在实际业务中的应用和影响。通过与会计实践对照，学生们能够更好地理解理论知识的实际意义，提高理论联系实际的能力。

张老师常常告诫我们，仅仅掌握理论知识是不够的，学生还需要具备将理论应用于实际情况的能力。为此，他精心安排了实践项目、案例分析和模拟场景训练等教学活动，让学生们能够将所学的知识运用到真实的会计问题中。这些实践性的教学活动不仅加深了学生们对理论知识的理解，还锻炼了他们解决问题的能力，培养了他们的团队合作精神。学生们通过与同伴合作完成实践项目，共同解决复杂的会计问题，体验到团队协作和实践操作的重要性。

张老师特别强调对学生独立思考能力的培养。他要求学生们不仅要掌握会计知识，还要理解其背后的逻辑和原则。通过自主思考以及与实际会计实践对照，学生们可以更好地理解会计领域的复杂性。张老师关注学生的个人成长和发展，鼓励学生积极参与讨论和互动，为他们提供一个开放而包容的学习环境。

在教学过程中，张老师给予学生们充分的关注和支持。他愿意花时间与学生面对面交流，倾听他们的学习需求和困难，并提供个性化的指导和建议。他积极参与学生的学习过程，与他们建立起良好的师生关系。学生们对他的教学方法和教学效果给予了高度的评价，认为他是一位知识渊博且能够启发学生的教授，能够帮助学生们在学术和职业道路上取得成功。

总体而言，张老师以培养学生思考能力的教学风格而闻名。他通过鼓励学生独立思考，以及灵活运用案例教学、联系会计实践，帮助学生理解会计学的底层逻辑和应用。他关注学生的个人发展，创建开放而包容的学习环境。张老师的教学方法激发了学生们对会计学习的兴趣，并培养了他们将理论知识应用到实际问题中的能力。他的研究成果也为学生们提供了最新的行业见解。在学业和为人处世方面，张老师给予了巨大的帮助，以身作则、言传身教，让学生们学到了很多。作为一位杰出的教师和研究者，张老师为昆士兰大学商学院会计学系树立了榜样，他对学生们的影响将长久地延续下去。

第二篇

同学

1924—2024

我的厦大情 [*]

厦门大学会计学科100周年纪念日即将来临，在这喜庆百年华诞的日子里，我越发感到自己是那样的幸运，感激之情油然而生！

1976年下半年，我参加石油部委托厦门大学经济系（会计学专业）举办的石油部财会干部培训班。第一次来到厦大，学校为了给我们创造最好的学习环境，把我们100多人全部都安排在芙蓉二宿舍，男生在一楼，女生在二楼。我们虽然不是全日制的学生，但我们也是厦大人！

在短短的一个学期的学习中，我们有幸接触到了葛家澍教授、余绪缨教授、常勋教授，获得被全国高校会计学界称之为"三面红旗"的三位教授授课，在当时是非常难得的，因此大家都非常努力地学习。那年四月份的事情难免会影响一些同学，出现了上课没精神、打瞌睡，以及作业没有及时完成的现象，这时给我们上课的吴水澎老师说："晚上……的事我管不着，但是布置的作业你们一定要完成，我不会因为你是培训班的就不要求，我要对你负责，对你们石油部负责！"这一番话彰显了吴老师的师德，掷地有声！

接下来我们目睹了吴老师的认真和他对自己的严格要求。那天，我们几个同学到他家拜访。一进屋，现场超乎我们的想象。

---

* 本文作者：徐筱玲。

吴教授家里的客厅有点乱，大热天，他穿着汗衫背心，左手拿着一本教材，右手拿着一把旧的扇子，旁边摆放着一个还没有完全点着的煤炉子，不远处站着他幼小的孩子。我们后来了解到，当时他夫人在杏林上班，还没有调回厦门工作，由于他夫人不在家，所以家中大小事都是吴老师在忙。这一幕深深地打动了大家，他连生炉子这样一点时间都舍不得放弃，还在争分夺秒地备课。此后，我们班上再也没有同学作业拖拉，上课注意力不集中。后来班上这些努力的同学成了全国各油田的财务骨干专业人才，他们勤奋、努力的结果在工作中得到了很好的印证。

为了求证以上事情细节的真实性、准确性，我给吴老师拨通电话，想不到吴老师竟记得我是石油部的。谢谢恩师记得我！2007年，我女儿大学毕业考上了公务员，我利用她正式上班前的这段空档期，带她到厦门，拜见了吴水澎老师。吴老师特地找了个车，带我们母女游览了厦门整个海岸风景，此情此景永远铭刻在心！

在校学习结束后，为了学以致用，学校和石油部还安排我们到山东东营胜利油田实习（当时称之为"开门办学"）。此时正是唐山大地震的前期，气候非常反常，十分闷热，那时候还没有空调，电力不足，电风扇有气无力地转着。热得吃不下饭的时候，大家一般喜欢喝稀饭、喝开水，但在那个特殊的日子，我清楚地记得，整天热得人连二两稀饭都吃不下。

1976年7月28日凌晨3点多，大家刚迷迷糊糊地睡着，床开始剧烈地摇晃起来，顿时一片寂静。一个经历过辽宁营口地震的同学叫了起来："地震了！"大家赶快起来，我的床离门最近，赶紧起身去开门。但是强烈的地震让整个房子左右摆动，门被吸住了，打不开。过了大约10来秒，地震歇了一下，我赶紧把门一拉，开了，大家蜂拥而出。过了半个多小时，大家静下神来，有个女同学说："哎，男同学呢？怎么都没见到他们？"男同学宿舍在隔壁院子，有人提议去看看，等我们到了那里时，发现静悄悄的。有同学说："会不会已经震在里边了？"[①]一个胆子大一点的去敲门，里边有人答应了，一位女同学告诉他们："地震了，摇得那么厉害，你们没有感觉吗？"里边的回答让我们哄堂大笑："地震了吗？我们上铺以为下铺晃，下铺以为上铺晃。"大家听后松了一口气，幸好地震没有更厉害，否则他们也许就这样被震在里边了。

我们在山东东营胜利油田的带队老师是黄礼忠老师，他向厦大领导汇报了情况以后，我们当天就离开山东东营胜利油田，到青岛买票各自回家。那天晚上，我们在青岛的栈桥乘凉，青岛确实是个漂亮的地方，美不胜收。当年一场特殊的经历，若干年后，当同学们

---

① 因为当时我们宿舍的墙震裂了，窗户的玻璃已经震碎了，而且油田好多的墙都倒塌了，一些输油管线也在地震中被来回拉扯给扭断了。外边马路上不时地响起消防车、救护车的喇叭声，这些车辆都急匆匆地往出险地奔去。

再次相遇并提起时，成了一个有趣的回忆。

写到这里，我又想起一件事。那时候大陆和台湾地区居民很少往来，厦大周边的海边较空旷，肉眼可见大担岛、二担岛，似乎近在咫尺。太阳下山，夜幕降临，潮起潮落时，偶尔会有顺潮水偷渡的人，所以学校会安排民兵巡逻。一天，几个东北油田的女同学值巡，她们挎着枪，走着走着，突然听到前面传来声音，由于天黑有风，看不清，其中一位女同学警惕性很高，马上停住脚步，端着枪说："站住，再往前走我就开枪了！"但是那个影子既不说话也不往后退，那个女同学又说："举起手来，再不说话，我开枪了！"这时候声音轻了下来，女同学等了一会儿，看没动静了，小心翼翼地端着枪往前过去一看，原来是好多花草树木中立着一个大石块！由于当时这些地方还没有路灯，一阵风吹来就有了上面所说的效果，而她又是在北方平原长大的，一时分不清状况。她回到宿舍把这有趣的巧遇告诉了我们，往后很长一段时间里，宿舍熄灯后，谁弄出声音，大家就拿这个开玩笑："站住，再往前走，我就开枪啦！"然后大家便在愉悦的笑声中进入梦乡。

岁月的逝去，带不走我对厦大的思念。1977年恢复高考，全国高校开始正常招生。为了国家的需要，厦大为全国各高校培养师资超过500人，厦门大学会计学系可谓是全国大学会计教育的摇篮。

我第二次参加厦门大学会计学专业"石油部外事财务学习班"也正好在此时。我们班的国内财务课与1977级普通班一起上，国外财务课与1978级的普通班一起，同上课，同作业，同考试。这样上课的不仅有我们和普通班，还有全国各高校的进修老师。因为人多，一般教室根本容纳不下，因此，学校基本是安排我们在阶梯教室上课。有时间冲突、安排不下时，有时甚至会在会议室上课。由于教室大、人多，而且那时候的阶梯教室，还没有扩音器、麦克风之类的设备，老师们便不辞辛劳地提高嗓门，不一会儿汗水就湿透了他们的衣衫。同学们珍惜眼前这难得的学习机会，为了更好地学习，好多同学，尤其是女同学，每天早上提前到食堂排队买早餐，然后直接把饭菜端到阶梯教室前排吃，这样就把上课的最佳位置"抢"到手了。日复一日，只要是上大课，我们就如此。那时的我们，不论是哪一位教授上课，都聚精会神，专心致志，听得津津有味。我们巴不得把每一个字、每一句话都印在脑子里，因为不论是酷暑还是严冬，每天上课后，老师们都会在晚上带着辅导老师到宿舍与我们面对面、耐心细致地辅导，离开时还不忘问一句"都没问题了吗"，得到肯定的答复方才离开。

当时我们班的同学中，学习最努力、勤奋的，当属班里的党支部成员、团支部书记贡华章，他后来成了中石油总会计师。由于学习任务繁重，当时学校和石油部为了我们用好有限的时间及生活上的方便，让我们50多人全部住进了当时在厦港的厦门中药厂的招待所。这样我们就轻松了好多，房间有人打扫，开水有人烧，洗澡不用去校内浴室排队。贡华章除了上课，还最大限度地利用时间去听学校里的各种讲座，每次在来回的路上他的手里拿着班级里的报纸、同学的信件和英语书，嘴里背着英语单词。后来我才明白，他这是赢在起跑线上啊！

我们的国外财会课（以下简称"外会"）是常勋教授上的。为了教好我们，他到全国各地好多油田做了调查，历经千辛万苦，因为那时候外会刚起步，国内只有厦门大学有外会（常勋老师后来是全国电大的外会老师），没有先例可借鉴。1980—1982年，石油部委托厦门大学会计学专业办的外事财务学习班，是为对外开放的中外合资企业培训专业的财务人才做准备的，常教授除了上课，常常到我们的宿舍了解、辅导，兢兢业业，付出了很多。有次我们班同学一起去他家看望他，看到他家一面墙边，摆放着一摞高高的很整齐的《世界之窗》杂志。当我们问起时，他告诉我们这本杂志的总编是他的学生，每一期的《世界之窗》出版发行，都会给他寄来一本。怪不得那么多！

师生之情，感恩之心，无需多言！2015年厦大会计学系90年系庆时，听说常老师身体不好正在住院，我和参加系庆的1978级同学一起去探望，由于常老师体弱，去看他的人又多，召集人和大家约定每人只能说一句问候的话，轮到我时，我说："常老师，您给我们讲的故事我一直铭记在心。"没想到他一下子涨红了脸，流出了眼泪，我当时好担心，这是超乎我想象和意料的。后来我和北京的同学提起此事时，他说常老师平时没有和别人讲那些故事，只是和我们几个人说说。

◎ 石油部外事财务学习班结业留念照片（1982年）

在上外会课时，由于我们英语水平参差不齐，有些同学甚至没有基础，为了加速进程，老师们"因基础施教"，我们50多个人被分成了4个小班：有基础的分成年纪大的和年纪小的各一班，没有基础的也分成年纪大和年纪小的各一班。我是属于年轻没有基础的那一班的，从基础字母开始学，到基本可以用英文完成财务分析和财务报表等日常工作。我们还被要求锻炼口语，因为中外合资合作业务必然会有交流。虽然现在英语早就还给了老师，但回忆还是美好的。我从小喜欢朗诵，可能在语言上练成了一点特长，基本上每节课老师都会叫我站起来示范性地读一下，然后还会问一句"大家觉得读得怎么样"，有同学会说"老师，读得和磁带里一样一样的"，大家发出一阵笑声。

余绪缨教授的现代管理会计课，现在只要一想起来，我的崇敬之情就会油然而生，脑子里出现他当时上课穿着浅蓝色的短袖衫，左手拿稿子，右手拿粉笔，给我们讲我现今仍记忆犹新的"经济要素、经济走向、经济周期"这十二字内容的情景。经过漫长岁月的验证，我更加坚定地认为，无论是于公还是于私，在决策和定位方面只要努力学习，弄懂了，理解了，再结合实际，决策就几乎不会失误。我回到温州在企业任财务负责人后，当时的领导在决策时都会来找我一起商讨，感谢余教授传授给我的知识让我终身受益！

在厦大的两次学习中，我和黄忠埜老师的接触、联系是最多的。在我1976年第一次到厦大会计学专业学习国内财会时，黄忠埜教授不仅教我们会计课，而且还教我们打结合呼吸的太极拳。据说他自己曾经得过胃病，后来靠练太极拳痊愈了。我们这些人当中，后来确实有用这结合呼吸的太极拳治好了神经官能症的同学。记得黄教授曾打趣说："以后我若到你们单位，不检查你们的会计财务，这个你们自己会做好，我要检查你们的太极拳坚持得怎么样。"

第二次到厦大读书时，我把消息提前告诉了黄老师，当我乘坐的火车到达厦门北站时，黄老师和师母已经在站台上等我了。黄老师和师母把我当女儿一样，师母还让我每个星期天中午来他们家吃饭。

黄老师的课讲得非常地详细、通透、完整。在一次实际工作中，我深刻地体会到黄老师传授给我们的知识太完整、到位了。那是1979年，我从大庆油田调到了江苏油田水电讯做财务。此时，正逢全国开展第一次工业普查的清产核算工作，按老百姓的土话讲就是"清家底"。国家把试点放在石油部，石油部把试点放在江苏油田。我6月份调到江苏油田，具体岗位还未分配，当领导开会决定谁来负责清产核资的时候，有人说："就让那个大庆来的徐筱玲来做吧。"说实话，那时候要真正把水电讯整个家底弄清并不是一件简单容易的事，因为那时候油田的流动性大，江苏油田水电讯成立不久，会计档案尚未建立，所以按照工业普查的文件要求，一样材料的会计资料从采购开始，到多年使用以后的现状，所涉及的内容和完整的财务处理要有多达20多项内容。但是，在实际的核实过程中，很多物资、材料却是零纪录，因为企业认为有账无物、有物无账、材料设备跟人走都没关系，把生产搞上去是硬道理。面对当时的状况，我建立起账卡等资料，花几个月查清了每一样东西的来龙去脉，补齐背后的每一个细节，核实了每一笔账务处理。最终，一张资料完整的表格出现了，最后的这张表格就如每月发放的工资表一样，数据横打竖打完全一致，一次性上报成功。任务的圆满完成得益于老师的辛勤教诲与付出！

1982年初，我们的学习快结束的时候，黄老师让我读他的研究生。当时由于已经读了一年半的书，我基础差，又想读好，所以付出了一定的气力，而且在当时的会计学习中已经需要运用数学公式，但我的数学基础一般，而研究生的数学运用也许会很多，于是我便担心完不成任务怎么办。当时我没有细想上半学期的空档期还可以恶补一下数学，觉得数学不是两三天就可以学懂、理解运用的，于是感到了莫名的恐惧，所以就回绝了黄老师的一番好心，尽管他对我说"你可以的，没问题，一定可以学好"。现在回想起来这是我一生中最不应该的一个决定，我错失了一生最珍贵的机遇，辜负了黄老师对我的一片心意！

1982年至今，几十年过去了，离校后我曾多次回厦门看望黄老师和师母。如今，他们已去世，但只要来厦大，我一定会去白城黄老师故居外绕一圈，以解对两位老人的思念之情！

◎厦门大学会计学系90周年庆时我在芙蓉湖畔的留影

2021年4月6日厦大会计学系举办了厦大百年校庆专场活动，系副主任张国清教授、蔡宁教授致辞，欢迎系友们重返母校贺厦大百年校庆。杜兴强教授在致辞欢迎系友回校共贺百年校庆后，讲述了会计学系整体发展和成果，在教学科研、模式理念等多方面提出了"十四五"时期的发展展望，当时我听得心潮澎湃，产生强烈共鸣。如果能够先知先觉，知道现在要写这篇文章，我一定会把杜兴强教授当时给我们分享的内容详细地记录下来，把自己所听、所闻、所学及感受到的也仔仔细细地记录下来。我十分期待在百年系庆时，聆听杜兴强教授和其他老师的高质量学术分享，带给我灵感启迪。

◎厦门大学百年校庆期间会计学系系友见面会（2021年）

◎本文作者与刘峰教授、杜兴强教授的合影（2023年9月9日）

凤凰花又开，学子复又来，白鹭水中游，红日映蓝天，百年聚系庆，厦大情永怀！

印象·方荣义同学 [*]

　　2023年，距离我1983年入学厦大，已然40年过去了。回忆大学生活，众多可爱的同学就像灿烂的群星熠熠生辉，其中最为闪亮的是首届嘉庚奖获得者方荣义同学。由于他帅气亲和，我班男、女同学都亲切地称呼他为"阿义"。我作为阿义的本科、硕士、福特班、博士同学，几乎同期先在深圳、后在上海工作，对他非常了解。为尽可能还原真实的形象，我近期还同张仲山、章国政、杨和建、叶少琴、傅琴娟、王健、许航等同学进行了访谈，以下是我们的回忆。

　　提起阿义，给人最深刻的印象是妥妥的"学霸"，尽管当时不流行这个词。阿义1983年以极好的成绩考入会计学系。当时阿义对会计的理解仅停留在"算账"，报考会计学系的原因是他数学成绩好，报会计学系被录取的概率大。随着学习的深入，他对会计的认识越来越深刻，从此爱上了这门学科。

　　阿义对于每门课的学习都极其认真，笔记记得最好最全。每到考试，阿义的笔记就成为同学们争抢的对象，很多同学拿走照着补笔记，作为考前突击提分的重要举措。对于考试，阿义从不服输，几乎每门课考试都是第一。有一次杨和建同学一门课的考

---

* 本文作者：何凡，1993年毕业于厦门大学会计学系，曾担任深圳证监局上市公司监管处处长、稽查一处处长以及德勤中国高级合伙人等职务，现任赛领资本管理有限公司创始合伙人。

试成绩比阿义高，阿义就找他一起分析考卷，分析自己错在哪里，并且表示下一次考试一定会重回第一。那种不服输的劲头，至今让人难忘。黄世忠教授从加拿大回国后讲的第一门课是"西方财务会计"，我们班大多数同学学起来很吃力，期末考试只有少数人及格，阿义竟然考了90多分。大学四年，他全部课程平均成绩94.5分，遥遥领先于其他同学。1986年，阿义成为首届嘉庚奖10名获奖者之一，一时间成为全校风云人物。本科毕业后，阿义被保送至国际会计方向攻读硕士学位。

读硕士研究生期间，1988年，阿义以全国第一名的成绩考入复旦"福特班"（中美经济学研究生班），考试科目包括宏观经济学、微观经济学、数学等，对于会计专业研究生来说，这些都是非专业课，完全靠自学，能考出这样的成绩实属不易。在"福特班"学习时，有门课是印度裔加拿大教授授课，由于印度人的英语发音比较难懂，大家苦不堪言，抱怨不断。阿义劝慰大家坦然接受这个安排，加强预习和课后复习，逐步克服了这个学习障碍。阿义的记忆力超群，他对数字很敏感，能记住很多电话号码。在没有GPS的年代，他能记住地图细节，方位感极强，简直就是"活地图"。

阿义是一个平易近人的人。虽然是"学霸"，但从不恃才傲物，总是彬彬有礼、谦虚随和，与班级每个同学都相处融洽。对于同学请教学习问题，总是有求必应，耐心细致地解答。嘉庚奖的奖金是800元，在那个一个月生活费只需要20元的年代，这对于学生来说是一个"天文数字"，阿义毫不犹豫地拿出一部分奖金赞助会计学系英语竞赛和班级集体活动。记得在芙蓉湖的划船比赛中，有不少同学落水湿身，但大家都很开心，分享着阿义带给我们的快乐。

阿义是个勇于挑战自己的人。在紧张的学习之余，他坚持参加体育锻炼。跑步、游泳是他喜爱的项目，他曾参加厦门市环筼筜湖长跑（10公里）比赛，获得好成绩。单杠、双杠等技巧类项目也是他的强项，他能作出直角支撑、肩倒立等高难度动作。从未接受过专业训练的他，代表会计学系参加全校田径运动会，在强手如林的撑竿跳高比赛中获得第三名的好成绩。在研究生田径运动会上，他还获得过跳高冠军。会计是一门应用性学科，在读博士期间，除完成繁重的学习任务外，他还一次性通过注册会计师全部科目考试，并在厦大会计师事务所兼职，跟随常勋教授、李若山教授、黄世忠教授等从事审计工作，同时在一家外资企业担任财务经理，学以致用，提升实务能力。

阿义还是一个热爱生活的人。干净整洁，衣着整齐，胡子从来不会忘记刮，头发也没有长乱的时候，宿舍里被子叠得整整齐齐。读博士期间，他在葛老师给本科生的专题课中当助教，风度翩翩，玉树临风，成为女生楼里讨论的焦点。大二时，我们还住在芙蓉二，从食堂流向芙蓉湖的出水道因"营养丰富"，引来大量鲫鱼争食，阿义自修回来发现了，书包一扔，趴在地上开始抓鱼，收获颇丰。捕获的鱼拿去芙蓉一后面的小店加工聚餐，吃不完的做成鱼干，晾晒在三楼走廊，颇有烟火气息。研究生期间，用电炉在宿舍做饭虽不被允许，但也比较普遍，阿义的拿手菜是红烧排骨，经常楼道飘香，引得同学纷至沓来分享美食。阿义喜欢花花草草，他养的花草经常摆满楼道，成为凌云楼的一道风景。阿义还有一个绝门手艺——雕萝卜花：精心挑选萝卜，把中心挖空，雕刻出一个小碗形态，用细绳倒吊着，里面注满清水，几天后萝卜发出翠绿的新芽，再过些时候，居然能开出淡紫色的萝卜花，挂在窗前，阳光将其照得透亮，生机盎然，别有一番情趣。

葛老师曾说过："方荣义同学专业好、外语好、文笔好、计算机好，是块搞教学科研的好料子，假以时日，定能有所成就。"与大多数人的预期不同，阿义博士毕业后仅短暂从事教学工作，随后到深圳、上海从事金融监管、金融实务工作，先后在金融监管部门、央企金融机构、大型上市公司担任多个重要职务。目前，阿义仍奋战在金融机构管理第一线，为中国资本市场的健康发展继续贡献力量。

◎我与方荣义同学（右）的合影

学霸二三事 *

　　1983年，我们七个来自全国各地的"天之骄子"，汇聚于厦门大学丰庭一109室。这是一个混合宿舍，五个来自会计专业，另外两个是财政专业。我们自诩"七仙女"，并按照年龄的大小进行排序，叶少琴是"老四"。这个来自盛产菌菇和水蜜桃的福建古田的妹子，有双略带忧郁的大眼睛，自带天然田园气息，身材高挑纤瘦，放到现在，绝对也是妥妥的青春美少女。入学第一学期，大家刚脱离父母的管束，放飞心情，"吃货"本性逐渐显露。食堂香甜的大馒头、学校供销社凭票特供的鱼皮花生和蛋花酥、用结余粮票兑换的零食、同学家里带来的各地特色美味、晚上宿舍楼道阿姆叫卖的海蛎饼，通通都是"仙女"们的心头爱。到了学期末，仙女们的体重都有些"惨不忍睹"，尤其是来自北京的"二仙女"，寒假回家，她妈妈站在门口一脸迷惑地问"你找谁"，完全认不出自己的女儿。唯有老四，一点都没变，还是那么亭亭玉立，尽显"仙女"本色。她的这一独门绝技——只吃不胖，着实让其他"仙女"们羡慕不已。老四性格温和，尤善于活学活用所学来化解仙女们之间偶尔出现的矛盾。印象最深的是她与老大住上下铺，老大上铺，她下铺，老大性格大大咧咧，不拘小节，不经意间经常会有小物件掉落到她的床上，刚开始她默默地捡起来放回原处，后来

　　*　本文作者：章美珍，江西财经大学；麻晓艳，福建江夏学院。

实在忍无可忍，也只是风趣地"威胁"老大"经济基础砸坏了，你这上层建筑就不安全啰"，让老大哭笑不得。

◎ 叶少琴同学

尽管从不缺席109宿舍"仙女"们的集体活动，但在老四的字典里，学习始终占据第一位。有次方成族老师的政治经济学考试，题目颇有难度，我们大多考得不理想，但她依然能够拿到接近满分的成绩。大家便调侃她押题功夫了得，她却说自己从不猜题和押题，但能够将教材每一页的内容像图像一样记忆在脑海，所以无论怎么出题，都难不倒她。天哪，这种多年后盛行的"图像记忆法"，老四竟然早已熟稔于心，而且完全是无师自通。当然，只有我们知道，在"天赋异禀"的背后，更多是她近乎"疯狂"的学习自律性。当时正值我国经济变革初期，许多会计专业课程经常断档，缺乏合适的出版教材，比如常勋老师的"中外合资企业会计"、黄世忠老师的"西方财会专题"等课程，没有教材，考试就全靠课堂笔记，因此，课堂上记笔记便成为我们上课的头等大事，偶尔开小差有遗漏的内容，课后补笔记找老四肯定没错，她的笔记总是最全的。老四除了上课认真听讲，课后也从不含糊。每天晚饭后便与她老乡结伴到海边散步，7点必准时回到教室自习，直到教室熄灯。回到宿舍，她还经常挑灯夜战。刚开始是点蜡烛，躲在蚊帐里夜读，老大出于安全考虑，吓唬她"这样会把蚊帐给烧着的"，她第二天便换成了手电筒。有时怕手电筒光亮影响大家休息，她索性躲进被子里用功，可奇怪的是，就是如此不当的用眼环境，她的视力竟然丝毫不受影响，让戴着厚厚镜片的老三、老五、老六直呼上天的不公。

老四对会计专业的执着也让人记忆深刻。当年我们近一半以文科生身份考入厦大会计专业，加上许多人的第一志愿并非会计学，只因服从调剂来了这个专业，因此，有些同学并不把专业学习太当一回事，借美丽的校园和浪漫的海滩肆意圆自己的"文学梦"，而老四则属于难得的"人间清醒"，她劝"仙女"们抛下作家梦给中文系的同学，学好专业，否则只能当"座家"。正如弟子规所述："几案洁笔砚正，列典籍有定处，读圣书成贤才！"老四学一行，爱一行，自始至终热爱会计专业，本科以优异的成绩获得推免攻读硕士学位研究生，后又继续攻读吴水澎老师的博士，是我们1983级会计唯一的女博士。

大二那一年，系里重新调整了宿舍，财政班的老三、老六回归财政班大集体，我们其他五个分为两拨并入其他宿舍。至此，丰庭一109"七仙女"各自精彩。毕业后，优秀的老四则被留在厦门大学任教。30多年过去，她身体力行，依然坚守自己会计初心，以教师的身份站在厦大讲台上，带领莘莘学子进入并让他们爱上会计这个行业。

◎ 与少琴的合影

凤凰花开·学富满载 [*]

◎ 刘宗柳

我于1988年考取厦大会计学系硕士研究生，攻读硕士和博士学位期间，都师从葛家澍教授。

在厦大就读六年，两件事让我终生难忘。

第一件事，厦大的凤凰花。

我第一次看见凤凰花，正是1988年9月的开学季，一簇簇、一团团的花冠，好像热情奔放的迎新使者，拥抱着每一位入学的新生！而我当时几乎瞬间就被火红的凤凰花给"点燃"，梦想仿佛已放飞，激情好像在荡漾。

更令我没想到的是，次年5月凤凰树又开花了，而且春末夏初的厦门，因为受海洋性气候的影响，非常湿润，凤凰花便开得更加热烈、慷慨。每年的这个时节，厦大的校园简直是一片火红的花海，站在任何教学楼或宿舍楼上放眼眺望，凤凰树上都跳跃着灿烂夺目的火焰。在红墙绿瓦的建筑和婆娑摇曳的榕树衬托下，整个厦大犹如仙境，美丽极了。

---

* 本文作者：刘宗柳。

从我第一次见到凤凰花，至今整整35年了。我生活在厦门，每年两次观赏凤凰花，她已成为我人生幸福美好的一部分。自从第一次见到凤凰花，我就与之结下不解之缘，视她为美好、向上、活力的象征，并一直激励和鼓舞着自己，即人生要像凤凰树一样，花季如期而至，就盛开怒放、永不言败！

第二件事，我躲在小楼写论文。

1991年硕士毕业时，系领导要求我留校任教，一开始我积极响应。后来，因我原有的中级专业技术资格（讲师职称）未被厦大认定，加之当时留校任教的住房条件难以满足家庭生活的需求，所以不得不"忍痛割爱"离校择业。

但1994年，我又考回厦大会计学系攻读博士学位。为什么还要回厦大呢？一是因为还想拜葛家澍教授为师，再学点会计知识；二是因为厦大的凤凰花；三是因为热爱（会计），所以专一。

时间如梭。1996年下半年，我开始准备博士论文写作的资料，但1997年初我的论文开题报告才通过，选题为"国有企业资产保值与增值的会计基本理论研究"。可供论文写作和修改的时间已屈指可数，而博士毕业却已进入倒计时。针对这种情况，为了让我顺利完成毕业论文，葛家澍教授提出三点要求。

第一，3月底开始要在厦大封闭式写毕业论文。同时，要求"三不准"：一不准住在学生宿舍，以免别人打扰；二不准回家探亲（但允许我妻子一周给我送一次生活用品）；三不准24小时连续开着手机（但每天下午5点至7点可以开手机，对外联系处理一些论文之外的事务）。

第二，在厦大敬贤楼附近找一间适合封闭式写论文的小房间，基本条件是既吃住便利又环境幽静。

第三，每天下午5点30分将当天写好的论文手稿（那个时候，个人还买不起电脑，全部只能是手写稿）送至敬贤九号楼401室，即葛家澍教授的住宅。

遵照葛家澍教授的要求，我在厦大外宾招待所（原来是一座三层的小楼，现址为林梧桐楼）租了一个小单间，大概在二楼，入住26天，每天写4000～5000字的论文草稿，并且于下午5点30分带着手稿准时到葛老师家。他收下我当天写的手稿，同时告诉我昨天的论文草稿修改和补充了什么内容，并讲解为什么这样修改和补充。

就这样来回20多个日夜，我躲在小楼写，葛家澍教授在家改，终于将论文"炮制"出炉。该论文收集在葛家澍、裘宗舜主编的《会计信息丛书》（中国财政经济出版社1999年版、2001年版）。

可惜，今天已不见当年的那座小楼了，我想再躲进去写点什么，但只有在记忆中去玩味。

然而，值得庆幸的是，厦大的凤凰花，年复一年依旧火红、美丽，恰如葛家澍教授对我的教导，年复一年依然滋润着我的心田，令我受益终身。

凌云一7楼的同学情[*]

　　母校会计学系筹备百年系庆活动之际向我约写一篇短文，主要是回忆同学情谊。原本的主题是"同学眼中的您"，这应是由同学来写我的，但我还是主动请缨，自己来写，主要是回忆一些发生在凌云一7楼、亲身经历、至今还记忆犹新的同学情。

　　1986年9月至1991年6月在母校读硕士和博士研究生期间，我先后住在凌云一702和703宿舍。与在母校求学期间那些刻骨铭心的记忆相关的，除了有自己的老师——葛先生、余先生，陈仁栋教授、常勋教授、吴水澎教授、陈守文教授，师兄唐予华、林志军等，以及映雪楼、图书馆、会计学系办公室、林家鸭庄等外，

◎老师与同学合影（从左往右为林燕、李瑞华、魏明海、刘峰、唐予华、林志军、葛家澍老师、苏锡嘉、吴水澎、陈少华、姚立中）

＊　本文作者：魏明海，现任职于广州大学。

还有凌云一7楼及住在那里的同学。

我从小在农村长大，在村小学、公社初中、县高中完成中小学教育，后在江西财经学院相对远离中心城区的校园度过大学生活，掌握的生活技能比较单一。到母校读研究生后，缺乏多项生活技能给我带来了诸多不便。多亏有凌云一7楼的同学和其他的同学，他们当中不少都成为帮助我提升生活技能的教练。

母校的校园比较大，从宿舍到原来的会计学系办公室、图书馆都比较远，还需要上下坡。刚入校时，很多同学都骑单车在校园内外走动，而我既不会骑车，也没有单车。刘峰、王时中都利用晚上在田径场教过我骑单车。不过我骑单车的技术始终不精，在母校校园的几年，很多时候还是会搭刘峰和其他同学的单车去图书馆和会计学系办公室。

母校校园边有风景优美的沙滩泳场。在母校的前几年我都一直是个旱鸭子，因而失去了不少既能亲近大海和观看美景，又能锻炼身体的好机会。直到毕业前的一年多，我终于在同学们的鼓励下下决心要在海水中学游泳。熊楚熊和刘峰都是我最主要的教练，其间也还有几位同学做过陪练。

我最小的弟弟与我相差11岁，他大约在十二三岁时在家乡曾被犬咬过，那时狂犬疫苗稀缺，我就把他从老家接到宿舍住了十个多月，主要是便于定期打疫苗。在这期间，我还要照顾他的日常生活并教他小学五年级的语文和数学课程。我自上初中就开始住校，不太会带小孩，更不会教书。我的同宿舍同学胡玉明、游智清，以及住在凌云二的同班女同学黄晓霞、黄力平、赵秀芬等不仅为我的小弟提供了多种多样的照顾和教学，也给了我很

◎同学合影（后排从左到右：邱亚杰、游智清、陈惠锋、魏明海、丁仁立、胡玉明、王时中；前排从左到右：黄力平、林小红、赵秀芬、黄晓霞）

多有效的建议。他们都是我初步学会带小孩的教练。在这里，我要特别感谢母校和同宿舍同学们的善心和宽容，让我的小弟能在702宿舍长时间逗留。

研究生在读期间，尽管我是带工资的，偶尔也能赚一点点稿费，但经济上并不宽裕。那时我还向同学学会了如何攒硬币应急。记得两分的硬币由我攒，五分和一分的硬币分别由刘峰和另一位同学攒，我们每个人都有一个钱罐。还真发生过没钱买饭票和买烟的情况，我就只好把攒来的两分硬币倒出来去应急。到了这个时候，我才知道攒五分的比攒两分要划算。

刚入母校，我有些"社恐"，社交的能力也比较弱。好在有凌云一7楼的同学和其他同学，他们中的好些人都是我学习交朋结友、参与社会活动的引路人。

刘宗柳既是我的江西同乡和江财的师兄，又一起住在同层宿舍。他比我年长，当时又已成家，工作和生活经验丰富。他曾带着我到外面的夜大学上课，也示范和教会了我很多未来用上了的与妻子、岳父母的相处之道。李瑞华是我的同宿舍同门同学，他也很早就成家了，当时我在与我的女朋友（也就是现在的妻子）谈异地恋爱，经常只能靠书信传情。有一次瑞华专门为我画了一幅钓鱼的漫画（我女朋友姓余，与"鱼"谐音），画得很有意境且非常传神，我夹在给我女朋友的信中，起了很好的作用。那段时间，刘峰、何凡等同学的恋爱活动和经验，我也偷偷学习借鉴了不少。特别是恋爱中有几次碰到些障碍和问题，我都找曲晓辉师姐请教，她给我提供了很多有效的建议。

在凌云一7楼，有好几位年长于我的同学，如不同阶段同宿舍的苏锡嘉、王永海等，阅历丰富。从他们身上，我也学到了不少与同学和朋友相处的门道。当时住在隔壁701的历史系的博士生陈春声、罗一星师兄，他们来自广州，带来了黑白电视机，我常在他们宿舍一边看电视，一边侧耳听他们聊东南西北，对广东的发展变化和风土人情有了些了解，这也很可能是我后来选择到广州工作的原因。

在凌云一7楼的楼道上，我跟着熊楚熊学会了下围棋。后来，在楼道上蹲着下围棋的日子成为我最快乐的一段时光。同学们围在一起，胡乱指点，撒赖悔棋，尽管有时会发生斗嘴争吵，但也从中了解了同学们的一些性格脾性，学会了一些为人和相处之道。同样是在这个楼道上，我还学过剪发。有一次，我帮一位师弟剪发，越剪越不像样，最后他只能到理发店剃了个光头。此后，我剪发手艺不佳的名声出来了，自然也就很少有"顾客"了。

凌云一7楼的702、703宿舍不仅是我学习和休息的空间，还是我与同学们产生最多交集的地方。我多次梦想母校未来能为每间宿舍建一个舍友的电子档案，让我们这些曾日夜相处或未曾谋面的"舍友"们能永远记得自己在母校的宿舍与同学相处的时光。

会计本科求学琐记 *

　　我是1988年保送进入会计学系的。当年，因为家里的一些变故，只能就近，唯一的选择就是厦门大学了，毕竟是重点大学，还是母亲的母校、父亲的工作单位。保送生有选择专业的权利，基于同样的原因，我放弃了别人以为我必然会选的——中学时曾经参赛获奖的化学或生物。其实也没多想，就是选择了母亲的母系——会计。结果消息出来的时候，有老师或其他家长见我叹息，他们说："可惜了，怎么这样选！"

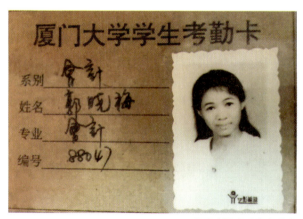

◎我就读厦大时的考勤卡

　　要知道，在当年的社会经济环境下，会计可不是热门选项，甚至倒退回早几年，可能还是调剂选项。

---

　　*　郭晓梅，厦门大学会计学系。

不过，我的选择同群效应大，同届同学选会计专业的不少。当时会计学系有会计、审计两个专业，我那级还新开了个班——国际会计班，似乎算定向招生（厦门生源）。在那个年代，国际是热门呀。这下选择困难出现了：是选会计？还是国际会计？这可不能再开盲盒了，于是母亲请教了她以前的老师，被点拨："会计专业有深厚的历史积淀，不论是课程体系、师资力量，都是最好的。本科把基础打好，会计哪里都需要。过于专门，将来路子窄了。"

由于不想早早被定型、被限制，我再度放弃人人以为我必选的国际会计，选了会计专业。进入了会计学系，发现诚不我欺。从入门专业课，到工业会计、高级财务会计，甚至偏点的建筑会计之类，都是资深大咖老师授课，他们经验丰富，教学内容深刻有趣。

教授会计原理的唐予华老师，以平和的语调娓娓阐述，为我开启了会计之门。别人视为畏途的借贷，在我眼里却如同老朋友，一点就透。再加上我经常去图书馆找题自己练，于是与会计循环和报表结缘。

教授工业会计学的林建武老师，开学第一课突然袭击，摸底考试，我考了第一，好像是97分，他开心得很，在课上说："谁说我题难的？不是有能考好的嘛。"然后又叹气，班上最低分直接比最高分少了一门课的成绩，60分。西方财务会计是汪一凡老师上的，他诙谐幽默，让人想不喜欢这门课都难。到了大四，会计学系三大巨头葛、余、常开讲座，终于得以一睹大师风采！除了专业课，还有其他各类课程。我记得英语课要根据入学摸底考试成绩分班，我在快班，有外教来上课。印象深的是一对外教夫妇，住专家楼（原招待所），经常组织我们去他们宿舍看原版电影，并让我们每周交篇周记。我写的是乡土风情民俗之类的，他们很喜欢，有一次我没有写这个题材了，还给我留言，希望我多写点这类的。还有外教阅读老师，拿英文原版小说给我们阅读，那时候我自然就迷上了英文原版小说，看了许多。

刚入学第一年，成绩优异，系里关心，给报了个奖，当时书记还关心我，问了下排名，我说第一名。领导的关心和重视、老师的鼓励，激发了我的干劲。当时我几乎门门课高分拿第一，最后总是以绝对优势和第二名拉开差距。

本科期间，班委也很给力，当时我因为常住家协助家务，住校少，有关评奖要做的各项事务他们都会帮我处理好。于是我也心存感激，总想在能力范围内配合工作。大二的时候，校运会报名。许多人不爱参加，班干部在班上动员，我看了报名表，就只有400米和800米没人报，于是我圈了个800米。班长当时不知我的实力，以为我是"打酱油"的，凑个参与奖，建议我报短的，这样不累，我断然拒绝。班长只好随我，但又担心不已，因为都赛前一周了，都没在操场上看到过我参加锻炼。催了多次之后，我终于上场训练了几次。比赛完，居然拿了第二名，这下被盯住了，被重点关照，直接要求我下一次多报项目，除了个人的，还有集体的。好吧，既然集体需要，那就上。当然了，项目多了，只好赛前半个月老实练习了下。然后我就开启了运动场上横扫各参赛项目第一的生涯，也给会计学系贡献了许多的积分。

当时会计学系也办了许多活动，我印象里有个算盘比赛。我很喜欢，我爱手工，手也灵活，于是拿起算盘练习，只听得"大珠小珠落玉盘"。

因为在校成绩优异加上积极参与集体运动且获奖无数，于是我成了奖学金的强有力候选人，并从大二开始，陆续获得嘉庚奖等校级奖学金。毕业那年，我被评为"全校十大优秀毕业生"。

1988级大约是免收学费的最后一届了，当时每个月还有少量伙食补贴（29元左右），加上奖学金，我的本科学习终于不再被视为单纯的消费，开始有收益了。大四那年我被保送读硕士研究生时，家人也不再坚持希望我早点出来工作了。大四时，林建武老师还说我可以去当他助教。后来没去，不过读研后很快就找到兼职工作了。长跑比赛拿奖，也在我后续的学习生涯中继续保持着，并且距离不断拉长，从800米到1500米、3000米。再到后来工作多年后，厦门举办马拉松比赛，我的距离延长到5公里、10公里、"半马"、"全马"。在跑道上、在公路上，自由奔跑，充分体验运动的快乐。这也成为我后来遇到困难时"满血复活"的力量。

铁打的营盘，流水的兵。同学们离开了，我留下了，成为守营盘的人。一年又一年，我在会计学系等你们。

◎ 郭晓梅

邻家学霸

——记我们眼中的徐晓阳 *

  感谢厦大会计学科百年庆典的征文邀请，让我有机会忆述与母校及会计学系深深的情缘。从本科到博士，十年厦大，十年的会计学系，让我自认为有理由觉得，即使所有的学子都一样爱她，但自己还是最与众不同的。三十年前，会计并不是世俗意义上"高大上"的专业选择，但我特别庆幸自己当时选择了厦大会计学系这样一个大师云集、积淀深厚、令人如沐春风的集体。在这里，我从本科时对专业一知半解的懵懵懂懂，到硕士时"知其然并知其所以然"的豁然开朗，直至博士时进一步理解了会计理论体系是如何洞悉并影响经济组织利益关系和治理格局的强大、严谨与精妙……走入工作岗位后，这种源自厦大会计学系的得天独厚的专业积淀，使得我在实务工作中能够"登高望远""独步天下"，"厦大会计学系"往往是我们身上最闪亮的标签、最能节约交易成本的"通行证"。

  除了学业上的收获，在会计学系学习生活期间，还有许多温馨难忘的记忆。犹记得本科时同宿舍八个女生一天到晚叽叽喳喳，热闹得很，同班男生挥毫赐字一幅"八宝粥"，形象生动，贴在石井宿舍正对门的大窗框上方，可惜毕业离校时遗失了。大二时英语快班长得像圣诞老人般慈眉善目的外教 Anderson 要离开中国了，

  * 本文作者：徐晓阳、任晓梅、庚蕴华、谢玉玲、林志毅、范永武。

我们在外专楼他家门前一字排开的桌子上一边挑选着他给大家准备的英文书籍、明信片等小礼物，一边隐隐体会着"再见"则"不再见"的伤感和惆怅。我的硕士导师（唐予华老师）和师母每年中秋节前后要起大早去采购一大麻袋的螃蟹等海鲜，堆满他家大大小小几张临时拼接的餐桌，招待我们十几号人。一顿饕餮大餐后再进行博饼活动，最后不论战绩如何，每人都能揣着一大兜子水果、月饼、海鲜满载而归。

总之，在厦大会计学系的十年我们是快乐而富足的，这种富足很大程度上鼓舞着我们后来走出象牙塔，积极应对漫长复杂的社会人生，它使我们底气充足，无惧责任与挑战。

正逢母校会计学科百年庆典之际，诉不完的衷情与感恩，唯愿其弦歌不辍、基业长青！

按照征文要求，以下是我的同学们描述的他们眼中的"我"。三十年前我们朝夕相处，所以他们笔下也往往自带"美颜滤镜"，这绝非我授意，哈哈。

◎徐晓阳

宿舍之光

时光飞逝，离开大学校园已近三十载。我们"八美"来自天南地北，有幸在人生最美好年华与晓阳同窗同宿最美厦大。毕业后各奔前程，虽不常联系，但以她为荣，心向往之，常自勉之。

晓阳最是"表里不一"的独特女生，外表羸弱，内在强大。她是班里体重最轻的，每逢冬季凌厉的海风席卷厦大时，我们常担心她会被吹走，但她目标笃定，内心充满力量。在我们（重点是我）自由任性的青春岁月中自律自强，几乎风雨无阻，行走在宿舍、教室、图书馆的路上，"三点一线"。坚持和勤奋终不被辜负，她生动践行了厦大"自强不息，止于至善"的校训。

晓阳最是严肃、活泼并存的可爱女生，学业优异的她闹腾斗嘴功夫一般，常在我们的"欺负"中败下阵来，她无辜无奈、憨态可掬的神情存在脑海，是我非常美好的青春回忆之一。每次临近大考，晓阳同学的笔记和作业最是抢手，借阅顺序一般是同宿舍—同班—隔壁班，我们心安理得地享用特有优质资源，让其他宿舍羡慕不已。

晓阳最是学而优则用、则闯的那一骑绝尘女将。毕业后没有偏安象牙塔或厦门温馨小城之一隅，而是奔赴帝都、深圳等经济前沿战场，几番奋战多个领域，相信她一定实现了自己的人生价值，学以致用，不负年华。

人生已半途，回首皆唏嘘，希望情谊长存，祝福我们305宿舍永远熠熠生辉。

——任晓梅

"雅"与"俗"

大学时的晓阳瘦瘦小小的，戴个圆框眼镜，马尾总是歪在一边，所以同学们亲昵地叫她"徐小歪"。晓阳的长相就很"学霸"，但她又绝不是"书呆子"，我很少在自习教室看到她，也并不常见她伏案学习，但她成绩就是很好。请教她问题，她会有理有据、抽丝剥茧地讲给你听。她的知识掌握得非常扎实，还能融会贯通，学以致用，斩获各种奖学金，我是心服口服。我最欣赏晓阳的还是她的平易近人、雅俗共赏。曾经在三家村的橱窗看到晓阳的一篇小文（她那时是某文艺社团的成员），内容早已忘却，但读时给我的触动犹在：语言清新，思想深邃，很有文艺气质，这是我印象中的"雅"。后来她继续深造直至拿到博士学位、工作后仍有文章见诸报端等，我把这些都归为"雅"的范畴；至于"俗"，就是我这个"学渣"和晓阳相处多年丝毫不觉压力，她跟我等芸芸众生聊家长里短、娱乐八卦，毫不违和。同学聚会，不论谁买单，晓阳都坚决反对铺张浪费，大概在会计学女博士看来，做性价比不高的选择是对我们会计专业的不尊重吧。

——庚蕴华

青春的"书"愁

她在我的印象中是"巧笑儿浅浅，刘海儿偏偏；神态儿淡淡，主意儿坚定；身形儿弱弱，成绩单斐然"。四年同窗对她最深刻的印象还是在学校读书会期间的交流。晓阳的书评总是思想深刻，从内容到文字，从推介书到书评本身看得出调用了很多脑细胞。在三家村、芙蓉湖畔，以及白城通往海边的石头路上，我们两个爱读书的女孩子，常常激烈争论又会心一笑。思想上的碰撞激荡让我们有了更多一层的默契，也让我们时常相伴走过了校园许多长长短短的路……

三十年岁月风雨，但仍难以磨灭青春记忆和那金子般的流年。

——谢玉玲

三十年前的"卷"友

印象中的晓阳同学秀外慧中，本科四年我俩在学业上展开了白热化的竞争，虽说我也曾经是漳州市理科状元，但她惯用文科优势尤其是英语碾压我，还好最后我们一起保送研究生，终于握手言和，"相逢一笑泯恩仇"。三年研究生时光，我们都想开了也不卷了，各尽所能，各取所需。再后来，我跟晓阳同学的关系更加错综复杂了，她姐夫成了我师兄，我研究生舍友成了她先生，她最后又成了吴水澎老师门下我的博士同门师妹。回首往事，有幸当了七年同学本来就挺开心的，最终我还成了她的师兄更是令人得意了！

——林志毅

硕士论文的归宿

1997年夏天，徐晓阳同学费了半年努力，终于完成了硕士论文《企业会计政策选择》，答辩时颇受答辩委员好评。之后我和她商量，把论文的精华提炼出一篇文章，看看能否投到《会计研究》。当时的国内期刊中，《会计研究》代表了会计界的最高学术水平，多少学子想发表于其上而不得。我俩再三讨论修改，由她执笔写成《试论企业会计政策的可选择域》一文。投出后不久，收到《会计研究》编辑部的信，打开一看，居然不是常见的退稿信，而是"修改意见"，而且修改意见还不多。大喜之下，我俩赶紧按意见修改完善，重新投了出去。等了很久，石沉大海，最终没有回音。失望之余，我俩把文章改投《当代财经》，很快就被刊出，还被作为那期的封面文章。过了一段时间又收到一笔汇款，是文章被评为《当代财经》1998年度优秀论文的奖金，这也算是"失之东隅，收之桑榆"，硕士论文终至所归。

——范永武

我的同学陈玮 [*]

◎ 陈玮

1988年，中国经济的列车在改革开放的轨道上已经高速行驶了10年。这一年，邓小平首次提出"科学技术是第一生产力"的重要论断，中国也正在进行包括住房制度改革、"火炬计划"、"允许私营经济在法律规定的范围内存在和发展"等在内影响深远的制度变革，所有人也都不会想到，自己将会成为这场伟大变革的亲历者和受益者。同年8月，在中国西北一隅的兰州商学院，对24岁的青年教师陈玮而言，失恋是那个夏天的"头等大事"，系主任王宗台看陈玮消沉烦闷，劝他："天涯何处无芳草，你去厦门学习一下，便可以忘记失恋，爱上会计。"因此，经王宗台介绍，陈玮参加了世界银行在厦门大学资助的中国青年教师国际会计与财税进修班，也正是这次以散心为初衷的学习之旅，让他之后与厦大结缘，与葛老师结缘，与创业投资结缘，从而改变了自己的一生，甚至影响了中国创业投资产业的发展。

听陈玮回忆，那个进修班有50余名同学，厦大给予这个班极高的待遇，为这个班配备了包括中国会计学泰斗葛家澍先生、中

---

① 本文作者：匿名。

国管理会计奠基人余绪缨先生、中国国际会计先驱常勋先生以及财政学大师邓子基先生等名师名家。特别是葛老师，年近古稀但风采依旧、精神矍铄。他深厚的理论功底和浅显的言语为陈玮和其他同学打开了崭新的会计世界，给他们留下了深刻的印象。那一年的厦大之于陈玮，如同会计的"圣殿"，让这样一个西北来的年轻人对会计变得更加"虔诚"。他坦言那一年在厦大重新认识了会计，过去扁平、刻板的会计，变成了立体、生动、新颖的会计。也正是这一年在厦大的短暂学习，在陈玮心里种下了一粒"种子"，他决定报考厦大，成为葛老师的博士。

回到兰州，陈玮像变了一个人，没日没夜在教研室学习，准备会计博士考试的各种课程。原本他打算在1990年考，但由于葛老师的助手刘峰也计划这一年考，担心"撞车"，他便决定延后到1991年报考，不承想刘峰也推迟了一年，最后两个人还是"撞了车"，成了同年同门弟子，所以说缘分二字有时真是妙不可言。作为一名来自西北的"草根"考生，据陈玮回忆，他当时坐了80多个小时火车，加上厦门6月的酷暑，让他感到焦虑、压力巨大，整日失眠。但功夫不负有心人，他顺利通过了笔试。面试环节，葛老师慈眉善目、和蔼可亲，让陈玮紧绷的神经反而舒缓平静下来，在一系列专业问题后，葛老师问陈玮"你有女朋友吗？你结婚了吗？如果从厦大毕业想做什么？"陈玮当时心里忍不住一阵窃喜，他知道，葛老师愿意要他了。于是，在他27岁这年，他终于如愿成了葛老师的弟子，成为西北第一位会计学博士，也正式成为了厦大会计学系万千同学中的一员。

在厦大求学的岁月中，据陈玮回忆，大家经常在葛老师家里以读书会的形式进行分享、探讨和学习。谈论起那段时光，陈玮总是无比珍视和怀念。在读书会上，葛老师更像主持人或引导者，引领同学们不断在深邃的会计理论世界探索和精进。除了知识的盛宴外，师母常做红烧肉，给学生们打打牙祭，这让陈玮尤为感念和回味。同学间的关系也非常融洽，在葛老师及师母的关怀、教诲下，更像是一个大家庭。同学们既是同门师兄弟姐妹，也是亲密的挚友。关于这一段求学的时光，陈玮曾写过一篇《纪念恩师葛家澍先生》，每每读到"葛老师的《红楼梦》，葛师母的红烧肉"那一章节，那些宝贵求学时光就如蒙太奇式的影片一般，在同学脑海中快速放映。厦大之于每位学子，都有不同的回忆，但厦大的神奇便在于，但凡属于学子们的共同记忆的，一定都定格在一些美好、

◎ 陈玮和葛老师的合影

欢乐、充实并极富人文精神的片段场景中。陈玮的这一篇小文，便是这些美好珍贵岁月的片段剪影，是属于葛老师那一批学生的共同记忆，从这些细腻文字中，也能看出陈玮对厦大、对葛老师和师母的感恩之情。

　　谈起求学时的陈玮，在众多优秀的同学中，他的刻苦、认真以及勤奋，给我们留下了深刻印象。他对待学习心无旁骛，几乎天天泡在图书馆里，那些年他在厦大图书馆几乎读遍了中国大陆的、中国台湾地区的、日本的各类会计专业书籍。他像一块海绵，努力在厦大汲取知识的养分。他的努力和勤奋也受到了学校的嘉奖，在厦门大学会计学系就读期间，他曾获"三大奖"的奖学金荣誉，成为同侪和学弟学妹们的榜样。

◎ 陈玮

　　毕业前，大家都在斟酌毕业论文的选题，陈玮从会计准则中的稳健原则着眼，选了一个非常小的课题，论文题目另辟蹊径，最终定为《论稳健会计——会计中的稳健思想研究》。对这一选题，葛老师评价说："这么多人都是大题小做，只有陈玮的论文是小题大做。"但小题大做并不容易，葛老师给了他非常多宝贵的建议和指导，最终陈玮的这篇论文发表，成为该领域内对具体会计准则进行分析，具有一定影响和价值的论文。

　　从厦大毕业后，陈玮回到兰州商学院任职系主任，之后又去荷兰留学，归国后到了深圳创新投资集团，成为第二任总裁，2006年后下海创业，创立了如今在投资圈具有影响力的知名本土创投机构东方富海。一路走来，陈玮经常跟大家笑言自己走到今天有三个没想到：没想到学会计，没想到当老师，没想到做投资。其中每一次都是人生的重要变革，都是对未知前程的重要抉择。从旁人的角度来看，最没想到的是，面对那些转折时刻，他总能乐观、坦然、积极地拥抱生活的不确定性，他的身上总带着厦大学子自强不息的精神特质，以及葛门学子务实求真、乐观向上的处世态度。

在"吾师·同学"中，陈玮无疑是非常优秀的同学代表，他的率真、阳光、乐观、敏锐和幽默，以及对人的真诚和恰当的分寸感，让他成为很多同学彼此一生的挚友。他的务实、专业、勤勉尽责，也让他在自己的领域成为很多人的老师，特别是他撰写的《我的 PE 观》成为很多人进入投资圈的必读书目。除了投资，陈玮还乐于将会计与实务结合，开创了诸多与实际结合的创新理论。如他提出与创业企业和创业者相关的新的会计恒等式"投资者权益 = 资产 – 控制人成本 – 负债"，即投资者权益要考虑实控人的道德风险和管理风险。此外，传统的企业估值方法，常常以历史财务数据为核心，评判企业价值，存在重定量轻定性等局限性。针对这一问题，陈玮发明了已投项目动态分类估值方法，从企业的市场地位、管理团队、成长性、退出方式四个维度对企业进行定期的分类和估值。

如今的陈玮，一年出差100多次，十分忙碌，但对于厦大的校友活动，他总愿意挤出时间参加，他深知没有厦大，就没有他的今天，厦大是他一生所珍视的烙印。对厦门大学深厚的感情，也让他多年来出钱出力支持母校建设，并在厦门大学百年校庆之际，第一个回应厦大深圳校友会发起的"箪食瓢饮，衔环涌泉"捐赠倡议，捐赠666万元，用于厦门大学在校学生一年免费米饭和矿泉水的费用支出。在陈玮心里，厦大让他感受到一所好大学该有的样子：在厦大，他结缘了葛老师，改变了对会计学的认知和态度，从原来的不喜欢转为后来的热爱，锻炼了自己扎实地把一件事做深、做精、做透的精神，主动做好当下的每一件小事，勤奋自律，严谨守信，儒雅谦逊，温和细腻，大善利他。也正是这些特质构成了他成功背后的底色，他坦言，厦大、葛老师、会计是这底色上最光彩的图画。

一个爱思考的"悦读"者

——记我的同学胡玉明[*]

胡玉明是厦门大学会计学系硕士（1986年9月至1989年7月）和博士（1992年9月至1995年10月）毕业生。

在我们同学的眼里，胡玉明是一个爱思考的"悦读者"，平时似乎沉默寡言，比较内向，但一旦发声总能"get到point"（抓住要点），而且"一针见血"。

据说，胡玉明从小就爱看书，凡是带字的东西都看。显然，这个"据说"有些夸张，但大致刻画了胡玉明喜欢看书的特点。韩愈认为"学海无涯苦作舟"，胡玉明却倡导"学海无涯乐作舟"。胡玉明觉得"学海"充满乐趣且乐在其中，自然也就不觉得苦。因此，胡玉明总是用"悦读"代替"阅读"，强调以喜悦的心境阅读各种文字。

在胡玉明的硕士研究生阶段，厦门大学各种学术讲座和报告精彩纷呈，让人应接不暇。到了每年6月份的毕业季，校园里到处张贴着各种学位论文答辩的海报，他经常去旁观各种答辩会。尽管他可能听不懂某些论文选题的答辩，但也见识了一些大师的风范和活跃的学术氛围。当时的研究生学位论文答辩场面壮观，思辨性较强，充满"火药味"，有些"烧脑"，也很"补脑"。

孔子认为"学而不思则罔，思而不学则殆"，胡玉明深以为然，他认为"悦读"与思考必须相结合。常言道："好记性不如烂笔头。"

---

* 本文作者：柯悦。

尽管胡玉明的记忆力相当不错，但为了便于理解和思考，他还是坚持做"悦读"笔记并加入自己的评论。当年，复印机还不普遍，而且复印费也很高。因此，同学们都到图书馆或阅览室借阅相关论著和文献，并将其中的观点和"悦读"体会记录下来，以便随时理解所"悦读"的内容。当时市场经济还处于"朦胧状态"，但做"悦读"笔记的需求还是引发了供给，市面上出现了各种各样的供做"悦读"笔记的"读书卡片"。这些"读书卡片"设计很贴心，印有诸如"书名/篇名""出版社/期刊名""年份""页码"等固定内容，使用者可以根据"悦读"的内容填空，用起来非常方便。那个年代的研究生基本都有做"读书卡片"的习惯。非常可惜，由于不断搬家，胡玉明所做的"读书卡片"都已经遗失。（经过盘点，胡玉明确认其"期末存货"还有当年各门专业课的课堂笔记，该课堂笔记大致记录了葛家澍、余绪缨、常勋、吴水澎、林志军等名师的授课内容。）现在，复印机非常普遍，而且复印费相当便宜。许多研究生都倾向于将需要的内容直接复印下来，需要时再"悦读"（但往往忘了"悦读"）。胡玉明觉得复印不能代替做"悦读"笔记，过量的复印会导致有形损失和无形损失，有形的损失就是浪费资源，无形的损失则是研究生忽视了通过做"悦读"笔记来完成自我训练。过多地依赖复印，慢慢会养成"悦读"不够细致、缺乏思考、只求"悦读"数量不求"悦读"质量的不良习惯和浮躁心态。做"悦读"笔记可以促使研究生真正读懂论著和文献，思考材料之取舍。胡玉明认为做"悦读"笔记的过程就是一种思考的过程，"悦读"笔记的内容体现了思考的结果。做"悦读"笔记可以锻炼研究生的文献综述能力和写作能力。遗憾的是，复印机已经"灭掉"了"读书卡片"，研究生想做"悦读"笔记也没有那么方便（不方便也就懒得做）。

然而，"悦读"过程中的思考只是一种被动的滞后过程。在"悦读"与思考的基础上，胡玉明非常注重同学之间的交流。一个人本来只"悦读"一本书或一篇文献，通过交流相当于多"悦读"了好几本书或好几篇文献。更重要的是每个人都存在理解的盲点，也都存在自我意识，容易自我封闭。同学之间多交流有助于全方位理解一个问题，活跃思维，激发创新，走出自我封闭的状态。会计学强调"实质重于形式"，研究生教育的重要意义就是为研究生搭建一个自由的学术交流平台。当时厦门大学的研究生，男生都住凌云楼（凌云一至凌云三），胡玉明住在凌云一702宿舍。不同专业的研究生经常在楼层的过道交流、切磋，争辩各种学术问题和社会热点问题。那种热烈的场面和讨论的话题现在可能已难得一见。

一个爱思考的"悦读"者未必就要走上学术之路。当年，胡玉明与如今大名鼎鼎的魏明海（财政部会计名家，广州大学党委书记兼校长、教授、博导）、王永海（财政部会计名家，武汉大学会计学系教授、博导）、游智清住在同一个宿舍。王永海当时已经研究生三年级，进入学位论文写作阶段并在武汉大学会计学系上班，只是偶尔来住几天。实际上，凌云一702宿舍的"常住人口"就三个人。到厦门大学会计学系读研究生时，魏明海已经在江西财经学院（现江西财经大学）工作。因此，魏明海比胡玉明更"懂事"，学习非常认真。看到魏明海每天都在读书、写文章，耳濡目染，胡玉明萌发了学术研究的兴趣，也开始尝试写文章并向相关专业刊物投稿。当年，中国的大学并没有要求研究生必须公开发表论文才能毕业并获得学位。相关专业刊物也不多，像胡玉明这种"无名小卒"，以硕士研究生的身份要公开发表论文实属不易。但榜样就是力量，硕士研究生毕业之前，胡玉明在相关专业刊物公开发表了三篇论文，他在各种公开场合都感谢魏明海的示范性引领。

基于对会计学术研究的兴趣，以及希望走上会计学术研究之路，胡玉明在工作三年之后再度回到厦门大学会计学系师从余绪缨先生攻读博士学位。余绪缨先生博览群书、知识渊博，为了能够与余绪缨先生"聊天"，原本就是一个爱思考的"悦读"者的胡玉明也渐渐地"博览群书"并深度思考某些问题，取得一些成绩，获得了厦门大学亚南奖学金。

◎ 胡玉明博士答辩后与导师余绪缨先生的合影（1995年10月17日）

◎ 胡玉明博士论文答辩照（1995年10月17日）

同窗·教师（学者）·会计学科的坚守者
——记杜兴强同学[*]

学生时期（1995—2001年），杜兴强是我们的硕士生或（和）博士生同窗。作为跨专业的学生，杜兴强同学具有很强的学习能力，较为顺利地完成了由理科（数学）思维到文科（会计学）思维的转换，入学不久就在《会计研究》等期刊上发表学术论文。就读博士生期间，杜兴强同学相继获得厦门大学嘉庚奖和亚南奖，这在厦门大学会计学系的在读学生中属于极少数的个例。

2001年开始，作为厦门大学会计学系的教师，毕业后的杜兴强博士较快地由青年学者成长为具有学术影响力的学者，围绕非正式制度、文化影响与会计审计行为，发表了一系列具有开拓性的研究论文和著作，主持了厦门大学会计学科历史上第一个国家自然科学基金重大项目课题（亦是国家自然科学基金第一个会计审计类的重大项目课题）和第一批国家社科重大项目，研究成果获得教育部人文社科优秀成果一等奖、福建省社科优秀成果一等奖、教育部人文霍英东青年教师奖一等奖，教学成果获得国家级教学成果二等奖、福建省教学成果特等奖、教育部霍英东高等院校教育教学奖二等奖、宝钢优秀教师奖，以及"厦门市优秀教师"

———————————

＊ 本文作者：章永奎、曾泉，厦门大学会计学系；刘维，容诚会计师事务所。本文参考了多人口述和"厦大会计"公众号资料，照片由杜兴强教授提供。"同窗"部分我们使用"杜兴强同学"这一表述，"教师"部分我们采纳"杜兴强博士"或"杜兴强教授"这一称谓，"厦门大学会计学科的坚守者"部分我们使用"杜兴强教授"这一称呼。

等荣誉称号。

2017年开始，杜兴强教授开始服务于厦门大学会计学科，从战略上规划、组建教学和科研团队，捍卫厦门大学会计学科的声誉，带动厦门大学会计学科从低谷中爬升，使厦门大学会计学系近年来获得的国家级重大项目数位列全国高校会计学科第一方阵前列，教学成果突出，科研成果质量明显提升，力争重现厦门大学会计学科作为国内学术重镇的辉煌。

2017—2023年期间的杜兴强教授就像是一本书，每一页也许都会让大部分的教师、同学和系友充满了惊喜。杜兴强教授总是能在未预期的情况下、在看似平淡的事情上"平地起惊雷"般地找到"情理之中、意料之外"的突破点，与厦门大学会计学系教师一道，取得教学科研方面一个又一个的突破，收复之前十余年厦门大学会计学科丢失的一块又一块阵地。大家甚至半开玩笑半认真地指出，要想让"阿杜"一段时间内没有任何想法，几乎是一种"幻觉"。

一、同学

杜兴强同学1995年跨学科从吉林大学数学系考入厦门大学会计学系，这在当年既幸运，又不易！印象中，我们1995年的入学考试除了英语、数学和政治之外，专业课只涉及会计学原理、中级财务会计和管理会计三门课程，这增加了跨专业考入会计学系的可能性。专业课试卷中会计学原理满分100分，杜兴强同学考得56分；中级财务会计与管理会计共100分，杜兴强同学考得67分。当年应届生的分数线为325分，杜兴强同学总分327分；硕士生入学单科分数线为55分，杜兴强同学最低单科分为56分。

多年后闲聊，杜兴强同学忆及硕士生入学考试中的幸运，仍心有余悸。首先，杜兴强同学言及其平时习作曾非常幸运地写作了"Hope Project"等三个作文题目，且请外语专业的学生修改过自己写的作文，而1995年研究生入学英语作文的题目正是"Hope Project"。其次，在和同学拼车去考场的路上，他偶然从同学的考研培训班复习资料上瞥得两道时事政治题，而政治科目的考试出现了大致相似的题目。最后，杜兴强同学忆及硕士生入学复试时，有老师问及他何为成本确定的平行结转分步法和逐步结转分步法，从未学习过成本会计的杜兴强同学一头雾水，手心和背后直冒冷汗，好在当年基础课和专业课难度较大，上线人数和招生名额基本相等，所以厦门大学会计学系硕士生复试时采取等额面试的方式。上述诸多巧合不可思议地集中出现，所以杜兴强同学才有幸进入厦门大学会计学系攻读硕士学位。

◎在厦门大学参加硕士入学考试复试后在建南大礼堂前的杜兴强（1995年3月）

杜兴强同学刚入学时与国贸系三位研究生（郑伟、邓世凯和程志龙）共住凌云一608室，隔壁607宿舍住着我们班的孟杰、吴鸣等同学。夏日炎炎，当时研究生宿舍内并无空调，所以傍晚大家喜欢坐在宿舍外边的楼道里听收音机，然后天南海北地胡扯。1995年入学后，有同学问杜兴强，你知道实证会计理论吗？杜兴强同学一头雾水，作为数学系的本科生，高级财务会计、审计和财务管理等内容他都未学习过，怎么可能知晓研究领域的实证会计研究？

厦门大学会计学系1995级硕士生实行研究生和导师双选制。杜兴强同学一开始希望追随管理会计方向的导师攻读硕士学位，但被婉拒；后来他又联系其他老师，无一例外地以非科班出身等各种理由被婉拒，以至于最后他成为"导师待定"的硕士生。根据杜兴强同学的回忆，1995年10月份，厦门大学会计学系不知为何并未将研究生与导师双选制度彻底贯彻下去，而是重新分配导师，原本处于"导师待定"状态的杜兴强同学，在"第一顺位"被挑选给了葛家澍教授。自此，因天赋不足，"逃离"吉林大学数学系的杜兴强同学再次被命运眷顾，师从我国著名会计学家葛家澍先生。按照杜兴强同学的说法，他从一个世代务农的家庭、个人从无任何从事科学研究意向的状态，走向了学术研究的未来不可预期和不确定的状态。

不仅如此，基于"烙印理论"（the impriting theory），早期求学过程中分配导师的经历对日后的杜兴强教授招收硕士生和博士生，以及如何看待他与研究生之间的师生关系，产生了持久且深远的影响。根据各种反馈，杜兴强教授不会因学生的本科专业或第一学历而有所区别对待，也不会据此挑选学生。他认为学生只要人品好、勤奋、懂得聪明地努力，即使基础再薄弱，也很快可以达到某个基本的高度，接下来就靠他们自己的经验积累和顿悟了。所以，同硕、博士的关系一旦确立，杜兴强教授通常会给学生充分的机会，希望他们夯实基础，尽量从事学术研究。但是，一旦学生耍小聪明、不努力或努力不彻底，或者一开始就想省事做些跟随性的、短平快的研究，他有时就会很抑郁、愤怒和无助。

研究生入学后，杜兴强同学开始孜孜不倦地追赶，不仅跟随本科生大致补上了会计学系的七门核心课程（会计学原理、中级财务会计、高级财务会计、成本会计、管理会计、公司理财、审计学）的知识，而且还站在跨学科的视角，审视一些会计理论与实践问题。更重要的是，在葛家澍先生的悉心指导下，杜兴强同学在硕士阶段就翻译了 Moonitz 的 The Basic Postulate of Accounting（ARS No.1），Sprouse、Moonitz 的 ARS No.3，并对 *Accounting Horizon* 杂志上 Wallman 教授的一系列文章进行了翻译。这一过程虽然枯燥，但却促使杜兴强同学在短期内掌握了会计理论研究的术语，确保其阅读会计文献的流畅性，为其之后的学术论文（包括中、英文论文）的写作打下坚实的基础。

◎1995级硕士毕业合影

◎博士生杜兴强获亚南奖（《厦门大学报》1999年4月15日第395期）

师从会计学泰斗，杜兴强同学不断取得进步。研究生一年级末，杜兴强开始投稿，并在《会计研究》（1997年第12期）上发表专业论文。之后，在葛家澍教授的建议下，杜兴强同学改变了进入实务界的想法，选择继续攻读博士学位。研究生期间，杜兴强同学共在《会计研究》期刊上发表论文4篇，并因此相继获得了厦门大学嘉庚奖和亚南奖。

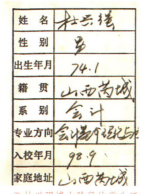

◎杜兴强博士阶段的学生证

◎博士入学通知书和学生证

2001年，在葛家澍教授的建议与时任系主任的庄明来教授的支持下，杜兴强同学选择留任厦门大学会计学系并任教至今（其间于2001年9月至2003年8月在厦门大学应用经济学博士后流动站在职从事博士后研究工作）。

◎杜兴强博士论文答辩照

◎杜兴强博士后进站通知书

二、教师（学者）

杜兴强2001年8月留母系任教后成长比较快，属于晋升较快的人文社会科学领域的教师之一，2002年12月破格晋升为副教授，2004年5月和8月相继被破格聘为博导（时为副教授）和教授。这是对杜兴强潜心教学科研的肯定，但同时也给他带来了迷茫和困惑。

攻读硕、博士学位期间和毕业后前几年，杜兴强沿着葛家澍教授的研究方向（会计基本理论、财务会计概念框架与会计准则问题）等进行深入探索，随后发展出自己第一个研究方向——会计理论的经济学分析，尝试用产权理论等经济学理论解释会计问题，取得了一定的成果，包括但不限于2003年获批两项国家自然科学基金和国家软科学基金，《会

◎ 杜兴强教授首个聘期证书

◎ 杜兴强教授与首届博士生于竹丽（右一）、聂志萍（右二）、李易（左一），
以及张金若（葛老师博士生）的合影

计信息的产权问题研究》（基于博士论文修改而出版）获得2003年福建省社科优秀成果二等奖。随后获得教育部人文社科优秀成果三等奖，在国内学术期刊上发表了几篇相关的学术论文。

2004年晋升教授后，杜兴强教授给自己放了一个"长假"（大约到2008年底），完成了一个正常人应该有的、充满烟火气息的家庭建设，包括改善家庭经济情况、购房、迎接小孩的出生。即便是这段时间，杜兴强教授也未停止思考和学术论文的发表，组织翻译出版了《中级财务会计》（Ksiso 著）和《美国会计史》。这为其2008年之后拓展研究方向，将会计思想史作为一个重要研究领域提供了重要的基础。这一时期，杜兴强教授还入选了2004年教育部首届新世纪优秀人才计划，被授予"福建省优秀社科工作者"荣誉称号，协助葛家澍教授为厦门大学会计学科申请并获得国家级教学成果二等奖和福建省教学成果一等奖，连续获得2005年和2007年福建省社科优秀成果一等奖2次、二等奖2次（合作或独立，当时福建省社科优秀成果奖每人可申报两项）。

2008年底至2011年，杜兴强教授经过反思，开始系统地自学和钻研实证、经验会计研究，痛苦地进行研究范式的转变。这一转变他是和当时所指导的博士生一起完成的，大家相互讨论，教学相长。杜兴强教授此次的研究范式的转变，难度极大，体现了其学术探索过程中勇于突破自我知识局限、敢于脱离"舒服"状态和决然离开"熟悉"环境的决心和勇气。这次研究方式转变的成效包括但不限于：从2009年开始在《会计研究》《金融研究》《中国工业经济》《审计研究》等期刊上，围绕非正式制度（特别是政治联系）发表了多篇质量较高的学术论文；在相关主题和领域内获得国家自然科学基金面上项目、国家社科基金青年项目和教育部人文社科基地重大项目的资助；获得教育部霍英东高等院校青年教师奖一等奖（会计学领域内极少数之一）、福建省社科优秀成果二等奖、福建省教学成果一等奖，并在FT45国际期刊 *Journal of Business Ethics* 上合作发表论文1篇。总体来看，杜兴强教授在这一期间的转型虽然艰难，但的确取得了一定的进步。

2012—2016年，杜兴强教授开始沿着"文化影响与会计审计行为"和"非正式制度与公司社会责任"两个领域进行深耕细作[①]，先后在 *Journal of Business Ethics*、*International Journal of Accounting*、*Asia Pacific Journal of Management*、*Management and Organization Review*、*Journal of Management and Organization*、*China Journal of Accounting Studies*、*China Accounting and Finance Review*、《会计研究》、《审计研究》、《金融研究》、《中国工业经济》、《审计研究》等国内外知名学术期刊上发表了一系列相关的中、英文论文。这些论文发表之后大约4年左右，其价值逐渐被学术界发掘，然后被较为广泛地应用，使得杜兴强教授2021、2022、2023年连续入选爱思唯尔（Elsevier）"中国高被引学者"，且于2020—2023年连续四年入选"全球前2%科学家"名单。这一期间，同学们（包括同行和学生）目睹老同学杜兴强勇于开拓新的研究领域和发掘新的研究问题的探索精神。杜兴强教授亦多次主持国家自然科学基金，屡获福建省社科优秀成果奖和教育部人文社科优秀成果奖。

综上，2001—2016年，杜兴强同学（教授）留给我们的总体印象是：一位远离了尘世喧嚣的教师（学者），他个性鲜明、才华横溢、执行力强，默默地为会计学科贡献自己应有的力量。

三、厦门大学会计学科的坚守者

（一）缘起

2017年2月，出乎大多数人（包括同学、同事、同行、学生等）的意料，杜兴强教授接替因身体原因辞职的桑士俊教授，开始服务于厦门大学会计学系。自此，杜兴强教授不仅要自己带领团队进行研究，还要从战略层面上招聘年轻和有潜力的博士，优化厦门大学

[①] 正式制度 (formal instituions) 安排如法律法规、公司治理规则与会计审计准则，虽然能够对会计审计行为产生至关重要的影响，但是却无法解释为何不同公司的会计信息质量与审计行为方面存在差异。实际上，正式制度是一回事，但正式制度的执行则往往是另一回事；在正式制度之外，非正式制度 (informal institutions) 对正式制度最终的执行效果起着非常重要的影响。为此，绝不应忽视非正式制度，它可以通过持续影响利益相关者的行为，从而影响正式制度的执行效果，进而影响会计审计行为。非正式制度是一个多维概念 (Willianmson, 2000)，文化是其中一个非常重要的维度。

会计学系的师资团队，激励会计学系教师能够持续发表高质量和标志性的科研论文、获批标志性的科研项目、获得标志性的科研奖励。

虽然我们热爱母系厦门大学会计学系，希望她一切都好，但是超越情感、理智地进行思考，这个时点接手厦门大学会计学系是有极大风险的，如果搞得不好，不仅一无所获，还可能招惹很多是是非非。因为，2017年这个时点的厦门大学会计学系，处在历史性低谷的盘整中，士气低落，师资结构有待整合（已经多年未有新鲜力量加入厦门大学会计学系了），教学和科研方面并不突出，且在系友和社会层面上的声誉与反响正经受着极大的考验。

就这一点，我们曾在一起聚会的时候问过杜兴强教授接任厦门大学会计学系的系主任时的想法。他面色凝重，谈了几点：第一，他是厦门大学会计学系培养并留校的博士，感恩于葛家澍先生和诸位老师的教诲，对会计学科的品牌具有极强的认同感，感觉有责任去做一些事情来扭转不利局面。第二，葛家澍先生2013年仙逝前，他曾向先生承诺"先生在必留守厦大；先生若去，当再服务十年；此后随缘……"。第三，厦门大学会计学系具有深厚的学术底蕴和教学科研传统，倘能激发既有老、中、青教师的潜能和补充新鲜血液、战略、方向和策略正确，经过艰苦努力，他日必会走出低谷。即便是最坏的情况——厦门大学会计学科长时间在低谷，那么对于厦门大学会计学系这艘大船，自己作为承载系友、大部分教师和学生期望和希望的船长[①]，也断无"弃船逃生"的任何理由。这样的话（表态），任何人听了，估计都会感受到一种说不出滋味的悲壮与凄凉。

（二）战略与策略

2017年2月后，母系厦门大学会计学系的发展，几乎超过了我们大部分人的期望。这可能和杜兴强教授本科期间接受的理科思维训练不无关系，使得其往往能够在纷繁复杂中找到关键的突破口，而且具有坚忍的毅力和完美的执行力去攻克。根据厦门大学会计学系官方公众号"厦大会计"的信息，2017年初之前会计学系的教学和科研均处于相对低谷，人才队伍急需补充和优化。基于对会计学系历史积淀的信心，经过长时间的调研和深入思考，以及与会计学系教师的沟通，杜兴强教授为会计学系制定了"以教学为突破口，强调通过教学增加凝聚力，教学为研究提供灵感，研究反哺教学"的基本战略。随后，在李建发教授和刘峰教授等的支持下，杜兴强教授又和厦门大学会计学系的资深

---

① 这个"船长"是形势所需，是责任，而非权利（力）。

教师一道，为会计学科确定了"以国家级重大科研项目为突破口，牵引和培育标志性的科研论文、代表性的科研奖励与国家高层次人才（计划）"这一具有一定可行性的、分步骤的基本策略。

在上述基本战略和策略的引导下，2017—2023年，厦门大学会计学科取得了诸多重要的进步。概括起来，在杜兴强教授的战略规划和带领下，在全系教师的共同努力下，这一时期厦门大学会计学科取得的主要进展包括但不限于：

（1）"以教学为突破口，强调通过教学增加凝聚力，教学为研究提供灵感，研究反哺教学"的基本战略收到了成效。此外，"以国家级重大科研项目为突破口，牵引和培育标志性的科研论文、代表性的科研奖励与国家高层次人才（计划）"的基本策略落实良好、成绩突出。

（2）在教学领域，杜兴强教授作为负责人，时隔18年后，在会计学科百年庆前，将国家级教学成果奖带回厦门大学会计学系（2023年7月），获奖成果名称为"会计学教学模式创新与教材体系改革：AI技术冲击、中国文化嵌入与伦理关注"（该成果亦曾获福建省教学成果奖特等奖）；厦门大学会计学系会计学与审计学专业于2019年和2022年相继入选教育部国家一流本科专业建设点；杜兴强教授和刘峰教授作为总主编，在高等教育出版社重新出版"厦门大学会计学系列教材"；"财务会计理论"（杜兴强）和"管理会计"（郭晓梅）入选教育部本科国家一流课程；杜兴强教授获教育部霍英东教育教学奖。

◎厦门大学会计学系列教材（高等教育出版社）

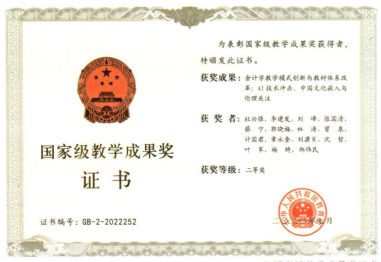

◎国家级教学成果奖证书

◎杜兴强教授的国家级一流本科课程《财务会计理论专题》证书

（3）人才培养与标志性人才项目方面，教师共计20余人入选国家高层次人才计划与省部级人才计划，毕业的博士生2人入选国家高层次人才计划青年项目，包括但不限于：国家高层次人才特殊支持计划哲学社会科学领军人才2人（李建发、杜兴强），国家"百千万人才工程"入选者1人（杜兴强），国家有突出贡献中青年专家1人（杜兴强），中宣部文化名家暨"四个一批"人才2人（李建发、杜兴强），国务院政府特殊津贴1人（杜兴强），财政部"会计名家培养工程"3人（李建发、刘峰、杜兴强），教育部霍英东基金会高等院校青年教师基金、青年教师奖、教育教学奖3人次（均为杜兴强），厦门大学"南强"重点岗位教授3人（杜兴强、刘峰、李建发）。

（4）科研方面（标志性国家级重大项目资助方面），厦门大学会计学科获得6项国家自然科学基金重大项目课题 / 重点课题和国家社科基金重大项目（杜兴强教授3项、李建发教授1项、刘峰教授1项），领先于同时期国内兄弟院校的会计学科。其中，杜兴强教授2017年首获国家自然科学基金重大项目课题资助（课题名为"制度变革、非正式制度因素与会计审计行为研究"，其为国家自然科学基金领域内首个会计审计领域内的重大项目课题）。杜兴强教授和李建发教授2020年双双获得国家社科基金重大项目资助，这是厦门大学会计学科和工商管理学科首次获得国家社科基金重大项目的资助。

（5）科研方面（标志性论文方面），经过不断招聘优秀青年教师、优化师资结构和为年轻教师创造优越的科研条件，厦门大学会计学科共发表英文 A+（UTD24）和 A 期刊论文19篇（FT50），超过了2016年及之前的总和；发表中文最优期刊论文40余篇；出版中英文著作10余部，厦门大学会计学科逐渐补上了最后一块短板，且未来还拥有颇大的潜力。

（6）科研方面（科研奖励方面），厦门大学会计学科获得教育部人文社科优秀成果奖和福建省社科优秀成果奖共计16项。

（三）厦门大学会计学科逐年的突破与成绩

2017年10月11日，正在美国哥伦比亚大学进行一年学术交流的杜兴强教授从纽约飞往北京，参加10月13日国家自然科学基金委组织的重大项目课题的答辩，最终其项目课题有幸于2017年11月30日被国家自然科学基金委立项为国内第一个会计审计方面的重大项目课题——"制度变革、非正式制度因素与会计审计行为研究"（71790602）。2017年，肖华教授牵头申报的"国际职业化导向的会计学本科专业化建设"获得福建省教学成果一等奖，这是处于转折期的厦门大学会计学科在教学领域一抹难得的亮色。

2018年开始，杜兴强教授与会计学系教师团队以重新出版"厦门大学会计学系列教材"（共12本，高等教育出版社出版，杜兴强、刘峰任总主编）为契机，系统思考了如何在会计学科进行教学改革，以更好地适应时代对会计学教学提出的挑战。"厦门大学会计学系列教材"为日后获得国家级教学成果奖奠定了坚实的基础。2018年，李建发教授和刘峰教授获得"财政部会计名家"称号；李建发教授入选中宣部文化名家暨"四个一批"人才；杜兴强教授入选厦门市第八批拔尖人才。厦门大学会计学科的教师在入选国家级高层次人才和省部级人才计划方面开始出现曙光。2018年，杜兴强教授被聘任为教育部高等学校工商管理类教学指导委员会会计学专业教学指导分委员会副主任委员，标志着厦门大学会计学科在我国教育教学领域得到国内同行的认可。是年，杜兴强教授担任国家级教学成果奖的会评专家，这为其之后牵头申报国家级教学成果奖打下了重要的基础。

2019年12月，厦门大学会计学系会计学专业（120203K）入选首批国家级一流本科专业建设点（中央赛道，专业负责人为杜兴强教授），表明厦门大学会计学科因其雄厚的历史底蕴仍得到国内同行的认可，保持在国内高校前列。2019年8月，杜兴强教授负责的本科教学改革项目"会计学教材体系与教学模式改革：AI技术冲击、中国文化嵌入与伦理关注"获得福建省本科重大教改项目立项，这成为日后申报国家级教学成果奖的重要支撑之一。2019年，杜兴强教授出于厦门大学会计学科的需要（既为集体，又为个人），一改之前在小范围内宣称的"不申请人才项目"的印象，于2019年9月入选"国家百千万人才工程"，并被授予"国家有突出贡献中青年专家"荣誉称号。同月，杜兴强教授被授予2016—2019年"厦门市优秀教师"荣誉称号。

2020年12月，杜兴强教授与李建发教授双双获批国家社科基金重大项目（20&ZD111与20&ZD115），这是厦门大学会计学科和工商管理学科首次获得国家社科基金重大项目的资助。2020年5月，年轻教师刘馨茗以第一作者身份署名（厦门大学为第一署名单位）的论文 "Is Audit Committee Equity Compensation Related to Audit Fees?" 在会计领域 Top5 期刊之一的 Contemporary Accounting Research 上发表。2020年2月，AACSB（The Association to Advance Collegiate Schools of Business，国际商学院协会）宣布，厦门大学会计学系在国内综合性大学中第一个通过 AACSB 会计项目认证（独立与平行于商学项目，负责人为杜兴强教授）。自此，厦门大学会计学系同时拥有 AACSB、EQUIS 与 AMBA 三大国际认证。2020年7月，郭晓梅教授的"管理会计"入选首批国家级一流本科课程。2020年6月，杜兴强教授担任第八届中国审计学会常务理事。2020年12月，杜兴强教授获"享受国务院政府特殊津贴专家"荣誉称号。2020年12月，厦大会计学系被福建省财政厅批准设立首个"福建省会计名家工作室"（学术带头人为杜兴强教授）。

2021年3月22日是我国著名会计学家、厦门大学会计学科奠基人之一的葛家澍教授一百周年诞辰。会计学系举行了隆重纪念活动，杜兴强教授主持了《葛家澍文集》《葛家澍教授学术思想研究》《澍雨杏风》等书的首发仪式，国内兄弟院校300余名代表参会并发言缅怀葛家澍教授。在葛家澍教授一百周年诞辰纪念活动中，1990届（1986级）4位杰出系友——冠亚投资创始人崔立澜、徐华东伉俪和 CEO 朱益民先生向母系厦门大学会计学系捐赠1亿元人民币，设立"冠亚厦门大学会计发展基金"，用于支持厦门大学会计学系再创辉煌。系主任杜兴强教授诚挚感谢三位系友饮水思源、回馈母系的善举与拳拳之心。通过举办葛家澍教授一百周年诞辰纪念活动，进一步增强了会计学系的凝聚力，激发了会计学系的战斗力。

让人佩服的是，杜兴强教授独著了《葛家澍教授学术思想研究》（42万字），系统梳理了葛家澍教授学术论文、专著、教材中的学术思想与教育理念，为国内会计学术界提供了一个很好的、整理大师学术思想的个案。此外，杜兴强教授独著《葛家澍教授学术思想研究》的行为深深感染了每一个有良知的人，此举充分反映了其重情重义、勇于承担责任，彰显了其"与其坐而谢，不如立而行"的行事风格。

2021年7月，杜兴强教授牵头的"会计学教学模式创新与教材体系改革：AI技术冲击、中国文化嵌入与伦理关注"项目获得福建省教学成果特等奖，为2022年国家级教学成果奖打下基础。2020年12月，杜兴强教授入选国家高层次人才特殊支持计划哲学社会科学领军人才。厦门大学会计学系再添一位国家高层次人才计划入选者。2021年4月，杜兴强教授入选"2020年Elsevier中国高被引学者"，这是厦门大学会计学系教师首次入选这一榜单。2021年3月，青年教师沈江华的论文"The unintended benefit of the risk factor mandate of 2005"在会计领域

◎《葛家澍教授学术思想研究》封面[①]

Top5期刊之一的 *Review of Accounting Studies* 上发表。2021年2月，教育部发文同意厦门大学会计学系复办审计学专业。同年，审计专业开始恢复招收本科生。2021年，杜兴强教授的英文著作 *On Informal Institutions and Accounting Behavior* 由国际知名出版社 Springer 出版。

2022年，杜兴强教授入选中宣部文化名家暨"四个一批"（理论界）人才工程。教学方面，2022年6月，据《教育部办公厅关于公布 2021 年度国家级和省级一流本科专业建设点名单的通知》（教高厅函〔2022〕14号），厦门大学会计学系的审计学专业入选教育部国家级一流本科专业建设点。2022年7月，杜兴强教授获得第十八届教育部霍英东教育基金会教育教学奖二等奖。2022年7月，厦门大学会计学系的会计专业硕士（MPAcc）项目通过了 AAPEQ 的 A 级认证。2022年6月，第八届 MPAcc 学生全国案例大赛在厦门大学成功举办，厦门大学会计学系 MPAcc 学生代表队"变秃也变强"夺冠（特等奖）。2022年9月，杜兴强教授获批福建省本科高校重大教育教学改革研究项目"会计学本科教学模

———

① 《葛家澍教授学术思想研究》全书42万字，由杜兴强教授独自撰写。杜兴强教授在该书的前言中写道："《葛家澍教授学术思想研究》一书的写作，是我践行'与其坐而谢，不如立而行'，铭记和感谢师恩的具体行动。"

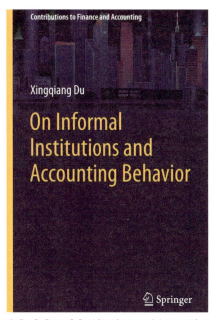

©*On Informal Institutions and Accounting Behavior* 的封面（Springer，2021）

式重塑与教学内容迭代：制度变革、非正式制度与因果关系"（FBJG20220158，福建省教育厅）。2022年12月，杜兴强教授获得宝钢优秀教师奖。

国家级重大/重点课题方面，2022年8月，刘峰教授获批国家自然科学基金重点项目"数智时代的企业投融资与风险管理"（72232007）；2022年12月，杜兴强教授（首席专家）获批国家社科基金（专项）项目"'双碳'战略背景下公司环境绩效和'环境—捐赠'式伪善治理研究"（22VRC130）。

此外，2020年3月，根据《民政部关于准予中国商业会计学会负责人备案的通知书》（民社登〔2022〕2163号），杜兴强教授被增补为中国商业会计学会（国家一级学会）的副会长。2022年4月，杜兴强教授连续第二次入选"Elsevier中国高被引学者"（2021年，工商管理）。

值得指出的是，2022年1月10日，会计学系在嘉庚一100会议室隆重举行陈少华教授荣休仪式。这是在杜兴强教授和刘峰教授的倡议下，厦门大学会计学系首次为退休教师举办荣退仪式，场面温馨感人，系友交口称赞。

2023年6月8日，杜兴强教授主讲的"财务会计理论专题"获批教育部国家级一流本科课程，这是已经公布的两批教育部国家本科一流课程中唯一的一门财务会计理论课程。2023年7月，杜兴强教授主讲的"资本市场会计研究"获批福建省研究生教育精品课程。人才培养成效方面，2023年1月，杜兴强教授入选2022年财政部"会计名家培养工程"。学科社会影响方面：2023年5月12日，杜兴强教授当选为第九届中国会计学会副会长，体现了厦门大学会计学科的传承。2023年4月，杜兴强教授连续第三次入选"Elsevier中国高被引学者"（2022年，工商管理）。2023年6月18日，在上海财经大学举办的第九届MPAcc案例大赛决赛中，厦门大学会计学系MPAcc代表队蝉联冠军，"舒舒服服队"获得特等奖。

值得一提的是，2023年，李斯曼助理教授（通讯作者）与合作者撰写的论文"Reciprocity in Corporate Tax Compliance: Evidence from Ozone Pollution"，及郭睿助理教授（第一作者）与合作者（合作者为Xiaoli Tian教授）撰写的论文"Regulatory Transparency and Regulators' Effort: Evidence from Public Release of the SEC's Review Work"，在会计学领域全球Top 3期刊之一的 *Journal of Accounting Research* 上在线刊出；翟伟欢助理教授（通讯作

者）与合作者撰写的论文"The Explanatory Power of Explanatory Variables"在会计学全球 Top5 期刊之一的 *Review of Accounting Studies* 在线刊出。

在2017年起服务厦门大学会计学系的时间里，杜兴强教授的学术研究亦有进展，在 *Journal of Business Ethics*、*Journal of Accounting and Public Policy*、*International Journal of Accounting*、《会计研究》、《管理科学学报》、《管理世界》、《金融研究》、《中国工业经济》等中英文重要期刊上发表论文十余篇，出版著作多部，多次获得福建省社科优秀成果奖。

◎杜兴强教授任中国会计学会副会长的聘书

（四）小结

透过2017年2月—2023年7月厦门大学会计学科在人才培养、教学与科研方面取得的累累硕果，大部分同学和系友（即便是外行）也能够感受到厦门大学会计学科的巨大进步，普遍认为和认可杜兴强教授对厦门大学会计学科所作出的贡献，完美履行了"厦门大学会计学科的坚守者"的角色责任。

2017—2023年，基于杜兴强教授主导的"以教学为突破口，强调通过教学增加凝聚力，教学为研究提供灵感、研究反哺教学"的基本战略，以及"以国家级重大科研项目为突破口，牵引和培育标志性的科研论文、代表性的科研奖励与国家高层次人才（计划）"的基本策略，再加上其持之以恒地殚精竭虑，厦门大学会计学科取得了长足的进步。厦门大学会计学科进步的引擎之一，杜兴强教授，我们的老同学，已经由意气风发、不问世事的学者变得头发稀疏和花白。情感上，我们认可杜兴强教授作为老同学和一个学者对厦门大学会计学科所作出的重要贡献，但理智上，我们希望他在将厦门大学会计学科带到一个高度后，能够享受生活，做自己喜欢做的事情。

时间虽沉默不语，

但会回答所有问题！

风姿花传①！

――――――――――

① "风姿花传"引自世阿弥的"能乐理论"，即风无形，不可察，但可通过有形的花的姿态得以感受。类似地，写作的意义，就是帮鱼找到水，让人认识到风。

志存高远·自强不息
——记刘维同学*

　　刘维是我们厦大会计学系91审计班的同学，在我们本科同学的心目中，刘维一直是偶像级别的"学霸"，他留给我们同学最深的印象就是为人正直、志存高远、高度自律、成绩优异。

　　我们这届同学是1991年9月入学的，大部分同学来自厦门以外的省市，初到美丽的海滨城市厦门和享有"南方之强""中国最美大学"美誉的厦大，很多同学在入学后相当长的一段时间内仍处于放松状态，不如高中时期那么勤奋和拼搏，并在结识老乡、参加各种社团或活动、享受花前月下的浪漫和都市的霓虹生活上花费了不少时间。但刘维的自律性极强，从大一开始就明确了学习目标和方向。据同宿舍的马建峰、辜祥端、蔡金发和林敏蔚等多位同学回忆，刘维从大一新生入学开始，就每天早睡早起，在大部分同学还在清晨美梦中的时候，刘维就已早早起床，完成早锻炼以及学校规定的早操打卡；当同学们起床出操时，刘维早已吃完早餐，在教室或图书馆学习。在同学们的记忆中，刘维学习勤奋、专注且高效，除了专业学习外，还博览群书，特别喜欢阅读历史、哲学、人物传记等类别的书籍。

　　对于大学期间的每门课程，不管是专业课程还是辅修课程，刘维都非常重视，每门课都投入精力，齐头并进。上课时，他总

---

　　*　本文作者：陈国琴等，厦门大学1991级审计班学生。

是坐在前排，认真听讲、专心做笔记并与任课老师积极互动，课下抓紧机会向老师请教或与成绩优秀的同学讨论，不放过任何有疑问的知识点。正是由于刘维平时学习踏实严谨、功底扎实，每逢期末大考，当大部分同学还处于"书到用时方恨少"的阶段，不得不考前临时突击、挑灯夜战时，他仍是一如往常地规律生活和学习，从容淡定、胸有成竹地备考，而且每次考试成绩都独占鳌头，让同学们羡慕不已！

本科期间，刘维同学就志存高远。20世纪90年代初，在葛家澍教授、余绪缨教授、常勋教授等老一辈厦大会计学人的共同努力下，厦大会计学系在业内已享有崇高的声誉，这为我们会计学系的毕业生提供了良好的就业环境。当年有很多银行、保险公司等金融机构，以及部委、央企、地方国企或上市公司等在学生毕业前会来厦大举行校招，绝大部分同学冲着良好的就业形势和不错的单位，便选择了本科毕业后就开始工作。但刘维同学的目光更长远，他从大一、大二开始就清晰规划了要继续读研的目标，并为了这个目标数年如一日、持之以恒地积累和学习。功夫不负有心人，本科期间刘维因成绩优异连续多年获得一等奖学金，并荣获了厦门大学学生最高荣誉奖嘉庚奖学金，最终获得保研资格，成为我们同学的骄傲。

刘维的自律是出了名的，据同宿舍的蔡金发同学回忆，当时同宿舍总共有8个同学，其中7个是"烟枪"，在每天烟雾缭绕的宿舍环境中，无论7个舍友如何威逼利诱、软硬兼施，刘维都洁身自好，本科四年始终没有抽过一根香烟，自制力惊人。虽然不跟同学"同流合污"一起抽烟，但刘维跟同学们相处特别融洽，作为我们91审计班的学习委员，对于学习有困难的同学或向他请教问题的同学，他总是耐心指导，热心帮同学答疑解惑。

刘维是个重情义的人。20世纪90年代初，大多数同学的家境不富裕，刘维家里也一样。但每次拿到奖学金后，刘维都会阔气地请同宿舍的同学大吃一顿。记得那时厦大一条街的菜市场里有家川菜馆，那是每年刘维请同学们改善生活的场所，每次请客，刘维都让大家尽情吃喝，同学们胡吃海喝一通要花费刘维一两百元，当时的一两百元可是一笔巨款，相当于普通学生一两个月的生活费呢！刘维特别大方，非常乐于跟同学们一起分享获奖后的快乐，让同学们感动不已。

刘维不仅学习优异、为人正直，还乐于助人。大二下学期，同宿舍的马建峰同学因肝炎生病住院，刘维主动请缨，不惧传染，跟辜祥端、蔡金发等同学轮流前去医院的隔离病房照顾马建峰同学。除了嘘寒问暖、照顾马建峰同学生活起居外，刘维还担负起辅导他在住院期间落下的功课的重任，并将记录完整的课堂笔记提供给马建峰复习参考。马建峰同学至今还在感慨当年刘维的笔记做得太全面了，不仅知识点记录完整，学习总结也清晰明了。有了刘维的辅导和课堂笔记的双重加持，马建峰很快将生病期间落下的知识点补上，并顺利通过了学校的考试。

◎ 刘维

在紧张的学习之余，刘维也积极参加系里、班里和宿舍的集体活动，包括同学的生日聚会、中秋聚会、1991级审计班的主题班会等，将学习和课余生活兼顾得非常好。刘维的老家在福建省漳州市平和县，每到国庆节，刘维都会回平和探亲，从老家带来很多自家种的平和蜜柚，作为中秋节特产分享给同学们。当年有不少同学没吃过柚子，更没想过第一次就能吃到这么甜的平和蜜柚了，吃过的同学至今还念念不忘刘维家的蜜柚，平和蜜柚就这样名声在外了，刘维真是功不可没！据舍友透露，刘维不仅是"学霸"，打扑克如"拱猪""八十分"的水平也很高，果然"学霸"就是"学霸"，什么也难不倒他！

◎ 刘维

刘维是我们1991级会计学系的杰出代表，不管是在厦大求学还是在后续的工作中，他始终秉承"自强不息，止于至善"的校训，高度自律，持之以恒，不断挑战和突破自己。他在本科期间就拥有的为人正直、乐于助人、志存高远、自强不息的良好品质，一直伴随着他到读研、读博以及后续的工作中，我们见证着他一路走来，从优秀到卓越，并为他骄傲！

28 年一回首 *

　　1995年8月，厦门机场，人不是非常多。一个20岁出头的女孩，推着两只沉重的箱子向机场入口走去。箱子里面有四季的衣服，有厨房用具，有被单枕套，像搬家似的。她回头向还在远处张望的父亲和母亲挥挥手，带着笑，揣着忐忑的心，登上了去美国的飞机。这就是28年前的我。从厦大会计学系国际会计专业毕业后，我旅美去华盛顿攻读会计学硕士学位。大家常问我，怎么这么大胆，年纪轻轻独自到异国他乡求学。回头看看，我只能说，是厦大造就了我，冥冥中给了我一个追求的目标，也让我做了充分的准备。虽然不易，但我很坦然，很容易适应，因为有厦大给我的根基、心怀和执着。回头看厦大，我充满了感恩的心。

　　我祖籍厦门，在福建山区一小县城沙县长大，从小的梦想是进厦大。后来因父亲工作，在高中期间举家迁回厦门。虽然家在厦门，但我特意不进厦大门，以保持一点神秘感。1991年我如愿考入厦大。我还记得第一次跨进厦大校门，走在林荫下，看满树鲜红的凤凰花，路边红砖楼绿，外廊中西合璧，充满艺术气息。我无比兴奋，无比憧憬。

　　我所在的1991级国际会计班有30多人，同学们来自全国各地，北至黑龙江，南达海南，有北京、上海的，也有不少福建其

---

　　*　本文作者：苏伟凌。

他城镇的。同学们有不同口音、不同穿戴、不同经历，充满新鲜感。同学多元化是厦大给我的第二印象，我因此更加兴奋憧憬。

入校头一个月是军训，我们穿着军装在上弦场操练。烈日当空，汗流浃背，每个人都黑了一圈。记得和军人一起用餐，有说有笑，还去厦大情人谷后山打靶。进大学的第一课，记忆深刻！

之后四年，我们在这美丽的校园，一起相伴，一起成长。我住在石井女生楼，位居坡顶，有居高临下的气势，俯视男生住的芙蓉楼群。可以看到男生们靠着长廊聊天，或对着女生楼"指指点点"，也可看到情侣们在石井入口依依惜别。校园里绿树成荫，遮盖着教学楼，从教室里放眼望去，一片青翠，清幽安神，是上课或自习的好地方。校园中心是芙蓉湖，湖边点缀小树垂柳、花草乱石，很有诗情画意。我喜欢沿着芙蓉湖走，去离校门口不远的图书馆，那里是学习的好地方。校园建筑错落有致地耸立在绿荫花丛中，屋顶有中国闽南民居的"飞檐翘脊"的气势，屋身有西方的白墙石柱的庄重，多么巧妙的中西合璧。气派的建南大会堂、长廊贯穿的群贤楼、优美的芙蓉楼，都很有特色。我们就这样生活、学习在画一般的校园里，有时候参加英语角、灯光球场舞会。写到这里，不禁感叹当时的自己是何等有幸！

校园周围也很有特色。南校门口紧相邻的是闽南名刹五老峰下的南普陀寺，古香古色。记得和校友们从南普陀山登山远足到万石植物园的万石岩。一路林木茂盛，处处是石，大小重叠。虽不易，但我们心里充满了年轻人的成就感。白城校门口外有个沙滩，沿路有些小餐馆小地摊，也是情侣喜欢去的点。记得毕业时我和舍友特意去沙滩走了一趟，有到此一游的感觉。离厦大不远是有名的古迹胡里山炮台，这是清光绪年间建的一座中西结合的防御阵地，可见厦门岛三面环海的重要战略地位。还记得班级组织过胡里山炮台游，让各地来的同学们对厦门多了新的了解。南校门口还有个有名的"厦大一条街"。记得当时有不少小餐馆、书店、小卖部，晚上特别热闹，灯火通明，充满了浓郁的青春气息。我在那里吃到不少外地小吃，记忆最深的是兰州拉面，可惜这条街之后被拆除了。对于我们而言，它已成为不可磨灭的一道印记。

我有幸就读于全国有名的厦大会计学系，历史悠久、师资雄厚。从珠算到初级电脑，从大学英语到会计专业英语，从会计学原理、工业会计、西方财务会计到国际会计，还有会计学泰斗葛家澍先生、余绪缨先生的讲座，我们得到了最好的教育。感谢在厦大打下的扎实的基础，让我到美国后得以顺利攻读会计学硕士学位，同时找到相关实习机会。毕业后，我很快考到了公共会计师的职称，现在在世界银行做预测规划方面的工作。我们班同学少数在国外，更多留在国内，很多同学学业、事业都有很高的成就，值得厦大骄傲！

时间飞逝，一晃近三十年。那个推着俩大箱子的女孩可以很欣慰地回头笑着说，谢谢您，母校厦大！

（尾语：我要感谢苏启坚同学帮助回顾往事。）

◎本文作者

严晖同学二三事 *

　　母系百年大庆，我本科硕士同窗七年的同学严晖，读书时把学校里能拿的几个奖学金大奖都拿了个遍，完全符合严格意义上的"学霸"定义。因此，母系嘱我写一篇同学眼中的严晖，那就先从"学霸"说起。

　　"学霸"之于"学霸"身边的同学，最大的意义是她课堂笔记的分享。三十年前的学风，还不像如今这般内卷，总有一些习惯临时抱佛脚的男生，在考试来时再突击复习，每每这种时候，"学霸"们的课堂笔记就倍受追捧。女同学认真、心细，上课做的笔记本来就更为细致、完整，而严晖的笔记再加上"学霸"头衔加持，每到期末考试之前，更是洛阳纸贵，能早一点借来复印，多个几分钟的复习时间，感觉好像都可以多考几分。

　　严晖的课堂笔记备受欢迎，最重要的当然是笔记做得好：重点突出、条理清晰、逻辑严密，却又不会胡子眉毛一把抓，啥都往本子上记。边看她笔记边复习的过程，其实就相当于"学霸"带着你从头到尾学习了一遍。这对于那些临阵磨枪的同学来说，尤其受用。

　　严晖的"学霸"形象，其实可以从她十分认真、严谨的做事习惯上看出来，这让我印象十分深刻。有几年时间，我和她跟着

---

* 　本文作者：杨宏图，厦门大学会计学系1992级本科生、1996级硕士研究生。

250 厦门大学会计学科百年史：吾师·同学

王光远教授参与了中国内部审计协会制定《中国内部审计准则》的工作，我们两个负责准则委员会的秘书工作。作为秘书，需要记录每次研讨会上各位专家的意见与建议，这时候"笔记专家"的功力就显现出来了，她总是能够又快又好地把专家们提的意见记录下来，简洁、清晰，让我们的秘书工作效率高了很多。在每条准则制定的最后阶段，我们还需要对每条准则做最后的文字整理和审订。作为规范性的制度文件，准则要求用词简洁、明了，而且一个错别字都不能有。这个工作很严肃，要求细心，只能每条准则一个字一个字地审订。那段一起工作的经历，让我对她的细致、认真、一丝不苟有了很深的感受。

她做事是有目标、有计划的，而且很有效率，所以学习并不会占用她的大部分时间，她还有很充裕的时间可以用于课外生活。

她的字很漂亮，没有通常情况下女生写字的娇小、秀气，乍看之下，反而像男生的字，刚劲大气。其实这和她的性格相吻合，大气、热情。毕业这么多年，我问同学对她印象深刻的有哪些细节，一个男生脱口而出，说当年她骑着28寸的大横杠自行车驰骋校园，后座上还载着个女生，灵活穿行于去点操和上下课的人群之中。这形象就像她的性格一样，有着男生的爽朗与豪气。

严晖热情大气、乐于助人。因为是厦门人，她十分热心地为同学们提供了很多本地化的服务。我们1992年入学，那时候与家里的联系较不方便，毕竟家里装固定电话的都不多，手机刚刚问世，绝大部分人都还不知道世界上居然有移动电话这神奇的玩意儿。而互联网也还没普及，那个年代里的少年如我们，视野有限，信息来源仅限于可怜的几个电视频道或者一些书刊，只是懵懵懂懂地听到齐秦告诉我们"外面的世界很精彩"，但是却不知道外面的世界到底是什么样子的，完全没有概念。很多同学都是第一次离家那么远，来到一个陌生的城市里开始独立生活，难免会有一丝不安和惶恐。有她这么一个本地人热心提供各类帮助、咨询，带着同学们逛厦门，热心地组织班级的活动，确实给同学们带来了很大的帮助。

学习工作上如此认真、严谨的严同学，其实骨子里是一个非常幽默的人。她总能够从一件十分普通的事情里提炼出很特别、让你觉得意料之外却又在情理之中十分有趣的点。她很擅于模仿身边熟悉的同学、老师，表情、口音、语气、节奏模仿起来无不惟妙惟肖，以至于三十年后再和同学聊起她的模仿能力，同学脑海里闪现的第一幕，便是她模仿班长在哲学课上的发言，甚至连那句话都让人记忆犹新，"哲学就像一粒粒珍珠……"，被模仿同学的山西口音也历历在耳。

课堂上认真严肃的严同学，其实内心里还隐藏着一个有趣的灵魂，2005年超级女声总决赛的时候，我十分意外地接到她的电话，居然是帮她的偶像李宇春拉票！她说她是忠实的"玉米"（宇迷的谐音），电话里甚至可以听出她的一丝狂热，那一刻，我的下巴都快惊掉了，这和严同学一贯的形象反差太大了。

对了，严同学还是几十年如一日的哆啦Ａ梦的狂热粉丝，说起哆啦Ａ梦的小故事，她可是信手拈来、如数家珍，哆啦Ａ梦的周边产品，她收集了一堆，乐此不疲。

她是一个内心保持热爱、热情、童真的有趣之人。

我们的班长陈曦[*]

陈曦是我们大学时期的班长。提起当年，在我们的印象里，我们对她几乎就是仰望，因为她实在是光芒万丈。

首先就是她无与伦比的好成绩。按今天的话说，当年她就是"天花板"级别的存在，各门功课都是降维打击式的优异。简单的"学霸"二字已经不能概括她的成绩对我们造成的强烈心理震撼。以至于后来同学们经常在宿舍里用"陈曦也没考特别好"作为自己此次成绩还没有落到不可救药的地步的最好证明。当年考试以后，我们只关心谁可以得第二名，因为第一名没有悬念，真的，一次都没有过。所以陈曦凭借"学霸"资质能够在本科就拿到校级最高奖学金——嘉庚奖，以及本科毕业以全系第一名的成绩保送研究生，那简直就是顺理成章的事儿。

对于"学霸"的仰慕，另一个直接的体现就是每到期末考试前，她的各门功课笔记必定是很多人争相复印的抢手货，后来因为实在是怕太多次辗转复印导致原件的损毁或者丢失，只好退而求其次用复印件重复复印更多次。想必当年的南光复印小店生意火爆的原因除了每年的各种毕业论文外，陈曦的笔记也是贡献了一大块业绩的。

除了"开了挂"的学习好之外，她不张扬和不闹腾的低调风

---

* 本文作者：刘民、付少霞、刘钰、林勇尧。

格在当年就已经是一道风景了。一般来说，外形好学习好的女生都会自带霸气特征，能做到不颐指气使已经是很有礼貌的表现了。但是她却很另类地一直保持低调、谦和的做派，从来没让人感觉任何的矫情和做作，只有真诚。一个人是如何能同时做到既令人高山仰止，自己又平易近人的呢？我们当年讨论出的答案是遗传和爱情。

别看班长是个好脾气、低调的人，性格却不温柔，甚至可以称为"彪悍"。在一个男生占大多数的班级里当了四年的班长，没点雷厉风行的组织能力是玩不转的。班里三十多人的大事小情，她都要操心费神一番。从同学间纠纷调解到迟到早退处理，从奖学金申报到每月饭补分发，她都事事躬亲、以德服人。为了督促偷懒男生能正点参加班级活动，据说她曾冲到男生宿舍掀被叫早，从此陈曦在男生中扬名立万、威望了得。很多男生尊她为"曦哥"，只要是班长"曦哥"安排做的事，均听从安排、照办不误。

你以为班长只是一个"学霸"，但等到运动会开始，就能看到她藏在"书呆"底下的"英姿飒爽"。她在800米跑道上勇往直前冲刺的画面令我们班男生沸腾、女生尖叫。本科那四年，班长就是我们文科班参加运动会的最强主力。美丽的厦大校园里，班长的生活也不只有读书和体育运动。更忘不了的是班长不仅身材好，可还是个小"吃货"，在宿舍的外号之一竟然是"饭桶"。可怜爱好美食的她却不能吃辣，当年班级活动经常去厦大一条街点一盆水煮活鱼，那时班长必备一杯白开水涮辣椒，一边吃着鱼片一边呼呼吐着辣气，不然青春美丽痘可要冒出来啦。

◎陈曦班长于上弦场

如今回想起大学里丰富的生活，离不开班长强大的组织能力。大一中秋，她组织了我们人生中的第一次博饼，然后这个厦门习俗成了我们很多人一辈子都会做的中秋活动。

对后来的我来说，博饼是一种怀念，怀念当时的她、当时的我、当时的大家。也还记得大一军训后的一个晚上，全班被组织到海边烧烤。那估计是这辈子头一次在海边吃烤得半生不熟挂满沙子的鸡翅，也是头一次在晚上对着篝火睁着犯困的眼睛听后半夜海浪哗啦哗啦的催眠声。那晚聊的什么想不起来了，反正就是突然想起来鲁迅的那篇《社戏》里关于半夜划船和偷豆子的描写。现如今在某个月光如水的夜晚，思绪还会被瞬间拉回到20多年前的厦大某个湖边或者海边，身边还是那群年轻有活力且熟悉的人。当然，这群人的领头人是陈曦。

一晃这20多年就哗哗地过去了，现在仍然经常在朋友圈里看见陈曦的动态，当年的"学霸"到了其他的大洲仍然继续着对于当地人民群众学习成绩和工作能力的降维打击。估计她应该是比以前更开朗了，毕竟"学霸"也到了需要分享给更多年轻人人生经历的时候了。

那些年华那些事 *

　　突然收到厦门大学会计学科百年庆典活动发来的关于撰写小文的邀请函，激动之情油然而生。会计学系即将迎来百年大庆，作为其中一员，我深感与有荣焉，而被邀约的荣幸居然是来自我当年获得的"嘉庚奖"，这个奖项至今仍然是我心目中至高无上的荣誉和骄傲。

　　我生长在闽北山城南平，厦门大学在我们那个年代是福建文科考生最向往的高等学府，因为我高中综合成绩和英语成绩比较优秀，加上父母看中会计学科兼具专业性强、适用性广的优点，我在高考志愿表上懵懵懂懂地填报了"厦门大学国际会计专业"，从此便和厦大会计结下了不解之缘。

　　厦大是我的福地。在这里的7年中，我有幸遇见学业生涯中的贵人——葛家澍老师，并在研究生阶段成为葛老师的弟子；我和舍友、同学结下了深厚的情谊，她们成为我生命中最重要的朋友；我还收获了美好的爱情和携手共度一生的伴侣。

　　我们是幸福的一代大学生。和现在的大学生相比，我们当时压根没有"内卷"的氛围，每个人按照自己的喜好，安排和享受着丰富而松弛的大学时光。回想起来，要说同学眼中的我，蛮可以大言不惭地打上几个积极向上的标签：爱学习、英语好、运动

* 本文作者：林浩。

强、爱唱爱跳。

英语一直是我的优势科目。大二那年我有幸代表国际会计专业，组队参加全校国际类专业英语辩论赛，记得比赛现场我还因为语速太快，被评委在点评时委婉地批评了。大四时，恰逢中国注册会计师协会在北京举办国际学术交流会议，需要从全国几大院校财会专业选拔英语好的学生协助处理会务工作，担当国际嘉宾与会期间的随同翻译。当时的校内选拔是由陈箭深老师担任主面试官，我还清晰地记得，面试时到最后有个问题，老师问我喜欢哪首英文歌，我的回答是"Right Here Waiting"。也不知道是不是这首歌和陈老师特别投缘，我荣幸地获得了这个机会。也因为参加这个活动，我遗憾错过"嘉庚奖"的颁奖仪式。那年4月，我和郑琳（后来留学美国，留美定居并荣获终身教授）在北京，与来自人大、东财、西财等全国各地的十几名优秀同学一起，参加了半个月的英语听说口译集训、为期3天的会议，以及会后的参观交流活动。这是我自小到大第一次参加这么高规格、大场面的活动，甚至是我至今为止参加的堪称国家级、国际级、最高级别的活动。我非常感恩母系能为学生提供这样珍贵的平台和机会。及至研究生期间，因为英语不错，葛老师还让我翻译过几篇国际期刊的小文章，取得了早期的发表成果。

瘦高的身形，加上中学排球的一点小基础，大二时我如愿地加入了系排球队。比我们高一届的队长还有同级的贺珍是我们的主攻，我和纪宁、廖阳是二传。排球队的训练和比赛，还有队友们，都是我所热爱的。每次训练时，队长、贺珍漂亮的三步扣杀，都让我崇拜得五体投地，打心眼儿里觉得她们干净利落、一气呵成的动作实在是太帅了。作为二传，我的运球技术其实并非过硬，反倒是不时灵机一动、出其不意的拔球巧攻让我得过几个漂亮的分数。我们那几年拿到的最好成绩是校级系际比赛第二名。那些球场上的冲劲和汗水，和队友们一起的团结和拼搏，每一次比赛时舍友和同学们的鼓励和喝彩，都使我满怀动力和荣光。在一次比赛中，我起跳落地时的一激灵把脚给崴了，脚踝肿得比馒头还大，亏得厦大医院一位印尼归侨医生高超的针灸技术，以及舍友们的悉心照料，我恢复得很好，不久就能继续在球场上活蹦乱跳，至今没有留下任何后遗症。

和舍友朝夕相伴的点点滴滴是大学最难忘的记忆。舍友们都爱玩、爱美、能跳会唱。我们一起骑自行车环绕厦门岛，还因此成就了几段佳话；一起在晚上宿舍熄灯后躺在床上吹着夏日的微风，天高海阔地聊天永远都聊不够；一起被凌琳带着去厦大一条街的川菜馆打牙祭，每盘菜上来大家全都一改淑女形象将其一扫而光；一起去阿猫同学家里看欧美经典电影，体察人文精神的伟大和电影文化的魅力；一起约定我们轮流记宿舍日记，为每一位姐妹过生日，谁谈恋爱了就要请大家吃糖；一起到鼓浪屿海边搭帐篷过夜，清晨起来迎接第一缕阳光；一起放声歌唱"如果大海能够唤回曾经的爱"，全票通过把张雨生的《大海》定为我们的宿舍之歌；一起在风雨球场的跨年舞会上和全场认识或不认识的同学们肩搭肩地跳着兔子舞，嗨通宵；一起每年合影留念，石井楼旁、芙蓉湖边、白城沙滩、情人谷间，处处留下我们的顾盼芳华……

　　厦大承载着我最充实的青春、最美好的年华、最憧憬的期待和最不舍的回忆。借此机会，我要感谢我的母校，感谢我的母系，感谢老师和同学们，感谢所有给予过我爱、勇气和力量的人们。更要祝福母系枝繁叶茂、桃李芬芳、人才辈出、基业长青！最后，祝愿厦门大学会计学科百年庆典圆满成功，祝愿所有的老师同学们幸福安康！

◎林浩于芙蓉湖畔

我的舍友魏群英 *

　　提起群英，可能很多人的第一反应是："喔，就是94级审计班那个经常拿奖学金的女孩。"确实，"经常拿奖学金"是群英身上很突出的一个标签。作为她资深的舍友兼好友，我想从我们的相识开始，谈谈我眼中不一样的她。

初见——文静、腼腆

　　1994年的那个初秋，来自天南地北的一群小姑娘相聚在美丽的厦大。当时我们提着行李，站在崭新的芙蓉十一楼下。听着学姐们的介绍，心里那叫一个振奋呀，原来自己一不小心考取了全国排名数一数二的厦大会计学系。更让人激动的是我们系还很"壕"，有自己统一管理的宿舍楼——芙蓉十一。

　　我和群英都是读的审

◎ 魏群英

---

　　*　本文作者：匿名。

计专业，分配在同一个宿舍——芙蓉十一的713。宿舍一半同学来自省内，一半同学来自省外（新疆、天津、南宁和重庆）。省内的四个人普通话都不太标准，尤其是群英，由于长期讲方言，说起普通话还有点磕磕巴巴的，也会脸红。用她自己的话来说，当初讲普通话还要经大脑翻译一遍。因此，群英给人的初次印象是很文静、很腼腆的。

大家自我介绍时，聊及为什么报这个专业，群英说完全是机缘巧合，她当时报志愿时，不是特别清楚审计是做什么的，总觉得带个"审"字的专业应该是不错的。那个时候的我们呀，选专业确实有点连蒙带猜的。

很多年以后，回头想想，我们是何其幸运。因为缘分，我们从五湖四海而来，相聚在厦大会计学系，相聚在芙蓉十一的713，相聚在人生最飞扬、最青春的日子里。

芙蓉湖畔英语狂——不服输

芙蓉湖是每一个厦大人心中的温柔之地，美丽的景致令人心旷神怡、忘却烦恼。每天清晨，芙蓉湖上云雾缥缈，湖边整片整片嫩绿的草坪上，零零落落地坐着晨读的学生们。

大一时，群英的英语并不好，她不太适应老师全英文上课，也不太敢开口说英语。为此，她自己很着急、很焦虑。我们大家看在眼中，用行动来鼓励她、告诉她，不论是普通话还是英语，你都应该"Dare to open your mouth"。

在大家的鼓励下，群英凭借自己一股不服输的精神，几乎每天早上都去芙蓉湖边背诵单词、听英语广播、朗读英语，非常有毅力。久而久之，她也成为芙蓉湖畔众多渴求知识、期望进步学生中的一员，带动着我们宿舍集体努力学习。

一分耕耘，一分收获。大四的群英，已经完全逆袭，不仅横扫英语课，更是取得四、六级均优秀的好成绩。

默默付出的好舍友——勤奋学习、共同成长

众所周知，厦大会计学系师资力量是非常雄厚的，老师们个个都是藏龙卧虎，比如毛付根老师精彩绝伦的"衍生金融"课、陈纹老师实战经验丰富的"审计"课、孙丽影老师活泼有趣的"英语教学"课、王光远老师专业素质过硬的"管理审计理论"课等。

会计学系老师的课实在太受欢迎了，若再碰到上大课，那好座位就更难抢了。遇上这种情况，我们宿舍默认的做法是——不论谁第一个到达上课地点，一定要给全宿舍都

占上好位置。群英就是那个经常默默帮我们占位置，那个将笔记记得特别齐全、方便我们查缺补漏的好舍友，那个在大四一举勇过四门CPA、让我们自觉跟着努力学习的好榜样。

如《同桌的你》所唱的，当初觉得四年很长，毕业遥遥无期，如今回忆起来却仿佛只有一瞬间。那四年，我们一起互帮互助，一起聆听老师们的教诲，一起包揽和勇夺审计班的奖学金，一起经历青春的欢乐与苦恼，一起成长、历练、自强不息。

排球赛上的二传手——爱运动

群英在运动领域有一个不为人熟知的特点，那就是她排球打得特别好。大学的体育课，她主修排球，发球、垫球和传球都非常不错。

那个时候，系里经常组织排球比赛，群英是我们班当之无愧的二传手。二传手是排球赛场上的灵魂人物，是场上组织进攻、实施战术的组织者。群英具备二传手的特性——坚强的意志和不屈不挠的拼搏精神。她甘当无名英雄，经常将球巧妙地传给我们班的主攻手李晔同学，两人配合得天衣无缝。胜利时一起欢呼庆祝，失败时也不气馁。

除此以外，群英中长跑的运动天赋也很不错，她800米、1500米跑步成绩经常能拿满分，仅次于我们班当时长跑第一的谢梅娣。

南光街和厦大一条街的小吃货——热爱美食

最早的时候，群英是比较节俭的，喜欢吃食堂，经济又实惠。平时一顿饭一元钱就能搞定，三角钱的米饭、三角钱的青菜、四角钱的豆腐（当时物价是真低呀）。后来，随着陆续获得奖学金，她慢慢开始悄悄地给自己加点料了。

群英很喜欢在晨读前或晚自习后，飞奔到南光街那家卖咸粥和嫩豆腐的店。在我的记忆中，她不止一次提及南光街的嫩豆腐是如何的美味，如何的嫩滑又丝丝入味，品尝起来是如何的惬意。在她日复一日的号召下，后来很长一段时间里，去南光街吃嫩豆腐成为我们宿舍每天必打的卡。

当年厦大一条街，有几家川菜馆物美价廉，每逢奖学金发放或有聚会，我们都会到那边去庆祝一番。群英同学从不能吃辣到无辣不欢就是这么训练出来的。用她的话是这么说的："如果我不学习吃辣，那不是要干瞪眼看着你们吃？再说川菜这么好吃的美食，我错过了多遗憾呀！"群英当时特别爱吃水煮活鱼，觉得热乎乎又辣得很到位。

确实，很多年后我们才明白，之后再好的山珍海味，也换不回这一段青春。

◎在校期间的魏群英

结语

凤凰花开两季，一季相遇，一季离别。记忆中的那年7月，校园的凤凰花开得特别绚烂，火红火红的，仿佛在无声地诉说着我们深深的不舍之情。虽然我们用一转身离开厦大，但我们会用一生来铭记"自强不息，止于至善"的校训，来坚持厦大会计人的那份初心，并以身为厦大会计人为骄傲，在祖国的各个角落、在世界的不同国家，各自星辰璀璨。

群英，我想对你说，在我心中，最美的不是凤凰花，而是凤凰花下的你。

致我们永不逝去的青春 [*]

　　大学选择志愿时，父母为我选了厦门大学会计学专业，我懵懵懂懂中迈出了人生重要的一步。之后十年，一路从本科读到博士，毕业后又留校成为会计学系教师。初入校园时凤凰花的热烈与绚烂仿佛还在眼前，只是当时着实未想到，我与厦大将结下如此深远的情缘。

　　我们是1995年入学的，当年会计学系有会计学、审计学、注册会计师专门化三个专业。会计学专业的招生人数最多，我们被编入会计学一班。班上一共41位同学，男女生比例接近1∶1，相比现在社科专业的学生性别构成，简直令人艳羡。班主任是胡玉明老师，胡老师当时刚留校，才华横溢、特立独行。每次班会课都喜欢灌毒鸡汤，老师一脸严肃，同学们乐不可支。多年后同学聚会，大家都还能花式复述当年的"胡"言"胡"语。我们班的会计学原理是刘峰老师教的，刘老师青年才俊、风趣幽默。讲授会计学原理以水浒开篇，完全不知会计为何物的我们瞬间喜欢上了专业课，会计学原理也成为大部分同学，尤其是女同学的高分课程。

　　当时会计学系的学生都住在芙蓉十一号楼，男生在一至四层，女生在五至七层，男女同住这在全校是独一份。我们班的女生在

---

　　* 本文作者：蔡宁、陈雨晴、李幼婷、盛昱、余敏、张明琅。

504、505、506宿舍，男生在401、402、312宿舍，常会听到有人在四五楼之间的铁门喊宿舍号找同学，内力充沛、直贯云霄。一间宿舍八人，四张架子床摆两旁，八张书桌在中间。加上衣橱、内部卫生间，空间着实局促，但也有条不紊摆下了八位女孩林林总总的全部家什。每晚十点多是宿舍最热闹的时候，聊天的、吃夜宵的、盥洗的、边洗衣服边唱歌的，喧嚣程度不亚于晨间菜场，但丝毫不影响已躺在床上的同学呼呼入睡。十一点全楼统一熄灯，"菜场"逐渐归于宁静，暗夜中偶有烛光点点，时不时传来几声低语浅笑。此时大家都会自觉而迅速地切换至睡眠模式，毕竟对年轻人来说，第二天一大早的"点操"简直堪比苦役。

岁月不居，时节如流，近三十年时光一晃而过。会计学系即将迎来百年庆典，很荣幸收到邀约撰文当年同窗情。年纪渐长，大学时代的记忆如静水中的涟漪，似乎清晰但也在不知不觉中淡去。感谢各位亲爱的同学，是你们真挚的文字帮我回忆起了那段最美好的岁月。难寻少年时，总有少年来，谨以此文致我们永不逝去的青春！

◎毕业合影（1999年7月）

（左起：余敏、刘杰、李幼婷、蔡宁）

同学们的回忆

学习委员、榜一大哥、保送研究生，这些应该是大家对蔡宁同学的主要印象吧。她性格开朗、爱笑爱玩，但对待学习也是认真踏实、毫不马虎。读书时我们班经常在南强二的教室上课，当时图书馆一楼有个小店，卖些面线糊、花生汤之类的。课间休息，大家都会跑去吃碗点心，蔡宁则经常在讲台上找专业课老师问问题。听课时的想法、作业的疑问、课外看到的材料等，不一而足。印象里老师经常这么回答来结束谈话，"你还是本科生，可以不用掌握这些……"，现在蔡宁也当老师了，不知是否也会遇到和她当年一样好学好问的学生、是否也会用这样的话术来结束提问呢？

印象里蔡宁喜欢看漫画书，《七龙珠》《乱马1/2》《灌篮高手》……有时课上的内容比较简单，就会看到她把漫画书藏在课本下看得津津有味，她课下聊起漫画内容也是滔滔不绝。"学霸"属性和漫画爱好是如何统一在她身上的，我们不知道，但她心中一定有一位自己的流川枫或樱木花道吧！

——陈雨晴

凤凰花开，校园初遇蔡宁。那时她戴着圆圆的眼镜，笑起来萌萌的，像只小猫咪。她在大学里就是妥妥的"学霸"一枚，四年稳居榜首。她开朗爱笑，喜欢到别的寝室串门，有她在的地方，欢声笑语一片。她真诚对待身边的人，也是很好的倾诉对象，无论是开心还是烦恼时，和她说说，都会有温暖的回应。她热心大方，读书时去她家玩，总会热情招待，毕业后班级的几次聚会，她也总是积极帮忙张罗。

花开花谢，毕业后大家都褪去了曾经的青涩，步入纷纷扰扰的烟火人间。她依然保持着初心，将理想紧握手中，才华和魅力与时俱进，而光芒背后是她不懈的努力。虽然生活中相隔甚远，但只要有时间，我们都会约着见面叙旧。时光荏苒，友谊的小船从未因时间和距离而越漂越远。美好的四年校园生活铸就了我们深厚的友谊，期待下一次相聚！

——李幼婷

◎毕业十年合影（2009年9月）

（后排左起：盛罡、许鹭杰、叶东明、苏昭文、黄亮、黄晓明、陈雨晴、蔡宁，前排左起：张婷、张明琅、杨海燕、林向宁）

要说大学四年对蔡宁最直观的印象，"学霸"是再合适不过了。记得那时候上专业课，特别是合班上课，前排座位是要抢、要占的，有时甚至需要趁上午课间去占下午课程的位置。蔡宁常常坐在前两排的中间座位，总是抬着头、扶着眼镜、略眯着眼睛聚精会神地听课。作为班里的学习委员，蔡宁的课程笔记是有口皆碑的。每到期末复习，她的笔记都是抢手货，在男生中传递复印，帮助避免了诸多挂科惨案。

蔡宁的先生是我们班的体育委员，他俩非常生动地诠释了"文体一家亲"。印象里，应该是大二暑假的一次集体旅行，因为其他同学爽约，促成了两人的缘分。他俩携手从校园开始，共同进步，现在算是班里的模范家庭了。记得蔡宁在读博期间，曾到北京部委实习，和我聊过未来的职业规划，最后坚定地选择了她最熟悉和热爱的校园，我们班也就此多了一位"学生最喜欢的教师"。

——盛罡

同窗四载，记忆中的蔡同学是个爱聊天、会说话而且总能让人信服的快乐"学霸"。

记得某个暑假我们一起坐大巴返家。当时福厦公路正在施工，车子走走停停、一路颠簸，晃得大家都昏昏欲睡，我也完全没了回家的兴奋。蔡同学就自告奋勇给我讲起了旅游见闻，绘声绘色、声情并茂，我也完全沉浸其中。不知不觉到了终点站，坐在前面的阿伯突然转身，用方言一阵夸。大意是小蔡同学的故事引人入胜，他原本晕车，一路听着居然不晕了。我不禁暗自赞叹，原来蔡同学的语言还有如此功效！

大学时代，自认为最疯狂的事情就是和蔡同学一起跨地追星。大二的某一天，听说张学友要到邻市开演唱会，我们俩一拍即合决定要去捧场。演唱会在周五晚上，下午我们俩上完当天最后一堂课，就飞奔出教室。大巴从学校出发到邻市大约两个半小时，然后再换三轮车。车到演唱会体育场附近时，才发现临近的几条街已经开始封路了。演唱会很快就要开场，我们当即下车和保安一番沟通，当时说了啥已经不记得了，只记得我们最后竟然被顺利放行。

时光荏苒，毕业二十多年后的几次相聚，蔡同学还是那么风趣、健谈，大家在一起仿佛又回到了大学岁月！

——余敏

我和蔡宁是高中同学，巧的是，大学我们又成了同班同学。双重 buff 叠加，关系自然更为密切。蔡宁活泼开朗、风趣诙谐，和她聊天是件特别开心的事。想来，她当老师，讲课一定也很受学生们欢迎吧。

入学伊始，我俩就携手共同开启了丰富多彩的大学生活。当时正值好莱坞大片进军中国市场，学生经济能力有限，不能总进电影院，学校周边的录像厅便成了我们重要的文娱场所（现在的孩子应该完全不知道录像为何物了吧）。各个录像厅都会在宿舍分发排片单，《燃情岁月》《肖申克的救赎》《生死时速》……我们俩也拿到了几乎所有录像厅的VIP。我们俩运动细胞一般，但"人菜瘾大"，曾脑子一热报了网球班。不承想五月的厦门已进入夏天，网球课又安排在下午，什么叫烈日炎炎算是亲身体会到了。课程结束，技术仍停留在对墙阶段，但黝黑的肤色已完全不输专业运动员。旅游也是我们的共同爱好，大一暑假一行七位同学开启了云贵之旅，大好河山、风土人情自不必说，形形色色的交通工具和状况频出的路况更是印象深刻。永远忘不了从昆明去西双版纳的三十多个小时，旅游大巴在盘山公路上磕磕绊绊，我们在大巴的卧铺通铺上神侃壮胆……

学生时代的许多事情已越来越模糊，但青葱岁月里的这些闪光片段将永远是我们记忆里的珍藏！

——张明琅

◎毕业二十年合影（2019年9月）

（后排左起：黄晓明、林云飞、黄亮、林杨、盛罡、吕平、陈雨晴、王燕明、柯孙团、叶东明、许鹭杰；前排左起：金炯、曾晓闽、陈昌惠、王丹、陈丽贤、周丹、张婷、余敏、蔡宁、张明琅、杨海燕）

一段探索未知的历练 *

    1996年的夏天，走进厦大。火红的凤凰花探出校门，一阵阵激烈的蝉声阻隔了校外的喧嚣，学长们身穿印着"厦门大学"字样的白T恤在前，从西校门到芙蓉楼，从博学二到南强二，从卢卡·帕乔利到IASB，引领这群懵懂、忐忑、好奇的年轻人步入会计学的殿堂。

    那个年代的我们，消息还是比较闭塞的，对世界的未知让我们保留了强烈的好奇心，厦大会计学系的启发式教育、拓展式教育，让我在与好奇心的拉扯中得以成长。也正是这份好奇，开辟了我的求学之路，也引领着我的后续人生，我身上也始终带着会计学系传承的探索未知的精神、探索创新的勇气。

    上学伊始，带着对会计有限的算盘式认知和刻板印象，好奇究竟如何花四年时间学习这样一门技能式的"手艺"。许多年以后，我仍在不断地接受各种挑战，耐心地向旁人讲述会计为何是一门学科，为何需要理论研究。还记得打开《会计学原理》（厦门大学会计学系列教材之一），看到的不是满满当当的会计分录，而是从荷兰郁金香事件到英国南海公司泡沫，从会计之于社会分工的起源讲起。会计学系这种启发式教育，点燃了我们探索会计世界的种子。从那时起，我便追逐于"为什么"的世界，沉溺于课堂上

---

    *   本文作者：王丹芳，厦门大学会计学系1996级系友。

老师们对各种理论的讲解，我的笔记本上也满满当当地记录了值得进一步挖掘的线索，从此一发不可收拾，成为班里首屈一指的记录员。一到期末考试，我就很难找着我的笔记本了，不知又流传到哪位同学手里了。我始终不敢正视同学们复印的笔记本里我那歪歪扭扭的字，不得不立志要好好练字，但时至今日，仍未能把字写好，估计只能留待退休后练练字，以此修心养性了。

◎运动场边

　　善于引入最前沿的理论和各种讨论，是厦大会计很鲜明的教学特征，这也给予了年轻人更加广阔的视野和格局。还记得我们的课程除了会计之外，广泛涉及经济、管理各个领域，有门课印象特别深刻，就是创新金融工具。那个时候，国债期货刚刚经历了起步到暂停，我们就接触到各类金融衍生品的设计原理，那一幅幅盈亏平衡坐标，时至今日都历历在目。厦大的校园里，也始终洋溢着鼓励跨学科思考的氛围，引导同学们把因为分工而分科的学术，融合成系统看待世界的能力，这样的系统思维让我在工作后，很自然地业财融合，这对经济管理工作是很有用的。那时候，选修课是可以全校选的，我与我学习精密仪器的同学竟然不约而同选择了西方美术赏析。我们讨论着从文艺复兴到洛可可风格、从印象派到新印象派与我们各自专业想象中的共通之处，我想那就是人类社会发展的共同价值脉络在不同领域的表现，这不就是我们探索世界本源的一种方式吗？厦大百年芳华，"传承"是让人印象最为深刻的气质。刚入学，就耳闻葛老师、余老师、常老师等老一辈师长们经典的学术成就和匠心情怀。"科学研究是长河，而我只是一滴水""板凳甘坐十年冷，文章不写半句空"，为师者，传道、授业、解惑。专业、谦逊、严谨，师长们传承的精气神铸就了我们的专业底色。与之相应和的是中生代活跃的思考，读过谢德仁教授在博士论文序言中关于制度的讨论，感慨于刘峰教授在白城海边的"顿悟"，一代代人乐于思考和探索给了我很多启发。跑操是当时最让人头疼的大事，无论春夏秋冬，6点钟，骑着从学长们那里传承下来的二八自行车，从三家村大坡直冲而下，七扭八歪地穿越熙攘人群，到达指定地点点个卯，虽然仍可回宿舍，但一般此时精神已经亢奋起来了，能够继续接力探索未知的世界。

厦大依山傍海，独有的地理位置让置身其中的人总有种海阔天空的浪漫情怀。有空的时候，与三五好友，晨探海滨路，夜登凌云峰，谈笑风生中感受自己的渺小，感叹世界之博大，从这里出发，很好。

我的同学唐丰 *

又是七月，一个毕业的季节，我受邀参加了女儿学校的毕业典礼。刚刚6岁的女儿也许还不知道什么是告别，毕业典礼过后仍然拉着平日里最好的伙伴们在熟悉的校园内一起玩耍。我知道这几个孩子之后会去读不同的小学，虽然都在上海，但见面的机会很难说会有很多。于是，我提议女儿和小伙伴们一一合影，给告别一个仪式感。或许这种仪式感让女儿有了感触，回家的路上，她突然和我说："爸爸，我会永远记得我的同学们。"

女儿的这句话让我思绪万千，仿佛又回到了21年前的那个夏天，在凤凰花开的厦大校园，我们完成了人生最重要的一次毕业典礼，即将走向社会，天各一方。四年同窗之情让我们宿舍八个伙伴面对告别非常不舍，并把这种不舍之情落实到一个朴素的行动之中，那就是每个舍友走的时候，还没有走的其他舍友一定到车站送行。那时我和唐丰是宿舍里唯二要读研究生的，因此不急于去工作单位报到，所以我们留到最后。人越送越少，当我们俩去送东北老季的时候，这个平常大大咧咧、乐呵呵的哥们突然情感爆发，在火车启动时流下了热泪。老季流着泪走了，唐丰在站台上抹起了眼泪。那时那刻，我却有点不合时宜地问他："唐，你也流泪了？"

---

* 本文作者：周天。

是的，我没有预料到唐丰会流泪。他是我大学最好的朋友之一，我俩经常混在一起，我自认为非常了解他。在我印象中，唐丰虽然腼腆，但属于"实力超强，遇事不慌"类型。说喜怒不形于色有点"奸雄"的意味，可在我的记忆中，唐丰从来没有发过火，我也从来没有看到过他垂头丧气的一面。我这人其实内心脆弱，但有时候表现得却比较霸道。每当这个时候，唐丰就会笑眯眯地对我说："周啊，我要叫你周霸天了。"（本人全名周天）。正因为有这样平和的唐丰，我俩大学四年从来没红过脸（我也从来没有见过他和别人红过脸）。而每当碰到什么难题，我在那里唉声叹气的时候，唐丰就会默默坐在一边，自己捣鼓一段时间，然后又带着他那招牌式微笑对我说："呵呵，搞定了。"于是就真的搞定了。因此，虽然我俩年龄相仿，我一直认为他有超越年龄的"佛性"。作为朋友，我非常尊敬他，也非常信赖他。但我真的没想到他会流泪，我以为他还是会用招牌式的微笑和大家道别。不想这一次，他令我意外了。然而意外之后，我更确定他是我一生的朋友，因为"佛性"之外，这就是一个重感情、讲义气的好哥们。

◎本文作者和唐丰

唐丰的"学霸"史很长，他从厦门名校双十中学一路保送至厦大会计学系，又在本科期间多次获奖，成为会计学系当年屈指可数、可以直接保送硕士的本科生。后来他决定从事学术研究，一路又师从多位国内和国外的会计学大师，获得亚洲名校香港科技大学的会计学博士学位。然而在这份光辉的"学霸"史背后，真实的唐丰却是有点不那么"正经"的"学霸"。他不是那种"学痴"，不是那种以学习为乐趣，对其他事情毫无兴趣的人。相反，他爱好广泛，是班级里的篮球达人，也和我一样爱好足球，会熬夜看各种足球比赛，打FIFA2000的游戏。大学时代我们就开始穷游，足迹遍布全国各地。那时的厦大一条街流行现杀版的水煮活鱼，我经常呼朋唤友吃鱼喝啤酒，唐丰一定是那个坚定的参与者。与此同时，"学霸"唐丰也没有任何霸气，除了上面说的在生活中从来不和别人红脸，他在平常学习和学术讨论中同样谦虚有礼，思维开放，善于吸收他人意见，兼容并包，从不以"学霸"身份压人。记得当年我们一起参加了福建管理案例大赛，他贡献最多，却把主讲人的位置让给了我。而当我被评委问得哑口无言，颇为尴尬之时，他又适时出手，话虽不多，却点中要害，为团队赢得好评。其实对于唐丰的学习风格，同宿舍的大黄总结得最好——唐丰并没有花很多时间去学习，但就是考得比我们好。而我要补充的是——他的确总是考得比我们好，但我们还是喜欢和他一起学习，这就是唐之"丰"格。

唐丰对我求学生涯的影响很大，这其实是我一直想感谢的。虽然和他这么熟悉，这个道谢我从没有说过，只放在心中。记得大三那年，我考过了英语六级，觉得大学的英语已经学完了。而这时的唐丰，却已经定下了托福和GMAT考试的目标，并且利用暑期去北京新东方学习。我受身边这个榜样的鼓舞，跟随他一起去了北京新东方，从此走上了出国留学之路，并一直影响到我后来在外资企业的职业发展。

◎本文作者和同学们在厦门台湾民俗村

万千思绪被女儿的一句"爸爸，你记得你的同学吗？"拉回到现实之中。我想起唐丰，不禁微笑着对女儿说："是的，爸爸记得。好同学是我们一辈子的记忆和财富，希望你也如此幸运。"

谨以此文致敬厦大会计学科百年。

同学眼中的"老李"[*]

　　李明辉，我们都称他为"老李"。原因大体有三：其一，为人忠厚老实、生性"迂腐"，颇有些老式读书人的风范。老李的胆子很小，特别遵守规则，连过个马路都要小心翼翼。其二，长相比较"着急"。他在厦大读博时也就二十来岁，但长得却像三四十岁。不过好处就是，等到他真的三四十岁时，还是老样子。其三，跟大家都很合得来，故称其为老李更感亲切。虽然分别已有二十年，但我对老李依然印象深刻。

◎李明辉

*　本文作者：匿名。

书虫一只

老李很爱读书，是个"书虫"。那时候，博士生大多很清贫。尽管时常囊中羞涩，但老李买起书来毫不吝啬，隔三岔五就跑书店、泡书店。闲暇时光，似乎他去得最勤快的地方，除了南普陀，就是光合作用书坊。除了买回一本本书，他还爱去经济学院图书馆复印书籍和期刊，会计方面的、法学方面的、经济学方面的，复印了还装上封面。三年下来，他宿舍中满满的书和复印资料。听说，后来他离开厦门去南京，托运行李时，最多的就是书，花了许多运费。我对他说："托运书的运费都够你买好些书了！很多书以后说不定根本不会看了！"他也说："确实，有些书可能很难像原先那样静下心来看了。但就是舍不得扔掉。留着就当是一种读书人的情怀吧！"其"迂腐"如此！

吃货一枚

老李很爱吃，经常爱买水果、零食，还爱去外面下馆子。穷学生去不了大饭店，大多时候，都是去厦大一条街。厦大一条街在半地下，地上经常湿湿的。那些店的大环境和小环境都一般，烧菜时估计没少用地沟油，现在的学生看了，可能会觉得脏乱差。但在二十几年前的学生眼中，却是美食集中地。红川馆、重庆老川……都是学生们爱去的地方。那个时候，最流行的美食是水煮活鱼。一整条草鱼，现场宰杀，热油烹制，配上豆芽、黄瓜，烧出整整一盆，红红的，看了颇有食欲。我们跟老李经常在爬完五老峰后，直接从南普陀那条小路冲向厦大一条街。那种大快朵颐的感觉，现在想来颇为怀念，即便现在再吃美食珍馐，也难以有当时的快感。当"吃货"是要付出代价的：老李刚到厦大时，身材还很苗条；等到他博士毕业时，就已经开始有些发福。虽然他还经常想通过爬山、跑环岛路来补救，却终是无可奈何的肚子大。

凌云一七楼"牌协主席"

老李很爱打牌，虽然牌技一般，但每次都积极参与。加之那时的老李孤身一人，他的宿舍便成了绝佳的打牌场所。因此，很多时候，凌云一七楼的硕士、博士生（都是会计学系的）会聚集到他那里打牌。尤其是2001级博士生娄权，经常在吃过饭以后，跑到老李宿舍，一把夺下他手中的书，大叫："别看了！打牌！打牌！"于是，书桌马上变成了牌桌。很长一段时间，打牌是凌云一七楼的一种重要娱乐形式。学习累了，打一把；有人文章发表了心里高兴，打一把；没有特别的原因，就是想打牌了，打一把。每次碰到娄权强行将书桌变成牌桌的时候，老李虽不甚情愿，但略微抱怨一句，遂叫："二缺二！"问其缘由，曰："打牌可以融洽感情、愉悦身心、提高肺活量，使得苦读生涯不再那么枯燥。何乐而不为？"

不过，打牌也有副作用。一是牌友们偶尔会陷入道德两难困境。因为，老李是个很有计划的人，当天的工作必须当天完成。有时打牌打到十二点多，别人马上就洗洗睡了，老李还要接着看书、写东西。看着他那样子，牌友们心中会略略感到不忍，但只是短暂的、一次性的，下次想打牌了，依然会跑到706，呼叫："打牌"。而老李每次都是痛并快乐地参与其中。二是会对一些爱学习的同学产生干扰。打牌时，难免大呼小叫，这对于那些静心读书的同学自然是很不友好的。一位博士生出于"惩前毖后、治病救人"的目的，跑去打小报告。在各位导师的批评教育下，凌云一七楼的打牌暂时消停了一阵。但不久之后，又在706复燃了，不过，打牌时的声音小了许多。

鉴于老李在凌云一七楼"打牌事业"上的突出贡献，时间长了，七楼的硕士、博士生便送老李一个外号——"牌协主席"。打牌时，大家都称其为"李主席"。直到近年，老李回忆起往事，还时常感慨，工作以后十几年打的牌都没有在凌云那三年多。

不敢骑自行车

老李原先是会骑自行车的，尽管不经常骑。但在博二时，发生了一件事，使得他自此不再骑自行车。一天，老李跟2001级博士生娄权、1999级硕士生乔连华三人共骑一辆三座自行车去环岛路兜风。他们从白城出发，骑到黄厝（或者更远一些的地方，记不清了）后回头。结果到台湾民族村时，可能是三个人都有些累了，在一个下坡处，车子倒了，三个人都重重地摔在了马路上。此后一周多时间，三个人由于挂了彩行走不便，只能依靠七楼的同学带饭。事后多年，老李回忆起那段狼狈不堪的经历，还心有余悸地说："幸亏当时没有汽车开过来，不然小命就没了。"一朝被蛇咬，十年怕井绳。据其自述，在这次事故后，他再也没骑过自行车（可见其胆子很小）。

总的来说，印象中的老李是一个内向、忠厚、好学、自律、胆小而又有趣的人。回忆往事，我很怀念跟老李一起在厦大的那段时光。

厦门大学求学十年杂记 [*]

时间过得真快，距离从母系厦门大学会计学系毕业来沪工作已经十年有余。在此期间，每当被问起求学经历时，我总会骄傲地提及"在厦门大学会计学系度过了十年"。这个回答多会收获一波赞叹，但也常令我感慨自己毕业后的努力和成绩真是远配不上这段时光所赋予我的光环。

高考志愿填厦门大学会计学专业纯属偶然，入学后才了解到她的优秀，不由庆幸自己撞大运。班主任是杜兴强老师，一开始觉得这位老师好有个性，后来也只觉得他幽默风趣、上课生动，根本不了解他的学术和研究能力有多强大。"会计学原理""中级财务会计""高级财务会计""财务管理""成本会计""会计信息系统""审计""管理会计"……从大一开始，我在一门门专业课中领略到一位位老师的风采，对会计学专业有了进一步的认知。尽管如此，本科阶段终究更多地关注注册会计师和"四大"，对学术研究知之不多。直到大四学习财务会计理论相关课程的时候，才接触到规范会计研究和实证会计研究，但未曾细思诸多会计理论研究问题蕴含的深意。

本科毕业论文幸得桑士俊教授的指导，但是自己花的功夫不够，写得比较浅显。如今把论文拿出来翻看，感觉真是辜负了桑

* 本文作者：杜颖洁，上海大学。

老师的耐心指导。好在本科成绩达到了厦门大学会计学系推免资格的要求，通过综合面试，欢欣地进入了硕士研究生阶段。

硕士研究生课程加强了对专业课理论素养的培养，我开始接触计量经济学，选修了统计软件，但仍对研究不甚了解。幸运的是，本科班主任杜兴强教授愿意当我的导师，我有机会参与了专著、教材的编撰，即使只做了很小一部分的工作。那时，虽已记不清究竟是何契机，但凭导师对自己的信任，我愣是在硕士研究生三年级无知无畏地选择了考博这条路。

硕士毕业论文是我第一次尝试实证会计研究，是关于会计稳健性相关的选题，用的是 Basu（1997）模型，通过 Excel、SPSS、EViews 等软件，完成了本质上只有一个主要假设的检验。大概就这么一边写论文，一边惶恐地考上了博士研究生。

攻读博士学位的阶段是我在学术研究上得到快速成长与发展的三年。

高级微观经济学、高级计量经济学和高级管理学（以下简称"三高"）等必修课都由中教和外教分别教授不同内容，通过专业选修课可以对相关研究领域做进一步的深入了解，同时有国内外学术大牛开设的短课程，介绍他们的最新研究成果，组织学生进行研讨并点评。回想起来，当年的培养体系已然非常成熟，只恨当时的自己不够珍惜：曾在"三高"中畏难，倚赖得力的同组成员完成小组作业；曾在葛老师的客厅上课时走神，迎上他慈祥的目光；曾在短课程上汇报得不知所云，被请来的学术大牛批评……

◎葛家澍先生和本文作者

博士研究生阶段的大部分时间是在导师杜兴强教授的指导下做研究。导师的研究领域是非正式制度对资本市场上市公司会计审计行为的影响，在他的带领下，同门师兄弟、姐妹们搜集手工数据，构建各种非正式制度的手工数据库，基于此有了诸多有趣、"情理之中、意料之外"的发现，将相关论文在国际和国内知名期刊上予以发表。整个过程的艰辛程度，现在回想起来仍觉得震撼，但大家都未曾叫苦怕累，分工合作、无私共享。能够采用大家辛苦搜集的数据作出结果，写出论文，并获得发表，我心中满怀深深的感激。博士研究生阶段的工作量比本硕有了显著的提高，熬夜是家常便饭，但现在想来，付出总不嫌多，收获也从不算少。尤其在凭着与导师关于政治联系的一系列科研成果获评"博士研究生学术新人奖"时，我满怀感恩和羞愧，感恩导师杜兴强教授对自己的培养、师兄弟姐妹对自己的帮助，羞愧于自己的不足。

我的博士毕业论文延续了非正式制度的视角，借鉴嵌入性与社会资本的概念、银企借贷的相关理论，研究在中国资本市场银企关系对民营上市公司银行借款的影响。通过学位论文答辩时，我倍觉侥幸又对未来充满希冀……

◎答辩现场合影

博士毕业后，有赖于在厦门大学会计学系追随导师杜兴强教授所获得的学术训练，我在 *Journal of Business Ethics*、*Asia-Pacific Journal of Management*、*Journal of Management and Organization*、《会计研究》、《金融研究》等期刊上相继发表多篇学术论文，为在上海大学的教学科研奠定了基础。但我深知仍需持续努力，为母系厦门大学会计学系争光。

很高兴在工作十多年后适逢会计学科百年庆，并借此契机回顾在母系求学的十年，感慨之余，希望下一个十年能怀揣求学获得的感悟和情谊，为母系多挣一份荣耀！

亦师亦友忆同窗 *

　　星光不问赶路人，光阴荏苒，时光二十载一晃而逝，母校的精神带着我们奔赴各行各业。现在的我们已走过人生的大半旅程，经历过高山低谷，看过人生百态，行走在世间，多了一份世俗的从容，任其方圆变化，我们都有着自己的态度和心中那片坚守的净土。毕业之后，每回遇到毕业季，总是思绪万千，回忆如泉涌上心头。在校园的时光虽然已过了二十余年，也许很多事情的记忆都已模糊，但是抹不去的校园青春会永远埋藏在心底。

　　也许大多数人的大学时光，并不像电影那样轰轰烈烈，但所有人都在坚持为未来的目标而奋斗，在那个时代，虽然平淡，但值得铭记。回想起大学时光，少不了的就是同窗情谊，在厦大里，有着太多值得学习的同学，每个人都有着自己的闪光点，他们就像老师一样，可以给我们带来许多思考，教会我们的不仅仅是学业上的知识，还有生活的知识。一起疯、一起哭、一起笑，这就是我们那个时代淳朴的校园生活。毕业后大家各奔东西，有些同学再也没有见面，但让人印象深刻的就是亦师亦友的同学曾源。

　　曾源同学，用现在的词来形容——妥妥的"学霸"，他给人的感觉，总是在安静地学习着，并有着对未来的明确规划。都说早起的鸟儿有虫吃，早起也是曾源的一大习惯，大清早的图书馆、

　　*　本文作者：曾源。根据部分同班同学的回忆整理而成。

自习室里经常都有他的身影。即使有时下雨，他也一大早起来在宿舍里学习，还时常关注室友的动静，生怕影响到好梦正酣的室友。但曾源也不是书呆子，每当周末到来，他也会给自己适当放个小假，爬爬山、看看海，让自己身心愉悦。在那个年代也许考证还不如现在流行，但是也总觉得考个证书会让自己更有优势，更上一个台阶，而财会专业有着一本含金量最高的证书，那就是注册会计师。曾源对此有着清晰的规划，就是在研究生阶段通过注册会计师考试。那个笔试的年代和现在机考的时代还蛮不一样的，每参加一回考试，都像经历一次大考，但曾源对于考试有着强烈的信心和信念，虽然他自己也紧张，但还是鼓舞并影响着周围的人。功夫不负有心人，研究生期间他如愿以偿通过了注册会计师考试。

也正因"学霸"式的学习态度和努力，在研究生期间，曾源还获得了厦门大学光华奖学金、厦门大学校三好学生、厦门大学亚南奖学金等荣誉，同时也在期刊发表了多篇论文。同学们对此或多或少地均有些羡慕，也有些同学心血来潮以他的方式来学习，但大多难以坚持，常常是三分钟热度后便草草收场。

◎曾源

曾源在研究生期间，还担任了班级副班长和研究生会的生活部长，说实话虽然是班干部，曾源努力地适应这些管理角色，但他不会高高在上，平时都和大家打成一片，也会和室友一起玩游戏、吃着小零食、聊着学校里面的趣事和八卦，有时候聊着聊着嗓门大到招来周边宿舍的投诉，但是就是这种氛围才是最真实的校园生活。当然，布置工作时，他也是毫不含糊，并以身作则，努力调动班级同学参与校园活动、比赛等的积极性。有时候同学也疑惑他为何要身兼多职让自己那么忙碌，他曾说："也许这就是每个人对校园生活的定义不同，校园时光学习是重要部分，但是生活、社团也是我喜欢的一部分，是提前锻炼走向社会的能力。"同时，曾源还积极参与学校的一些比赛，他和生物系、国贸系、法律系的同学一起组队参加了厦门大学第四届创业计划竞赛，他在商业计划书中专业的财务测算和预测模型，获得小组评委的高度认可，最后小组荣获创业计划大赛三等奖。

过去的已经成为过去，现在的我们是不是过去的我们所憧憬的，而现在的我们又是否也正在憧憬未来的我们呢？曾源一直在路上，他用他的所作所为告诉我们，应该更好地抓住现在。我仍然记得曾源在毕业时写的临别赠言："岁月如歌，我们当款款向前；青春无悔，我们会永记在心。"对于现在经历过风雨的我们，憧憬当下，抓住机遇，相信岁月不负有心人，也愿同窗的好友们在各自的领域都能活出自己的精彩！

同学眼中的张鹏 [*]

张鹏同学自2004年入学后就在会计学系就读，本科4年（其中2008年获亚南奖学金）、硕士2年，2010年6月毕业至今都在北京工作。

说起在校时的张鹏，大家有三点印象很深。

一是热情健谈。作为本科4年的舍友，夏荣兵说他初见张鹏的场景至今历历在目："八九月份的厦门异常炎热，我第一眼见到张鹏时，他穿着短袖T恤、短裤、凉鞋，一丝不苟的神情，灿烂的笑容，露着大白牙，说着一口标准的普通话，给当时还不太习惯说普通话的我这个四川人留下了深刻的印象。我们宿舍4人，学习不紧张的时候经常一起看电影、打游戏，有时非常忘我，到了饭点就托人打包或者叫外卖，边吃边玩，留下很多欢声笑语。"同窗6年的王韦程回忆道："初见张鹏，尽管年岁相仿、经历相似，但他举手投足稳重大方，待人接物成熟老练，言谈举止令人如沐春风。更得知他是我同省老乡，不由得心生向往，常与之聊天谈心。回忆多年同窗之谊，不仅有他学业上对我的良多指导帮助，更有我们暑期在同一宿舍里彻夜卧谈。""张鹏声音洪亮，带着山东人特有的豪爽，还不说倒装句，实为难得"，作为张鹏现在的同事，同班同学张良说，"有几次跟张鹏在校园里边走边聊，从课堂学习

* 本文作者：张鹏。根据部分同班同学的口述整理而成。

聊到校园生活，又从兴趣爱好聊到人生规划，不知不觉已到深夜。"

◎张鹏在漳州图书馆

二是自律好学。会计学系女多男少，学习成绩比较好的也是女生居多，但张鹏因为学习成绩突出成了一个"特例"，这也是他获得亚南奖学金的主要原因。夏荣兵回忆道："张鹏因为对自己的高考成绩不太满意，我当时明显感觉到他一入校就憋着一股劲，投入了大量的时间在学习上，有时我起床已经看不到他了，不是去图书馆自习，就是在宿舍外读英语。"2003年入学会计学系的林双想到张鹏，说的第一句话就是："大学时期的张鹏成绩优异，这在女生成绩'一统江山'的会计学系是难能可贵的。如果我更早一些认识张鹏，或许他会成为改变我大学生活方式的那份榜样力量。"王韦程说："第一学期末，我们分到了同班，那时张鹏已是班上的'学霸'，在学习上是男生的代表。"作为张鹏本科阶段的班长，张鹏的学习成绩也给陈智达留下了很深的印象："张鹏学习能力突出，大学时期积极参加学术研究与社会实践，学习成绩在班里名列前茅。因为他的勤奋与努力，他顺利保送本校研究生，提前完成研究生学业。"

三是执着坚持。回忆起第一次见张鹏的情景，林双说："因为我考研顺利'上岸'，张鹏专程到本部找我，当面请教下一步的规划。当时，身边很多同学都在考注会、参加实习，为本科毕业后参加工作做准备，但交谈中我感到张鹏还是比较执着于考研，对自己的大四已经有了比较清晰的目标。'目标清晰'并不意味着当时的他能清晰地预测自己的人生道路，但不断提升自我，努力实现阶段性目标，并拥有清晰的路径规划、执行力和自驱力，是他的优秀品质，也是我对他甚为钦佩的原因。"夏荣兵说："现在回想起来，与张鹏同屋4年，见证了他拼搏奋斗的经历，对我的人生以及世界观都潜移默化地产生了非常深远的影响，让我相信所有的从容和收获，都离不开长时间的付出和努力，没有无缘无故的成功和幸运。"

2010年7月从会计学系硕士毕业后，张鹏一直在北京当公务员，跟在京的同学们联系也比较多。林双说："厦大校友之间，总有一种特殊的身份认同感。我和张鹏毕业之后都在北京工作，因为'厦大会计学系'的身份标签，彼此联系也更多了些。他依然保持那份与生俱来的沉稳、严谨和'学究'气质，但又不乏幽默。在我刻板的印象里，公务员是一份物质相对清贫的工作，需要自我修养、长期定力和'不容然后见君子'的内心境界。与张鹏在京多次聊到未来规划，他总是一如既往地坚守那份坚定和执着。临近不惑之年，我深知人生可以有很多种态度，但张鹏的执着、自律一直是我欣赏的那一种。"

同在国家机关工作的研究生同学尤玉凤说："我和张鹏是研究生同学，同窗2年，时间短暂、课业繁重，交集并不多。真正认识张鹏是在毕业后。我们同是山东人，同是提前毕业，同样在北京工作，工作单位也同在机关，自然而然地有了共同话题和差不多的苦恼。初来北京，一切都从零开始——从租第一间卧室应对恶房东开始，从写第一篇公文梳理工作思路开始。在立足和成长的艰辛过程中，张鹏给了我很多帮助、思想上的开导。犹记得来北京后吃的第一顿火锅，就在张鹏狭小的宿舍里，一张玻璃茶几、二斤羊肉片，

◎张鹏硕士毕业留影

好酒同事拿出莲花白，大家在热气氤氲中笑谈过去，在肉菜浮沉中畅想未来。世事如潮，人生如浪，眨眼已过去将近13年，其间我和张鹏见面并不多，但是，不管断了多久，每一次再联系，他仍然是那个随时准备提供方法和思路的老同学、老班长，仍然是那副波澜不惊成竹在胸的熟悉模样，浓不欣、淡不厌。"

王韦程说："而今已是2023年的夏天，距离我们初次见面已经近20年了。这些年来，我们曾经天南海北，各赴梦想。幸运的是，我和张鹏都在北京工作、定居，虽不像在校时天天见面，但也能够时常聚会叙旧。经过多年的辛勤工作，张鹏已成长为国家机关重要岗位的干部，但他温文尔雅、和蔼可亲的气质、风度依然熟悉如故，对同学们的亲切关怀和无私帮助依然温暖如初。"

陈智达说："跟张鹏聊到生活和家庭，能感觉到他一直努力在工作与家庭生活之间保持良好的平衡。他关注家庭教育，以责任和爱心教育自己的孩子，积极的家庭教育观念和关心孩子成长的态度对周围朋友产生了积极的影响。"

我的博士同窗 *

　　2006年在中南财经政法大学会计学院读研期间，我报考了杜兴强老师的博士研究生。那一年，报考杜老师的四个学生都上了录取分数线，报考葛家澍老师的学生却没人上线。由于我是男生，且年龄最大，就被调剂给葛老师了。葛老师、黄世忠老师和杜老师构成了厦门大学会计学系财务会计基本理论导师组。我是葛老师的学生，老大哥郑朝晖是黄老师的学生，王丽华、陈政和修宗峰是杜老师的学生。由于我们经常在一起上课，特别熟悉，所以其他时间我们也经常在一起。那些美好的时光已经过去了十几年，但依然经常浮现在我脑海里，仿佛昨日。

　　郑朝晖笔名夏草，在读博士前就因为点评上市公司的财务报告在中国证券界颇有名气，他在职攻读博士学位，还要搞好日常的工作，所以经常在"厦门—上海"两地跑，非常辛苦、繁忙，我们都叫他郑老大。每一次见面，他都热情地分享他的最新研究成果，对上市公司的财务问题如数家珍，给我们拓宽了实务视野。也因为他有一份稳定的收入，就经常请我们吃饭，陈政就开玩笑说郑老大得到了财富表达权。

　　王丽华本就是厦大会计学系的硕士，她对厦大的一切很熟悉，因此，她担任了我们2006级会计博士班的班长。虽然她是个女孩

　　* 本文作者：占美松，华中科技大学。

子，但非常热情大方、性格活跃、心思缜密，同时，组织能力极为出色。我们首次班级活动就是由她安排的，我们在厦大附近一家颇有特色的餐馆吃饭并博饼，大家既吃得很尽兴，又玩得极为开心。记得我博了个状元，奖品是一台微波炉，领取后我立刻寄回老家给我妹妹用，竟然一直用到了2015年。由于我是个男生，且做事极为粗线条，在我刚开始与葛老师和师母打交道时，丽华经常与我谈起两位老人家的生活和往事，这让我对两位老人的习惯有所了解，从而使得我在之后能更好地与他们相处。每次回家，或去北京，或者经过上海，丽华都想办法带回当地的特色点心，如天津十八街的麻花等给葛老师和师母。记得有一次师母腰部得了极其凶险的带状疱疹，且有老年痴呆的症状，在医院治疗期间需要有人陪护。但我是男生，不太方便照顾师母，且我性格极其沉闷、不善言辞。因此，我就拉上丽华和我一起去陪伴师母，让她找各种话题与师母谈天说地。前前后后总共七八次，丽华竟然没有一次推辞，渐渐地，师母的情况似乎有所好转。事实上，丽华往往能在不经意间就将在外人看来很难的问题处理得很好。会计博士班的所有活动、我们导师组的各种活动，丽华都安排得很好，从未出现过差错。因此任何事情，只要丽华提出想法，我就二话不说，马上照办。

陈政是内蒙古人，西安交通大学硕士研究生毕业，之前在兰州工作过。修宗峰是山东人，在湖南大学念了本科和硕士，博士毕业后就留在了长沙。两位兄弟极为豪爽，他们年龄都比我小，却处处为我着想。两人的性格略有差异，陈政说话极其幽默、得体，在我们平时的谈话中，他常常在我们不经意间开一个小玩笑，或者讲一个小故事，把我们逗得哈哈大笑。修宗峰做事极为认真、勤于科研，每次阅读文献，都会在上面做非常详细的笔记，文献往往被圈点得密密麻麻，我看后往往自叹不如。我们三人都住在勤业七，陈政和修宗峰住在上面一层，且宿舍挨在一起，我住在下一层，我们往往同时去教室上课、去食堂吃饭，在晚饭后经常一起到厦大后山、万石植物园或者白城海边去散步。那时还没有智能手机和微信，联系的方式其实很原始，我们一起探讨问题和事情，往往是我发条短信，或者在QQ上对陈政和修宗峰说一下，他们一两分钟后就来到我宿舍门口，或者是他们给我发条短信，或者在QQ上说一下，我一两分钟后就上来找他们了。科学研究是很有趣的，但博士生活又稍显枯燥和苦闷，所以有时我们在宿舍里面煮海鲜吃，调节生活。有时我们与其他同学，如张瑞琛、王良成等在一起打扑克玩"升级"。然而，由于以前我没怎么打过扑克，往往会极大地拉低大家玩"升级"的水平与档次，但同学们并不介意，大家尽力享受科研之余放松的快乐。同时，我们也经常到外面聚餐，记得有段时间股市情况比较好，陈政炒股赚了一些钱，他就经常请我们吃大餐，帮大家改善生活。陈政和修宗峰当时已成家，因此，他们的爱人每年都会找时间来厦大陪伴他们，这时，他们往往以此为借口请我们吃饭。此外，陈政从兰州回厦门时会带当地特色的人参果和百合给葛老师与我们，修宗峰从长沙回厦门时也会经常给我们带当地的酱干，但我实在不记得自己曾从江西老家带过什么特产给他们，现在想来真感觉有点惭愧。

◎葛老师、杜兴强教授导师组的四位博士生合影

此外，我们四个人也到外面去玩，或者参加其他活动。如有一次我们去参加厦门市的沙滩文化节演唱会，那些人的演唱水平其实并不怎么样，且具体唱什么我已经记不太清

◎葛老师和2006级博士生

楚了，但我们几个人一起出去、一起活动的情景却时不时地出现在我的脑海里。除了吃饭与打扑克，我们也曾经常与师兄师姐去 K 歌，我们的歌其实唱得很一般，但我们非常享受在一起放松的快乐以及我们真挚的友谊。

现在想来，在厦门大学攻读博士学位期间是我人生最开心的时候。不仅仅因为厦门大学提供了良好的学习环境，以及葛老师和师母对我关爱有加，还因为我身边有几个亲如兄弟姐妹的博士同学，他们不仅人品好、能力强，待我也极好。

传承百年·止于至善[*]

我在厦大会计学系读了九年书，2001级本科入学，2010届博士毕业。人生屈指数十年，能够在厦大会计学系度过人生中最美好的九年，我感到很幸运。

会计学专业并不是当年的热门专业，我们还有同学是从其他专业调剂到会计学专业的，这在现在是很难想象的。本科新生入学教育在化学报告厅进行，当时的副书记非常自豪地向新同学们介绍厦大会计学系的辉煌成就，我第一次听到葛家澍、余绪缨、常勋等大家的名字。后来有幸获得余绪缨奖学金并接受余老师的亲自颁奖，有幸当面聆听葛老师和常老师一个学期的课，现在想来，弥足珍贵、荣幸之至。

启蒙我会计知识的老师们，我至今记忆犹新。苏新龙老师教"会计学原理"，把他讲的话一个字一个字"听写"下来，就是完整清晰的笔记。桑士俊老师教"中级财务会计"，温文尔雅，深入浅出。桑老师英年早逝，令人悲痛惋惜。杨绮老师教"高级财务会计"和"国际会计"，条理清晰，讲解非常精准，可惜我学得不好。陈双人老师教"成本管理会计"，看到我的书非常干净、一个字都没有记，不禁教导了一番……2021年春天，葛老师百年诞辰，我回到母校，见到很多当年的老师，亲切感动溢于言表。

本科阶段我好好学习，班级排名还比较靠前，获得了保送研究生的资格。保研面试的时候，在经济楼二楼会计学系的会议室坐了一圈博导。吴水澎老师亲自主持和提问，考题放在我面前。题目是什么已经不记得，但时至今日，我都再没有见过像当时那么强大的考官阵容。

我硕士和博士阶段的导师都是杜兴强老师，本科毕业论文的指导老师也是杜老师。第一次见到杜老师是在2001年9月会计学系组织的一次讲座上，当时我们2001级本科生刚刚入学，讲座的名字叫"生活中的会计学"。那次讲座给我留下了深刻的印象，我们所有同学都被杜老师的睿智和幽默所折服。之后我还聆听了杜老师的几次讲座，大四时完整学习了老师开设的"财务会计理论"专题课程。耳濡目染，当我被保送读研之后，选择我所仰慕的杜老师作为导师就是自然而然的事了。承蒙老师不弃，把我招入门下，我在2007年提前攻博。硕博阶段的学习辛苦又充实，杜老师尽心尽力地培养和教育我，使我在学习科研和为人处事上有了很多进步。

◎本文作者雷宇

博士毕业之后，我进入高校工作。十几年来，我越来越感受到厦大会计学科的精神品质，她不仅教给我专业知识，也塑造了我的观念和人格。

一是胸怀天下的责任感。厦大会计学系几位老先生的事迹广为人知，我在求学期间有幸能够亲身感受大师风范，亲耳聆听他们的教诲，所受的教育是从书本上学不到的。葛老师九十高龄还在为博士生面授课程，我感受到的不只是会计理论知识，更多的是一位经历过战争与和平、动乱与安定的老人，于言谈间把他的阅历传递给学生。余老师不止一次给本科生开设讲座，每次讲座结束时都会赋诗一首，给我们莫大的鼓励。常老师在我们硕士课堂上，讲到神舟飞船发射升空时，情不自禁地老泪纵横，那一场景永远让我感动。是什么支撑着这些老先生不忘初心、矢志不渝？我从他们那里，从厦大会计学科的传统里，感受到胸怀天下的责任感，这也是我埋藏在心底的初心和使命。

二是海纳百川的包容性。我读硕士期间，实证研究已经成为主流，读博期间，一些学校的博士论文如果不是实证研究可能就很难毕业。但是，厦大会计学科从来没有说只能做实证研究。我的师兄师姐、师弟师妹，一直都有写规范研究论文毕业的。对研究方法的包容是厦大会计学科海纳百川的一个例子。这种包容性让我在上学期间能够了解到很多类型的会计知识和会计研究，这是真正实事求是的治学态度。今天，会计学科的研究和葛老师、余老师那个时代的研究已有天壤之别。但是，什么样的研究真正发现了真知识、真正为国家和人民作出了贡献、真正履行了研究者的受托责任？我们需要反思。

三是淡泊名利的价值观。厦大会计学系有很多老师潜心科研和教学，不求名利，一身正气。在他们身上，名利是结果，而不是目的。他们言传身教，教育我们不要有太强的功利心和目的性，而是要做好自己应该做的事，"桃李不言，下自成蹊"固然很好，但是如果没有也没关系。在现在这个内卷严重的社会，指标业绩、功名利禄，太容易让人弄虚作假，太容易让人忘记初心。传承厦大会计的精神，做好本职工作，不求名利，这是一种境界。

©我与厦门大学

因为我本硕博都在厦大会计学系，我一直反省自己，专业、工作、做人，有没有给厦大会计抹黑，有没有给厦大会计丢脸。虽然做得不一定很好，但是我一直在努力。厦大会计百年的历史和积淀，需要我们一代代传承下去、发扬光大。厦大会计人，也要牢记和坚守厦大"自强不息，止于至善"的校训，尽自己的能力做到最好。

祝福厦大会计！

永远向前的年糕君[*]

　　向元高是厦门大学2014级会计硕士班的毕业生，他的导师罗进辉老师和同学们都爱称他为"年糕"。年糕是个不折不扣的"学霸"，2017年硕士学位毕业论文获省优秀，2018年成功申请成为厦门大学财务管理与会计研究院的博士研究生，在硕博阶段与导师共同在《管理科学学报》《金融研究》《会计研究》《管理学季

◎ 向元高

刊》、*Management and Organization Review* 等国内外权威学术期刊发表过论文，博士毕业顺利进入同济大学任教，2022年获上海"超级博士后"激励计划资助。这一切都要从2014年9月份映雪的一杯咖啡说起。

　　2014年9月，厦门的烈日依旧灼人，没有一丝秋的气息，年糕应约来到映雪咖啡门前。他不会料到，他即将推开的是一扇通往学术之路的大门，他在厦门大学的学术生涯就此开启。其实在2014年入学典礼上，朱崇实校长勉励学子应有理想，年糕备受鼓

　　* 本文作者：金思静，中国银行保险监督管理委员会湖北监管局。

舞，却不知该有怎样的终极理想与目标。当时的他就像一张洁白无瑕的纸，却不知道人生该怎么书画。幸运的是，在映雪咖啡他第一次见到了会计学系教授、博士生导师罗进辉老师，用年糕的话讲就是"带着某种模糊的理想主义色彩，对学术研究抱着一种尝试性的心态，我选择了恩师罗进辉教授作为我的硕士研究生导师，冥冥之中未来的道路已然注定"。

在罗老师的指导下，年糕正式走向了"以学术为志业"的道路。回想彼时的年糕，几个关键词跃入脑海：Stata、自行车、换发型。

先说 Stata。这是一套提供其使用者数据分析、数据管理以及绘制专业图表的整合性统计软件。在进入厦门大学前，年糕从未接触过 Stata，但 Stata 是罗老师团队数据处理的重要工具。年糕通过向罗老师学习、自学和大量实践，很快成了 Stata 应用的专家，同学们在处理数据时遇到 Stata 相关难题，向他询问总能得到热情且迅速的解决，简直是人形"help 中心"。后来他还整理汇总了各种 Stata 学习的资料，如连玉君老师三阶段 Stata 教学视频等，放入师门公共硬盘，供师门后来者学习，不愧于师门"大师兄"的称号。

再说自行车。年糕有一辆使用率极高的自行车，同学们经常看到他骑车往返于海韵宿舍和本部图书馆。多少个夜晚，伴随着本部图书馆清场的钢琴曲，年糕骑上他的"小毛驴"披星而归。自行车轧过石板路发出"哐哐哐"的声音，车上少年瘦削的肩上背着鼓囊囊的书包，里面装满了一个有志青年的梦想，他的眼神依旧坚毅，仿佛不知疲倦。回馈他的自然是优秀论文的陆续发表，使他在学术这条路上行走得愈发坚定。

最后说换发型。年糕虽然是个"学霸"，但绝不是不懂生活的人。犹记得在校时，他的运动鞋总是刷得像新买的一样白，穿着得体兼具个人风格，最让人印象深刻的是每隔几

◎硕士毕业与罗进辉教授（中）合影

个月就能看到年糕焕然一新的发型。依稀记得他时而中分，时而偏分，时而寸头，隔段时间再见他时，总忍不住以"年糕，你又换发型了！"为对话开场。现在想来，"学霸"不光笔耕不辍，对头发的新要求也从未停止！

在接到年糕的约稿后，笔者就开始回忆年糕同学的事情，但在回忆中总有一位名人的话语反复出现在脑中，那就是《明朝那些事儿》的作者当年明月（本名石悦）在接受采访时说的："经常上自习到11点多，我自己在教室自习，自习完了自己出去。那个时候没有人了，教室没有人了，路上都没有人了，我记得是秋天，晚上很冷，我就走在路上，往宿舍走，只能听到我自己的脚步声。哪怕是出去玩的人，都回来了，只有我自己的脚步声，那个时候，我感到一种无比的喜悦。我感到我在不断地向前进。"不知年糕君当年有没有这样欣喜的不断向前的感觉，但我们看到的他就是如石悦所言，从映雪咖啡拜师开始，不断地在学术道路上向前进，不断地实现着自己"尽力为社会创造更多的价值"的愿景。

以足践行，求以真知
——记我的厦大同窗 *

    2014年至2018年，我有幸在厦门大学度过了本科阶段。回望当年在校求学之时，来自四面八方的同学们济济一堂，同窗共读、切磋交流，彼此相知无间、真诚相待，为我留下了难以忘怀的温馨记忆。

© 嘉予同学

博观约取，厚积薄发

    初入校门，内心是紧张的。既有对知名学府的景仰和向往，

---

* 本文作者：薛泽泉。

也有对未知大学生活的紧张和无措。厦门大学拥有丰富的师资、活跃的学术氛围，更有专业严谨、才学兼优的校友同窗。在大学里，嘉予是让我印象最深的"学霸"，她一直有着自己明确的目标和规划，是一个非常自律、专注的人，有着极强的学习能力。在学习和生活中，她能够心无旁骛、全心全意投入，将一件事做到极致和完美。但是她的大学生活不只有学习，在社团活动、社会实践、科创竞赛中也常常能看到她的身影。王阳明在《传习录》中指出："人须在事上磨炼，做功夫乃有益。若只好静，遇事便乱，终无长进。"归根到底，会计是一门实践学科，不仅需要深厚的理论积淀，更需要丰富的实践经验，若拘泥于书本上的知识，必然无法深入理解行业，最终落入就分录谈会计、就规则谈业务的"怪圈"。在嘉予看来，在掌握基本理论的基础上，只有积极参与各类实习、实践，认真总结梳理书本中学不到的知识经验，才能不断提升对专业、对行业的理解力和判断力，让自己在之后的学习和工作中更有底气。

多点发力，全面发展

厦门大学为学生提供了丰富多彩的课外活动，包括社团活动、暑期学术讲座和研讨会等。即便是在繁重的学业中，每个厦大人也都能保持着乐观与自我，拥有着丰富的课外生活。在校期间，嘉予曾担任厦门大学青年会计学社社长，负责组织社团活动和举办各类学术竞赛。我曾和嘉予一同在厦门大学会计学社共事，在她身上，我看到了作为一名好的领导者应当具备的品质。积极的团队精神和良好的合作意识是社团工作成功的关键，团队的领导者要能够调动每个人的积极性，让团队形成强大的凝聚力和向心力。在社员眼中，她是能够独当一面、工作能力突出的社长，也是心思细腻、为社员遮风挡雨的亲切学姐。在学业和社团工作发生冲突时，她会根据社团成员的意愿，把时间排开，不让大家耽误学习；在学习和生活上，她会毫无保留地传授经验，给予大家帮助和支持。三年的社团生活中，学弟学妹曾多次和我提及，在她身上学到了很多优秀的东西，受益匪浅。

读万卷书，行万里路

本科期间，嘉予通过了牛津大学访问学生计划，成为中国大陆地区14名学生之一，赴英国牛津大学彭布罗克学院Pembroke College进行为期一年的访学生活。由于我个人对钱钟书先生的喜爱，对牛津大学更有一份特殊的感情，所以在她求学过程中，我常常向她了解在牛津大学的求学感受。牛津以其独特的导师制度闻名，通常由导师一对三或一对二授课，课上针对当周的话题和作业进行深入探讨。求学归来后，她曾与我分享在牛津的生活。在牛津的3个学期，她选修了高级宏观经济学、计量经济学等6门课程，在与国内截然不同的课堂环境和学术氛围下，感受不同思想的博弈和碰撞，体会各领域学术研究中的角度方式、思路方法。事实上，牛津带给她更多的是思维方式的转变，工作中面临的挑战日益深刻复杂，只有增强辩证思维能力，探究行为背后的逻辑和规律，才能应对快速变化的市场环境。不同学科的逻辑体系和思维方式，成为她解决复杂问题的重要工具。"志不求易者成，事不避难者进"，每个优秀的人都是在别人看不到的地方默默耕耘，砥砺前行，才会在别人看得见的地方风光收获。

在厦门大学，我们得到的不仅仅是知识，更是人生不可多得的一种体验。非常有幸在厦大度过七年时光，和优秀的同学们一起学习和成长。我们是厦门大学的实践者和受益者，也应当是建设者，今后也将秉承"自强不息，止于至善"的校训精神，努力做一名有理想、有情怀、有温度的厦大人，以实际行动回馈母校。

◎嘉予同学在海边

不辜负生活，
不迷失方向 *

　　很感谢在厦门大学会计学科百年庆典之际收到回忆在校生活
的稿件邀约，让我在忙碌的职场生活中又怀念起本科时代美好的
点点滴滴，也感谢抽空帮忙撰稿的小伙伴们，愿大家都能不辜负
年少时的梦想，不迷失初心和方向，永远记得厦大会计学系的培
养，一直是光荣的厦大会计人！

　　思远同学是2020届会计学系毕业生，曾获亚南奖学金、国家
奖学金、校三好学生、优秀毕业生等多项荣誉，是位妥妥的"学
霸"。

◎陈思远同学在上弦场

　　* 　本文作者：匿名。

最后一排的隐藏"学霸"

第一次见思远同学是在南强教学楼大教室的高数课上，记得当时高数是一百多人的大课，最开始几节课大家都有着刚入学时的一腔热血，争先恐后抢占离老师最近的前排位置，姗姗来迟的我拎着南光早餐环视教室一圈，无奈地走向最后一排，抬头碰见了同样拎着早餐的思远。我们相视一笑，不约而同地选择了角落的位置坐下。之后很多个早晨，我们都互相帮忙占着大教室里最后一排靠窗的位置，分享南光食堂只有早起才能买得到的烤吐司。大一已经过了足足7年，现在回想起来清晨的阶梯教室、南光甜甜的吐司、让大多数同学有些头疼的高数课，这些场景仿佛历历在目。

记得思远同学在高数课上经常是自己埋头看书，偶尔抬起头若有所思，但每隔一段时间就会抱着一摞厚厚的题去问老师。第一次半期考成绩下来，我瞥了一眼她的卷子——"99分"！这时才意识到她是一个隐藏的高数"学霸"。"没有啦，我只是平时喜欢在图书馆先自学一下，"她谦虚地笑了笑，"其实高数没想象中那么难，只要把书看懂，多做做题消化一下，比高中数学要友好多了！你要有什么不懂的地方我们可以多多讨论呀。"在她的帮助下我也逐渐掌握了学习高数的方法。

当然之后几次考试下来，大家都发现了喜欢坐在最后一排安安静静看书的女孩是个大"学霸"，不仅在几次高数考试中都以98、99分的成绩震惊了大家，在其他专业课也是名列前茅，大学期间连着几个学期都稳坐年段第一名的位置，实打实的低调"学霸"。

深度绑定的好队友

和思远同学认识是在学院学生会组织的干部培训活动中，当时没想到之后会和她成为这么好的朋友。从大一到现在，我们从初入校园涉世未深的懵懂少年，到本科毕业后边读硕士边实习开始接触社会，再到真正进入职场成为社会人，一路上我们相互鼓励、相互分享生活中的趣事，将近7年时间，满满当当的聊天记录见证了我们的友谊，现在想来多亏那次干训活动，让我收获了人生中很重要的朋友。

跟她还不太熟悉时，只知道她是年段里成绩名列前茅的同学，刚好在干训活动中她抽签抽到了队长的身份，一番相处下来，才发现她还是一个做事非常有责任心，也很照顾队友的人。其实这么多年过去，干训具体组织了什么活动我已经慢慢淡忘了，但还记得我们凌晨两三点在校门口的麦当劳里一遍遍讨论修改方案，然后顶着月色从西村走回宿舍。后来我们在很多小组作业中都心照不宣地选择对方作为队友，笑称为"深度绑定"，现在想来也是学生时代难忘的回忆。

热爱生活的快乐女孩

作为思远的舍友，我们当时笑称她喜欢的人物都姓"哈"——哈利·波特和 Hello Kitty。生活中的思远是个开朗热情、单纯温柔的女生，记得一年圣诞节，她买了很多 Hello Kitty 和圣诞老人的装饰，我们一起把宿舍布置了一番，后来同学们经过都要感叹一下我们宿舍布置得很温馨。毕业季前夕，我们还一起穿上了《哈利·波特》中巫师的袍子，在学校拍了一组毕业照，现在想来也是特别又有趣的回忆。

◎毕业了

4年时间，我们是大家眼中公认的榜样宿舍，大家相互体谅相互关心，从未发生过任何矛盾。我们利用假期在漳州、潮汕、福州来了几场说走就走的旅行，利用课余时间参加宿舍默契大赛，连续3年获得第一名。跨年的晚上，我们在嘉庚广场一起跳兔子舞，大声喊着倒计时和新年快乐。毕业前夕，我们一起唱着《小幸运》，不禁哭成一片。现在每每想起宿舍生活的点滴，还是觉得无比温暖和美好。

积极探索，厚积薄发 *

　　蓝澜，厦门大学管理学院会计学专业2021届本科毕业生，获得国家奖学金、亚南奖学金、厦门大学优秀毕业生、厦门大学优秀三好学生等荣誉。

从学习里汲取力量

　　2017年9月，蓝澜满怀期待走进了厦门大学的校门，渴望在这里找到属于自己的路。她在会计学系的学习生活中感受到

◎ 蓝澜同学

*　本文作者：匿名。

了青春的自由，在不同的领域勇敢试错，积极探索成长的方向，逐渐明确了自己前进的道路。

会计学系设置了严谨而创新的本科专业课程体系，老师们在基本学术框架下不断创新的上课方式颠覆了过往的学习过程，极具特色的选修课程更是进一步冲击了她对会计领域的认知。苏新龙老师的"会计学原理"言简意赅地为她搭建起会计知识的地基；黄海玉老师的"财务管理"为她构建出货币时间价值的世界；严晖老师的"审计学"让她进一步从不同的视角加深了对会计的理解……老师们严谨的治学态度、幽默风趣的上课方式总能为她筑起从理论学习通向实践能力的桥梁。每一次熬夜做的PPT都是对她逻辑思维的锻炼，一次又一次的小组作业让她感受到同学们的优秀，也帮助她更迅速地成长起来。

一开始，她也会被大学课程的快节奏压得喘不过气，但是她总是相信勤能补拙。课程结束后，你总能在图书馆自习室看到她的身影，往往到了闭馆的时候，你才会看到她站起来匆匆收拾书包。那满满当当的草稿纸，一张张反复刷过的试卷，无不是她勤奋学习的见证。

除了博学可爱的任课老师们，导师吴益兵为她的毕业论文指点迷津，学院党政办、学工办的老师们在她最需要的时候给予帮助和支持，学长学姐们总能用自己的经验给她关心和建议。她很感谢505宿舍的小伙伴，虽然她们身处4个班级，但是不同思维的激烈碰撞帮助她们攻克了一个又一个难题。本科期间的专业知识积累为她在专业实践领域探索打下了良好基础。

在实践中积极探索

蓝澜一直努力在实践中丰富经历、积累经验、扩展视野，她说这些经历帮助她成为更好的自己，她认识了不同专业的朋友，提升了各方面的工作能力，也看到了不一样的社会面貌。

本科期间，她有四年的学生工作经验，从学院团总支组织部干事开始，她从只会埋头做事的"小朋友"慢慢成长为能够独当一面的本科生团总支书记。她在团总支负责对接学院的团委工作，团总支向上连接团委老师，向下面向每一位团员，三年的全身心投入让她在学院里获得了莫大的归属感。大四的时候，她利用课余时间担任了学院的兼职辅导员，她说在学生工作中也能找到属于自己的一片天地。通过多年的学生工作锻炼，她提升了团队合作及组织领导能力，在工作中做事也更加耐心和细心。

学业竞赛使她对专业知识的应用更加灵活，点滴积累培养了她对竞赛项目严谨、务实的态度。她在竞赛中提高了独立思考、洞悉市场的能力，提升了分析水平和商业思维。她认识了化学系、艺术系、新闻系等不同专业的朋友，通过团队努力，他们一起获得了全国大学生生命科学创新创业大赛一等奖、福建省第六届"互联网+"大学生创新创业大赛金奖等诸多奖项。

在社会实践中，她参加过广西田东县暑期支教，看到家乡农村教育落后的现状，她眼眶微微发红。当孩子们问起"什么是大学"，她发现孩子们想走出这片大山还有很长的路。她还参加了学院的骨干培训计划，前往菲律宾马尼拉开展"一带一路"下营商环境调查，开阔了国际视野。社会实践使她走出课堂，了解社会，学会站在更高的角度思考问题。

"纸上得来终觉浅，绝知此事要躬行"，她积极将专业理论知识用于解决实习中遇到的问题，在银行、咨询、行研、审计等不同方向的实习中，她意识到知行合一的重要性，进一步提升了专业素养，强化了分析问题、解决问题的能力，实习也激发了她对会计更浓厚的兴趣。

于初心下勇往前行

得益于学业学习、学生工作、商业竞赛、社会实践、实习实践中的探索，她逐渐对自己有了更清晰的认知，在与导师、学长学姐交流的过程中，她进一步坚定了自己的方向。

◎团总支合影

对会计的探索"路漫漫其修远兮",她明白理论与实践结合的重要性,也激起了她在会计领域继续深造的想法,她保研至上海交通大学审计专业攻读硕士研究生学位,在紧锣密鼓的学业中,注重实践性的课程让她对会计审计有了更深刻的理解,也更加明白自己专业的独到之处。在研究生的学习中,她一定会牢记"自强不息,止于至善"的校训,吃苦耐劳,谦逊多思,不负期望!

青春恰似火
扬帆正当时 *

　　赵睿是厦门大学管理学院会计学系会计学专业2020级本科生，在班级中担任生活委员。她先后获得国家奖学金、葛家澍奖学金、亚南奖学金、优秀三好学生、优秀学生干部、优秀共青团员等奖项及荣誉。

　　出生于金融市场高速发展、实体经济蓬勃生长的时代，赵睿切身体会到会计是资源配置的重要手段也是经济发展的重要助力，因此，她在高中便对商业领域十分感兴趣，并意识到厦门大学管理学院作为一个创新、严谨、国际化的专业平台，将是她积累行业认知及行业资源的必经之路。通过高中三年的拼搏，赵睿如愿考入厦门大学会计学专业，并在学习、实习、实践、科研等方面进行了初步的探索，立志通过管理实践，为人民谋幸福，与企业共成长，同国家共命运。

　　在学习生活中，赵睿始终努力做到"致广大而尽精微"，既能从大处着眼、胸怀大局，用长远的眼光看待问题，又能从细节处着手，注重点滴的积累，在小节上精益求精。"不积跬步，无以至千里"，要想取得优异的成绩，必须要有扎实的基础。因此，她每天都保持着高度的自律和自制力，养成了规律的作息习惯。这使她每日都精神焕发，充满活力，以便迎接每一个新的挑战。赵睿对待每一门课程都充满热情和求知欲，能够积极参与课堂讨论，主动向老师请教，乐于接受新的观点和想法，并愿意花时间去深入探究和思考。她不断提高自己的学习效率，通过这种方式，她的知识面得到了不断的拓展和深化。在专业课程学习的过程中，赵睿意识到学习不仅仅是为了取得好成绩，更重要的是培养自己的综合素质和能力，只有将所学的知识应用到实际生活中去，才能真正地理解并掌握这些知识。因此，不管是课堂上的学习，还是课后的自主学习，她都毫不马虎，在学习的过程中总能通过广泛的阅读和深度的思考找到乐趣，从而更好地吸收和消化所学的知识。

除了在学习上的努力和自律，赵睿还将自己的个人命运与国家的发展紧密相连。她坚信只有将个人的奋斗融入国家的发展大局，才能更好地实现自己的价值和梦想。唯有将个人之命运融入国家发展之前途，将个人家庭建设汇入社会发展之长河，才能在自身不断前行中立稳奋斗的方向标。为了更好地了解国家和社会的发展需求，赵睿总是关注着社会的热点问题，并积极参与相关的实践和研究。藏区是我国脱贫攻坚之初贫困发生率最高、贫困程度最深、扶贫成本最高、脱贫难度最大的区域，如何持续巩固拓展脱贫攻坚成果，守住防止规模性返贫底线，成为2023年藏区经济和社会发展的工作重心。为了促进金融资源在区域间的合理流动，增强藏区内生"造血"能力，赵睿加入了"藏区农牧民创业意愿及其影响机制研究"课题组，通过实地走访云南和青海涉藏地区5县20乡镇，为当地的发展提供了建设性建议。此外，结合在实习中观察到的问题以及近几年国内企业所面临的"债务陷阱"现象，在导师的指导下赵睿从CEO个人特质的角度出发，探索中国上市公司过度负债的形成机制，其成果入围第十二届新时代中国青年经济论坛，与众多相关研究领域的学者分享自己的研究成果和思考。

作为班级的生活委员，赵睿和其他班委一起肩负着班级大家庭的重任，关心每一个同学，为他们谋求福利和帮助。在班级外，赵睿也积极地投身于志愿活动。她曾加入厦门大学管理学院志愿者协会，参与开学迎新、图书馆管理、"英语小小

◎当社区志愿者

屋"等多项志愿服务，在校总服务工时超过210小时，这不仅使她拥有了良好的沟通能力和团队合作能力，也培养了她的责任心和爱心。在新冠疫情期间，赵睿还利用假期时间加入了家乡当地的志愿服务团队。在老旧社区，她与医护人员一起为老年人进行核酸检测。正如曼德拉所说："人的善良就像是一条可以隐藏但绝对不会熄灭的火焰。"赵睿相信善良即使是星星之火，也足以燎原，因为它闪耀着的是人性的光辉，且这光辉永不消失，更毋论善良是一团熊熊燃烧的火焰，它带来的是可以普耀世界的火光。赵睿将每一次的志愿服务都视为一次善良的传递，无论是帮助他人，还是为他人带来快乐和温暖，都能体现一种人性的光辉。而这份光辉，无论多么微小，都能照亮每一个人的内心，让人们看到世界的美好和希望。

◎ 巾帼志愿者合照

在党的二十大报告中，党对青年寄予厚望，习近平总书记在报告中阐述道："当代中国青年生逢其时，施展才干的舞台无比广阔，实现梦想的前景无比光明。"通过在厦门大学的学习和积累，赵睿不仅提升了自己的专业素养和实践能力，也培养了坚定的信念和情怀。在未来的学习和工作中，赵睿将继续保持高度的自律和自制力，不断提升自己的学习效率和综合素质。

附　录

会计学系学生获厦门大学嘉庚奖、亚南奖、本栋奖、文庆奖和教育部博士生学术新人奖名单

◎　会计学系学生获厦门大学嘉庚奖、亚南奖、本栋奖、文庆奖和教育部博士生学术新人奖名单

姓名	年级及培养层次	获奖年份及所获奖项
李松玉	1984级博士	1986—1987学年嘉庚奖学金
方荣义	1983级本科	1986—1987学年嘉庚奖学金
叶少琴	1983级本科	1986—1987学年嘉庚奖学金
姜晓红	1984级本科	1987—1988学年嘉庚奖学金
张　丽	1986级本科	1988—1989学年本栋奖学金
刘宗柳	1988级硕士	1989—1990学年亚南奖学金
吴征帆	1987级本科	1989—1990学年本栋奖学金
魏明海	1988级博士	1990—1991学年嘉庚奖学金
郭晓梅	1988级本科	1990—1991学年嘉庚奖学金
吕斌玲	1988级本科	1991—1992学年嘉庚奖学金
徐晓阳	1990级本科	1991—1992学年亚南奖学金 1992—1993学年嘉庚奖学金
陈　玮	1991级博士	1993—1994学年亚南奖学金
林歆曧	1990级本科	1993—1994学年嘉庚奖学金
吴祥云	1991级本科	1993—1994学年亚南奖学金
胡玉明	1992级博士	1994—1995学年亚南奖学金
刘　维	1991级本科	1994—1995学年嘉庚奖学金
苏伟凌	1991级本科	1994—1995学年亚南奖学金
严　晖	1992级本科	1994—1995学年本栋奖学金
张金良	1994级博士	1995—1996学年亚南奖学金
陈　曦	1993级本科	1995—1996学年嘉庚奖学金

续表

姓名	年级及培养层次	获奖年份及所获奖项
林 浩	1993级本科	1996—1997学年嘉庚奖学金
魏群英	1994级本科	1996—1997学年本栋奖学金
谢德仁	1995级博士	1997—1998学年嘉庚奖学金
蔡 宁	1995级本科	1997—1998学年亚南奖学金
陈宏珊	1995级本科	1997—1998学年亚南奖学金
杜兴强	1998级博士	1998—1999学年亚南奖学金 2000—2001学年嘉庚奖学金
王丹芳	1996级本科	1998—1999学年亚南奖学金
张志毅	1996级本科	1998—1999学年嘉庚奖学金
黄 赟	1997级本科	1999—2000学年嘉庚奖学金
唐 丰	1998级本科	2000—2001学年亚南奖学金
李明辉	2000级博士	2001—2002学年亚南奖学金
郝 茵	1999级本科	2001—2002学年亚南奖学金
陈 瑜	2001级博士	2002—2003学年亚南奖学金
邓顺永	2002级博士	2003—2004学年亚南奖学金
曾 源	2003级硕士	2004—2005学年亚南奖学金
詹雪竹	2002级本科	2005—2006学年亚南奖学金
王艳艳	2004级博士	2006—2007学年亚南奖学金
张 鹏	2004级本科	2007—2008学年亚南奖学金
占美松	2006级博士	2008—2009学年本栋奖学金
雷 宇	2007级博士	2009—2010学年亚南奖学金
杜颖洁	2009级博士	2011年教育部博士生学术新人奖
姚春晖	2009级本科	2012—2013学年亚南奖学金
向元高	2014级硕士	2017年文庆奖学金
韩嘉予	2014级本科	2017年亚南奖学金
陈思远	2016级本科	2020年亚南奖学金
蓝 澜	2017级本科	2021年亚南奖学金
赵 睿	2020级本科	2023年亚南奖学金

注：名单来自档案馆存档的各学年奖学金批文，时间跨度较长，不排除有遗漏的可能。